Dr. Justus Friedrich Runde

Christian Ludwig Rundes Oldenburgische Chronik

Dr. Justus Friedrich Runde

Christian Ludwig Rundes Oldenburgische Chronik

ISBN/EAN: 9783955640514

Auflage: 1

Erscheinungsjahr: 2013

Erscheinungsort: Bremen, Deutschland

@ EHV-History in Access Verlag GmbH, Fahrenheitstr. 1, 28359 Bremen. Alle Rechte beim Verlag und bei den jeweiligen Lizenzgebern.

Christian Ludwig Runde's
Oldenburgische Chronik.

Dritte Ausgabe,

bis zum

Tode des Großherzogs Paul Friedrich August

fortgesetzt

von

Dr. Justus Friedrich Runde,
Großherzoglich Oldenburg. Staatsrath und Oberkirchenrathsdirector.

Oldenburg, 1862.
Schnellpressendruck und Verlag der Schulze'schen Buchhandlung.
(W. Berndt.)

Vorrede
zur dritten Auflage.

———

Die dritte Ausgabe der „Kurzgefaßten Oldenburgischen Chronik, vom Oberappellationsgerichts-
Präsidenten Conferenzrath (später Geheimenrath)
Runde" (gest. Mai 25. 1849), ist bis zum Schlusse
der Herzoglichen Regierung (§. 151) im Wesentlichen
eine unveränderte; nur einige Zusätze und Aenderungen der zweiten Ausgabe, welche ich entweder
von der eigenen Hand meines Vaters vorfand oder
welche zur Ergänzung und Berichtigung durchaus
nothwendig erschienen, habe ich zu machen mich be-
rechtigt gehalten. Bei der Fortsetzung der Chronik
bis zum Tode des Großherzogs Paul Friedrich
August, für dessen Geschichte ich die Materialien, wie
mein Vater für die 30 vorher gehenden Jahre, nach

eigener Anschauung und theilweisen Mitwirkung sammeln konnte, — leitete mich in allen Stücken das in der Chronik von meinem Vater gegebene Vorbild. Die Vorreden zu den beiden ersten Ausgaben geben den von ihm verfolgten Zweck auf's Bestimmteste an und wenn sowohl dieser Zweck, wie die Ausführung in den mir bekannt gewordenen Beurtheilungen des Buchs überall nur Billigung und Anerkennung gefunden haben, so konnte mich dies auch nur darin bestärken, bei der Fortsetzung daran festzuhalten und zu hoffen, daß ich das Vorbild einigermaßen erreichte, eine Verschiedenheit wenigstens nicht so hervorträte, um der Einheit des Ganzen zu schaden.

Die Darstellung der Ereignisse bis 1731 ist, wie ein Recensent in den Heidelberger Jahrbüchern mit Recht bemerkt, gleichsam nur als Einleitung zu der Erzählung der spätern (in von Halem's Geschichte des Herzogthums Oldenburg nicht mehr enthaltenen) Begebenheiten anzusehen; die folgende Geschichte des Herzogthums von 1773—1829 und nachher des Großherzogthums Oldenburg mußte aber, wie die Geschichte der kleinen deutschen Staaten nach Heeren's Aeußerung in den Göttinger gelehrten Anzeigen überhaupt sein sollte, der Hauptsache nach eine Geschichte der inneren Verwaltung sein. Diese entwickelte sich nun in Oldenburg unter der Regierung des Großherzogs August von 1829 bis 1853 in einer so umfassenden Weise und rücksichtlich des zweiten Zeitraumes in einer so allgemein, wie insbesondere für Oldenburg, bedeutend gewordenen Periode der deutschen Geschichte, daß das Be=

dürfniß bei der Masse des Geschehenen eine kurze Uebersicht zu erhalten, schon an sich fühlbar werden mochte. Dazu kommt dann, daß in Folge des seit 1852 in Kraft getretenen Staatsgrundgesetzes alle Zweige der Staatsverwaltung eine so wesentliche Umgestaltung erfahren haben, die Gesetzgebung so umfangreich geworden ist und noch immer umfassender wird, daß das Frühere mehr und mehr in den Hintergrund gedrängt und es immer schwerer wird, sich darin leicht zu orientiren. Und doch wird man auch jetzt den Zusammenhang der Gegenwart mit dem Vergangenen vielfach beachten müssen. Zwar ist das, was der Verfasser der Chronik in der Vorrede zur zweiten Auflage in Beziehung auf die Entwicklung der landständischen Verfassung des Großherzogthums in Aussicht nehmen durfte, durch die Ereignisse des Jahrs 1848 wohl nicht ganz verwirklicht, allein dennoch ist die Veränderung unserer Staatsverfassung damals im Wege des Rechts und der Güte und planmäßig bewerkstelligt, also im Wege der Reform*), ohne gewaltsame Zerreißung des geschichtlichen Zusammenhangs, nicht im Wege der Revolution, wenn auch die Allmacht äußerer Verhältnisse mit einwirkte.

Das, was frühere Recensenten der Chronik als eine nothwendige Beigabe zu dem Buche vermißt haben: eine kurze statistische Uebersicht des jetzigen Großherzogthums und eine kleine Karte desselben — ist gerade jetzt in dem „Grundriß der Geographie des

---

*) Zachariä, Vierzig Bücher vom Staate III. p. 77.

Großherzogthums Oldenburg vom Gymnasiallehrer Böse zu Jever" (Oldenburg, Stalling 1861, 6 gf.) geboten und wird dies Schriftchen neben der Chronik auf's Passendste benutzt werden können.

Oldenburg, im April 1862.

Dr. J. F. Runde.

Vorrede
zur ersten Auflage.

Unser vaterländischer Geschichtschreiber, der verdienstvolle Justizrath von Halem, hatte die Absicht, aus seiner mit dem Jahre 1731 geschlossenen Geschichte des Herzogthums Oldenburg einen kurzen Abriß, — für den Lehrer zum Leitfaden beim Unterrichte, für Jeden zur schnellen Uebersicht des Ganzen, und eingreifenden Erinnerung des Gelesenen, — zu entwerfen, und denselben bis auf die gegenwärtigen Zeiten fortzusetzen*). Er hat in der Oldenburgischen Zeitschrift Proben solcher „Hauptzüge der Geschichte Oldenburgs" bis zu den Zeiten Johanns XVI. gegeben**), auch einzelne Vorgänge

---

*) S. die Vorerinnerung zum dritten Bande der Geschichte des Herzogthums Oldenburg. S. V.
**) Oldenburgische Zeitschrift herausgegeben von v. Halem und Gramberg, Bd. I. (1804) St. 4 S. 362. Bd. II. (1805) St. 3 S. 474, St. 4 S. 289. Bd. III. (1806) St. 6 S. 564.

nach 1731 ausführlicher dargestellt*); aber an der Vollendung seines Vorsatzes ist er durch den Tod gehindert worden. Die Reichhaltigkeit der Begebenheiten der letzten 20 Jahre hat das Bedürfniß eines bis auf die neueste Zeit fortgeführten kurzen Abrisses fühlbarer gemacht: mit Beifall und dem Wunsche weiterer Ausführung hat das vaterländische Publicum die Uebersicht aufgenommen, welche unter der Aufschrift: „Folge der Oldenburgischen Regenten" in dem hiesigen Staatskalender, zuerst 1822 gegeben ist; auch sind einzelne Partien der Geschichte ferner in Zeitschriften **) dargestellt worden. Daß ich mich, mit Benutzung dieser Materialien, an die Ausführung des Vorsatzes meines verewigten Freundes gewagt habe, dazu hat mich der Wunsch gedrängt: etwas beizutragen zu der Feier der denkwürdigen Begebenheit, in welcher Oldenburg seit einem halben Jahrhundert sein Glück gefunden hat. Wenn gleich aber dieses die Veranlassung zu der Unternehmung gewesen ist; wenn gleich aus der Darstellung von

---

*) Geschichte des Umtausches des Gottorpschen Antheils vom Herzogthum Holstein gegen die Grafschaften Oldenburg und Delmenhorst, und deren Abtretung an die jüngere Holst.-Gottorpsche Linie. Oldenb. Zeitschr. Bd. I. St. 1 S. 13. Geschichte der Dänischen Administration der unter Oldenburgischer Hoheit belegenen Aldenburgischen Güter, St. 2 S. 97. Historische Nachricht von dem, was in neueren Zeiten wegen der Deichkasse und der Kosten zu Verhinderung außerordentlicher Deichabbrüche vorgekommen ist. S. 103.

**) In der Germania von Ricklefs, 1814 und 1815 8.; und in den Oldenburgischen Blättern von 1817—1823. 4.

selbst hervorgeht, wie große Ursache dem Oldenburger zu einer dankvollen Jubelfeier gegeben ist: so war, solches zu zeigen, doch nicht der Gesichtspunkt, welcher mich bei der Auswahl und Stellung des Stoffes geleitet hat. Ich habe eine treue gedrängte Zusammenstellung der merkwürdigsten Begebenheiten und Einrichtungen, aus schon bekannten Quellen, liefern, und dabei nur dasjenige vorzüglich ausheben wollen, was sich auf die Ausbildung unsers gegenwärtigen Rechtszustandes bezieht. Weder neue historische Untersuchungen, noch historische Kunst wird man in dieser Chronik erwarten, und bei Beurtheilung derselben nur den Maßstab anlegen, welchen schon einer der ältesten Chronisten*) gegeben hat: „Gleich wie ein Zimmermann, wenn er ein neues Haus bauet, nicht weiter denkt, denn daß er's also mache, daß es einen Bestand habe; wie man es aber malen und schmücken soll, da lasset er einen andern für sorgen: also wollen wir auch thun, und den, der zum ersten die Historien geschrieben hat, dafür sorgen lassen, wie er alles geredet und alle Stücke mit Fleiß durchgearbeitet habe; wir aber wollen nicht mehr thun, denn aufs Kürzeste die Summe fassen."

Oldenburg, den 30. November 1823.

---

*) Maccabäer, B. 2 Cap. 2. Vers 30—32.

Vorrede
zur zweiten Auflage.

Die im Jahre 1823, bei der 50jährigen Jubelfeier der Uebertragung der Grafschaften Oldenburg und Delmenhorst an die jüngere Holstein-Gottorpsche Linie, erschienene erste Ausgabe dieser Chronik hat im In- und Auslande eine so günstige Aufnahme gefunden*), daß der Verfasser sich doppelt verbunden gefühlt hat, Alles, was in seinen Kräften stand, zur Vervollkommnung derselben anzuwenden. Fortgesetzt bis zum Tode des Herzogs Peter Friedrich Ludwig, schließt sie nun mit dem Ende der Herzoglichen Regierung. Mit der Großherzoglichen muß um so mehr ein neuer Abschnitt beginnen, da die Zeit gekommen

---

*) Göttingische Gel. Anz. v. 1824 S. 144. Leipziger Lit. Zeit v. 1825 Nr. 78. Jenaische Lit. Zeit. 1825 Nr. 128. — (Nicht minder anerkennend sind die Beurtheilungen der zweiten Ausgabe in den Heidelberger Jahrb. der Litteratur 25. Jahrg. Mai p. 525. Leipziger Litt. Zeitung 1833 Febr. Nr. 117 S. 375. Blätter für litt. Unterhaltung 1833 April Nr. 113.)

ist, in welcher die verheißene landständische Verfassung ins Leben treten wird. Diese bevorstehende wichtige Veränderung gab eine besondere Aufforderung, bei der Revision dieses Buches noch mehr, wie früher, auf die Entwickelung unseres gegenwärtigen Rechtszustandes das Augenmerk zu richten; sofern dieses ohne zweckwidrige Erweiterung einer Chronik, „die nur auf das Kürzeste die Summe fassen will," geschehen konnte. Denn eine neue Verfassung kann nicht anders, als auf geschichtlicher Unterlage Wurzel schlagen, weil die Gegenwart mit der Vergangenheit in einem Zusammenhange steht, der nur in verderblichem Revolutionsschwindel verkannt und rücksichtslos zerrissen wird. Der Oldenburger aber liebt sein Vaterland und sein angestammtes Fürstenhaus zu sehr, — er hat es auch in dieser aufgeregten Zeit bewiesen, — um eine, gewiß auch hier wünschenswerthe, bessere Gestaltung des inneren Staatslebens, in anderem Wege, als dem einer ruhigen und überlegten Reform, auf der Grundlage des haltbaren Bestehenden, zu suchen. Dazu bedarf es der Kenntniß dessen, was in der Wirklichkeit besteht, — wie und wann es entstand, — und unter welchen Verhältnissen und Ereignissen es sich ausbildete; und hiervon finden diejenigen, welche zur Volksvertretung berufen, über Verbesserungen gehört werden und dazu mitwirken sollen, in der vorliegenden Schrift wenigstens eine Uebersicht und Andeutungen, welche zu weiteren Nachforschungen veranlassen mögen. Kann sie auf solche Weise mitwirken, von Projecten abzuhalten, welche, von der Phantasie in vielleicht gutgemeinter Uebereilung geboren, wohlerworbene Rechte verletzen, den Deutschen Bundespflichten widerstreiten oder mit sonstigen nicht aufzuhebenden Verhältnissen in Widerspruch stehen, so wird sich der Verfasser für die darauf verwandte Mühe reichlich belohnt fühlen.

Nächst diesem practischen Wunsche liegt dem Verfasser noch der wissenschaftliche am Herzen: daß sich in andern Deutschen Ländern geschichtskundige Männer berufen finden möchten, die Geschichte ihres Staats auf ähnliche Weise concentrirt darzustellen, — als Vorarbeiten zu synchronistischen Tabellen und zu einem Atlas über die Geschichte aller Deutschen Staaten, wie Kruse zur Geschichte aller Europäischen Länder geliefert hat.

Die Hauptquelle dieser Chronik war bis zum Jahre 1731 v. Halems treffliche Geschichte des Herzogthums Oldenburg. Von den letzten 100 Jahren hat der Verfasser die Materialien selbst, und seit 1800 aus eigener Erfahrung, Anschauung oder Theilnahme gesammelt, doch über einige Vorgänge auch Darstellungen in Oldenburgischen Zeitschriften benutzen können. Historische Treue hat er sich zum alleinigen Ziele gesetzt, und, gleichfern von Lobrednerei und Tadelsucht, die Thatsachen selbst reden lassen. Sie werden namentlich in der Regierungsgeschichte des verewigten Herzogs*), — gewiß den Eindruck einer selbstständigen und wenig beschränkten, aber wahrhaft landesväterlichen Regierung zurücklassen.

Oldenburg, den 26. August 1831.

---

*) Dessen wohlgetroffenes Bildniß durch die Gnade S. K. H. des Großherzogs August der zweiten Auflage zur Zierde ward.

Uebersicht.

Erster Abschnitt. Gräfliche Regierung bis 1667.
Erster Zeitraum, bis zu Festsetzung der Reichsunmittelbarkeit der Oldenburgischen Grafen. 1180.

	Seite
§. 1. Chauken. Sachsen	1
§. 2. Friesen	2
§. 3. Franken, Sachsen, besiegt von Karl dem Großen	3
§. 4. Wittekind, Walbert, Elimar; Ammersche Grafen	4
§. 5. Herzog Heinrich der Löwe und Graf Christian der Streitbare. Burgfeste Oldenburg	5
§. 6. Die Grafen Christian und Moritz. Reichsunmittelbarkeit der Grafen	6
§. 7. Verfassung im Sächsischen Ammerlande	7
§. 8. Verfassung im Rustringer Frieslande	8

Zweiter Zeitraum, bis zu Erhebung des Oldenburgischen Regentenhauses auf den Dänischen Thron. 1448.

§. 9. Kaiserliche Bestätigung der Rechte der weltlichen Reichsstände	9
§. 10. Ausdehnung des Gebietes der Grafen über das Stedingerland	10
§. 11. Burg Delmenhorst. Wappen	11
§. 12. Verlust von Wildeshausen; Erwerb von Land-Währden	12
§. 13. Vermehrung der Regentengewalt im Inneren. Graf Conrad I. Municipalverfassung von Oldenburg und Delmenhorst	12
§. 14. Die Rustringer Friesen unter Häuptlingen	13
§. 15. unter Bremischer Oberherrschaft	14

XVIII Ueberficht.

Seite

- §. 16. Befreiung davon 15
- §. 17. Graf Dieterich der Glückselige 15
- §. 18. Fehde mit dem Häuptling von Leer . . . 16
- §. 19. Delmenhorst an das Erzstift Bremen verloren und wieder gewonnen. Dietrichs Sohn Christian, König von Dänemark 16

Dritter Zeitraum, bis zur Besitznahme des Stad- und Butjadingerlandes. 1523.

- §. 20. Erbfolgestreit der Grafen Gerhard und Moritz . 18
- §. 21. Die Friesische Wede an Oldenburg 18
- §. 22. Graf Gerhards Fehden mit Bremen wegen Delmenhorst 19
- §. 23. Delmenhorst an Bremen verloren 21
- §. 24. Graf Gerhards Söhne. Johann XIV. . . 21
- §. 25. Erwerbung von Stad- und Butjadingerland . . 22

Vierter Zeitraum, bis zum ersten Anfall von Jever. 1575.

- §. 26. Graf Anton I. von Oldenburg und Graf Enno von Ostfriesland 24
- §. 27. Erste Kaiserliche Belehnung über die Grafschaften Oldenburg und Delmenhorst 25
- §. 28. Delmenhorst wieder erobert 26
- §. 29. Sicherung des Landes durch Deiche, und Gewinn durch Eindeichungen 27
- §. 30. Luthers Reformation. Graf Christoph . . . 28
- §. 31. Regentengewalt ohne landständische Controle . . 29
- §. 32. Landfriede und Reichscammergericht. Römisches Recht. Gerichtsverfassung 30
- §. 33. Brüderlicher Erbtheilungsstreit unter Johann XVI. und Anton II. 32
- §. 34. Kirchenordnung 33
- §. 35. Anfall von Jever und Kniphausen. Kurze Geschichte dieser Länder 33

Fünfter Zeitraum, bis zum Abgang des regierenden Gräflichen Mannsstammes. 1667.

- §. 36. Innere Einrichtungen unter Johann XVI. . . 37
- §. 37. Eindeichungen und Wasserfluthen 38

Uebersicht.

XIX

Seite

§. 38. Gesuch um den Weserzoll 38
§. 39. Anton Günther. Kaiserliches Zoll=Diplom . 39
§. 40. Drangsale des 30jährigen Krieges 40
§. 41. Beendigung des Erbtheilungsstreites. Vereinigung der Grafschaften Oldenburg und Delmenhorst . . . 41
§. 42. Graf Anton Günthers kinderlose Ehe 41
§. 43. Verhandlungen wegen der Erbfolge mit den Lehn=erben. Rendsburger Vergleich 42
§. 44. Verhandlungen mit den Allodialerben 43
§. 45. Letztwillige Verfügung des Grafen Anton Günther zu Gunsten seines außerehelichen Sohnes, Anton von Aldenburg 43
§. 46. Grenzvergleiche 44
§. 47. Wasserfluthen und Eindeichungen 45
§. 48. Stad= und Butjadinger Landrecht 46
§. 49. Kriegsverfassung. Contribution 46
§. 50. Eintheilung des Landes und der Behörden . . 47
§. 51. Institute für Arme 48
§. 52. Stadt Oldenburg. Post. Pferdezucht 49
§. 53. Staatsdiener. Anton Günthers Tod 49

Zweiter Abschnitt. Königlich Dänische Regierung. 1667—1773.

Erster Zeitraum. Dänisch-Gottorpsche gemeinschaftliche Regierung, bis 1676.

§. 54. Trennung einzelner Theile vom Oldenburgischen Staat. König Friedrich III. und Herzog Christian Albrecht von Gottorp 51
§. 55. Oldenburgischer Erbfolgestreit in den Holsteinischen Häusern 52

Zweiter Zeitraum. Dänische Alleinregierung bis zur Versetzung von sieben Vogteien an Hannover, 1711.

§. 56. Verwaltung überhaupt. König Christian V. Unglücksfälle 53

		Seite
§. 57.	Neue Streitigkeiten und Vergleiche mit den Allodialerben. Der Aldenburgische Tractat	55
§. 58.	Untersuchung der Freiheiten adelicher Güter	57
§. 59.	Regulirung der Abgaben der Pflichtigen. Ordinairgefälle	57
§. 60.	Vergantungsordnung	58
§. 61.	Gerichtsverfassung	59
§. 62.	Kirchliche Sachen	60
§. 63.	Deichwesen	61
§. 64.	Staatsbeamte	62
§. 65.	Friedrich IV. Versetzung von sieben Vogteien an Hannover	62

Dritter Zeitraum, bis zu Wiedereinlösung der an Hannover versetzten Vogteien, 1731

§. 66.	Große Wasserfluth. Communiondeichsystem	64
§. 67.	Gesetzgebung. Corpus Constitutionum	65
§. 68.	Verfassung der Stadt Oldenburg	66
§. 69.	Christian VI., Einlösung der versetzten Vogteien	66

Vierter Zeitraum, bis zur Uebertragung der Grafschaften an die jüngere Herzoglich Holstein-Gottorpsche Linie. 1773.

§. 70.	Die Aldenburgischen Besitzungen kommen an die Bentinckische Familie	68
§. 71.	Erhebung zweier Prinzen aus dem Holstein-Gottorpschen Hause auf den Russischen und Schwedischen Thron	69
§. 72.	König Friedrich V.	69
§. 73.	Sequestration der Aldenburgischen Besitzungen	71
§. 74.	Deichwesen	72
§. 75.	Gesetzgebung	73
§. 76.	König Christian VII. Provisorischer Tractat wegen Umtauschung der Grafschaften	75
§. 77.	Neue Steuern	75
§. 78.	Einfluß der Struenseeischen Verwaltung	76
§. 79.	Definitiv-Tractat und Uebertragung der Grafschaften von Rußland an die jüngere Holstein-Gottorpsche Linie	78

Dritter Abschnitt. Herzogliche Regierung. 1773—1829.

Erster Zeitraum, bis zur Auflösung des Deutschen Reichsverbandes. 1806.

§. 80. Herzog Friedrich August. Erhebung der Grafschaften zum Herzogthum Oldenburg 81
§. 81. Obere Landesbehörden 82
§. 82. Landescalamitäten 83
§. 83. Deichlast und Eindeichung 84
§. 84. Wittwen- und Waisencasse 85
§. 85. Landesvermessung 86
§. 86. Gesetzgebung 86
§. 87. Herzog Peter Friedrich Wilhelm unter Curatel. Herzog Peter Friedrich Ludwig, regierender Landesadministrator 87
§. 88. Armenwesen 89
§. 89. Verbesserung des gerichtlichen Verfahrens . . . 90
§. 90. Andere Einrichtungen im kirchlichen und weltlichen Regiment 90
§. 91. Reichskrieg gegen Frankreich. Demarcationslinie . 93
§. 92. Reichsdeputations-Hauptschluß. Aufhebung des Weserzolls und Entschädigung für denselben . . . 94
§. 93. Kurze Geschichte der Entschädigungs-Länder. Bisthum Lübeck, Wildeshausen, Vechta und Cloppenburg . 95
§. 94. Besitznahme derselben und Vereinigung mit dem Herzogthum Oldenburg 98
§. 95. Römisch-Katholisch-Kirchliche Angelegenheiten . . 100
§. 96. Schifffahrts-Polizei und Quarantaine-Anstalt . . 101
§. 97. Schulmeister-Seminarium 101
§. 98. Ende des Deutschen Reichs. Rheinbund . . . 102

Zweiter Zeitraum. Holländische und Französische Occupation, bis 1813.

§. 99. Holländische Occupation 103
§. 100. Friede von Tilsit 104
§. 101. Holländische Besitznahme von Varel 105
§. 102. Außerordentliche Steuer 106

		Seite
§. 103.	Beitritt zum Rheinischen Bunde	106
§. 104.	Rheinbundscontingent	107
§. 105.	Continentalsystem und Schmuggelei	108
§. 106.	Französische Besitznahme des Herzogthums . .	109
§. 107.	Privateigenthum des Herzogs	111
§. 108.	Französische Gesetze und Einrichtungen . . .	112
§. 109.	Conscription	114
§. 110.	Voreiliger Aufstand im Oldenburgischen. Befreiung vom Französischen Joche	115

Dritter Zeitraum, bis zum Tode des Herzogs Peter Friedrich Ludwig. 1829.

§. 111.	Rückkehr des Herzogs Administrator. Uebernahme der Administration von Jever	117
§. 112.	Landesbewaffnung. Erster Pariser Friede . .	119
§. 113.	Provisorische Civil=Einrichtungen	119
§. 114.	Reorganisation. Neue Gesetze	121
§. 115.	Veränderungen in der Eintheilung des Herzogthums und in der Administration	122
§. 116.	In Ansehung der Rechtspflege	124
§. 117.	Patrimonialgerichtsbarkeit. Varel und Kniphausen	125
§. 118.	Abgabewesen	126
§. 119.	Deutsche Bundes= und Wiener Congreß=Acte .	127
§. 120.	Neuer Feldzug gegen Frankreich, und Theilnahme des Oldenburgischen Contingents daran. Zweiter Pariser Friede	128
§. 121.	Territorial=Ausgleichungsvertrag mit Hannover. Fürstenthum Birkenfeld	129
§. 122.	Liquidation und Tilgung der Schulden des Herzogthums und seiner einzelnen Theile . . .	131
§. 123.	Forderungen an das Französische Gouvernement	133
§. 124.	Strafanstalten	134
§. 125.	Bildungs= und Unterrichtsanstalten	135
§. 126.	Reformations=Jubiläum	136
§. 127.	Veränderung in der Militair=Einrichtung . .	137
§. 128.	Einstellung der Weserzollhebung. Uebung der Strompolizei. Weserschifffahrtscommission . .	138

	Seite
§. 129. Gesundheitspolizeiliche Anordnungen	140
§. 130. Einrichtungen zu Verbesserung der Landwirthschaft	141
§. 131. Deichwesen. Eindeichungen	143
§. 132. Wegeverbesserung	143
§. 133. Commission für Regulirung des Mühlenzwangs, der gutsherrlichen Rechte und zu Aufhebung des Lehnsverbandes	144
§. 134. Zunftwesen. Städteordnungen	145
§. 135. Erwerb und Verlust der Unterthanenrechte	147
§. 136. Geld- und Credit-Mangel im Lande	147
§. 137. Landesfürstliche Familie	148
§. 138. Regierungsantritt des Herzogs Peter Friedrich Ludwig in eigenem Namen	149
§. 139. Große Wasserfluth	150
§. 140. Wiederherstellung der Deiche	151
§. 141. Ueberschwemmungen durch Binnenwasser	152
§. 142. Krankheiten	153
§. 143. Armenwesen	153
§. 144. Abkommen wegen der Herrlichkeit Kniphausen	154
§. 145. wegen der Herrlichkeit Dinklage	155
§. 146. Leggeanstalten	155
§. 147. Gesindeordnung und Judenordnung	155
§. 148. Verbot der Veränderung der Familiennamen	156
§. 149. Casseler Verein zu freierem Handelsverkehr	156
§. 150. Verein mit Hannover zu demselben Zweck	157
§. 151. Landesfürstliche Familie. Tod des Herzogs	157

Vierter Abschnitt. Großherzogliche Regierung 1829 folg. Erster Zeitraum, bis zum Beginn einer constitutionellen Regierungsform. 1848.

§. 152. Regierungsantritt des Großherzogs Paul Friedrich August. Landesfürstliche Familie. Calamitäten. Orden. Bauten. Oeffentliches Leben	159
§. 153. Herzogthum Oldenburg. — Staatsverwaltung, Behörden und Beamte. Form öffentlicher Bekanntmachungen. Gesetzblatt. Bundesgesetze	164

	Seite
§. 154. Handel und Verkehr	167
§. 155. Schifffahrt	170
§. 156. Sonstige Erwerbszweige	172
§. 157. Straßenbau. Posten. Münze	175
§. 158. Deich- und Sielangelegenheiten	176
§. 159. Militairwesen	179
§. 160. Rechtspflege. Gesetzgebung im bürgerlichen und Strafrecht	181
§. 161. Polizei	186
§. 162. Verfassung der Landgemeinden und Städte . .	188
§. 163. Kirchen-, Schul- und Armenwesen	190
§. 164. Verhältnisse einzelner Landestheile des Herzogthums. Kniphausen	196
§. 165. Fürstenthum Lübeck	198
§. 166. Fürstenthum Birkenfeld	202

Zweiter Zeitraum, bis zum Tode des Großherzogs Paul Friedrich August. 1853.

§. 167. Stellung Oldenburgs zu den allgemeinen Verhältnissen Deutschlands	210
§. 168. Vereinbarung des Staatsgrundgesetzes . . .	211
§. 169. Kurze Geschichte der ersten Landtage. Revision des Staatsgrundgesetzes	216
§. 170. Krieg mit Dänemark. Militairwesen	222
§. 171. Finanzen. Gerichtswesen. Freizügigkeit . .	224
§. 172. Landesculturverhältnisse. Deiche und Siele . .	227
§. 173. Schifffahrt, Handel und Verkehr	230
§. 174. Kirchen- und Schulwesen	231
§. 175. Die Fürstenthümer Lübeck und Birkenfeld . .	238
§. 176. Landesfürstliche Familie. Tod des Großherzogs August	239

Stammtafel des Oldenburgischen Regentenhauses und Uebersicht vom Landes-Gewinn und Verlust.

Erster Abschnitt.
Gräfliche Regierung, bis 1667.

Erster Zeitraum,
bis zur Festsetzung der Reichsunmittelbarkeit der Oldenburgischen Grafen. 1180.

§. 1. Chauken. Sachsen.

Vor etwa zweitausend Jahren war die weite Strecke Deutschen Landes zwischen der Ems und der Elbe von den Chauken bewohnt, dem edelsten Volksstamme der Germanen, der (wie der Sittenmaler Tacitus ihn schildert), „seine Ueberlegenheit durch Gerechtigkeit erhält; der, fern von Eroberungsgeist und Herrschsucht, ruhig und abgesondert, keine Kriege hervorruft, nicht an Raub und Plünderung Gefallen findet, aber doch immer die Waffen und, sobald nöthig, an Mann und Roß zahlreichen Heerbann bereit hält, — gleich achtungswerth im Frieden, wie im Kriege." Einzelne Ansiedler, waren sie doch zugleich durch gemeinschaftliche Nutzung gewisser Districte in Markgenossenschaften vereinigt, von welchen wieder mehrere, nach Stammverwandtschaft, größere Volksgemeinden (Gauen) bildeten, deren Versammlung (Gowding) die gesetzgebende und richterliche Gewalt übte und über Krieg und Frieden beschloß. Zu Vollziehung dieser Beschlüsse hatten sie eine gewählte Obrigkeit, den Richter (Greven) im Frieden und den Heerführer (Heertog) im Kriege.

Der Weserstrom theilte die Chauken in die großen und kleinen. Zu den letzteren gehörten die Bewohner des Landes, welches jetzt das Herzogthum Oldenburg ausmacht, damals aber großentheils den Ueberschwemmungen der Flüsse und des Meeres offen lag. In diesen Niederungen lebten sie in ärmlichen zum Theil auf Warfen erbaueten Hütten, in stetem Kampfe mit den Fluthen, großentheils vom Fischfange; aber welche Vortheile der Cultur ihnen auch die Römer geboten hätten, sie würden sich durch Abhängigkeit von diesen in Knechtschaft geglaubt haben; und des **Plinius** Aeußerung: daß das Schicksal ein solches Volk zu seiner Strafe schone, beweiset nur, daß der Römer das Gefühl für das Glück der Freiheit schon verloren hatte. Die Chauken erhielten sich nicht nur unabhängig von den Römern, sie halfen auch (zu Vespasians und der Antoninen Zeiten) ihren Nachbarn bei den Versuchen, das Römische Joch abzuwerfen. Aber seit dem vierten Jahrhundert verliert sich der Name der Chauken in dem größeren Völkerbunde der Sachsen.

§. 2. Friesen.

§. 2. Westlich von den Chauken, an der Nordseeküste zwischen Ems und Rhein, verbreiteten sich in gleich freier Verfassung **Friesische** Stämme, welche sich und dem Lande den Namen bis auf den heutigen Tag erhalten haben. Sie drängten die Chauken=Sachsen vom Meeresufer und den Mündungen der Jade und Weser allmälig auf die Moore und die höhere Geest zurück und nahmen den den Fluthen abgewonnenen Marschboden (die Seelande) ein, wo sie nur von Zeit zu Zeit durch Raubzüge der Normänner beunruhigt wurden.

§. 3. Franken. Sachsen, besiegt von Karl dem Großen.

Von den Germanischen Völkerbünden, die im fünften Jahrhundert auf den Trümmern des Römischen Reichs neue Staaten errichteten, dehnten sich die Franken unter Königen am weitesten aus. Chlodowig eroberte den größten Theil Galliens und trat zum Christenthum über; seine Nachfolger unterstützten den frommen Eifer der Missionare in Ausbreitung desselben unter den Nachbarn und bahnten dadurch auch den Weg zu Erweiterung der Fränkischen Herrschaft. Willibrod und Bonifacius unterzogen sich der Bekehrung der Friesen; der letztere fand den Märtyrertod unter ihnen. Carl Martell brachte sie unter Fränkische Oberherrschaft, die sich aber auf 734. eine mäßige Schatzung und durch Sendgrafen geführte Oberaufsicht über die in der Volksversammlung in alter Weise geübten Rechte und gewählten Obrigkeiten beschränkte. Sie blieben frei von der Heeresfolge; es wurden keine fremde Colonisten eingeführt; und so konnte der Friese seine altväterlichen Sitten, Sprache und Gesetze am längsten unter allen deutschen Völkern sich rein erhalten.

Die Sachsen dagegen, unter welchen sich jetzt schon Westphalen unterscheiden, denen der heilige Bernhard das Evangelium predigte, gelang erst Carl dem Großen, nach langen blutigen Kämpfen, mit den Franken in Religion und Staatsverfassung zu vereinigen. Der Friede zu Selz sicherte ihnen gleiche staatsbürgerliche Rechte mit die= 804. sen, auch Erhaltung heimischer Gerichte und Gewohnheits= rechte, welche Carl in lateinischer Sprache aufzeichnen ließ. Aber statt der vom Volke gewählten Obrigkeit wurden ih=

nen nun Grafen und Herzöge als Königliche Beamte gesetzt; die Sachsen mußten dem Heerbann des Königs, wie die Franken, folgen und zur Bürgschaft der Ruhe dulden, daß viele ihrer Stammgenossen in andere Gegenden verpflanzt und dagegen fremde Colonisten eingeführt wurden.

§. 4. Wittekind. Walbert. Elimar. Ammersche Grafen.

An den Ufern der Hunte, welche im Osnabrückschen entspringt und zwei Meilen unterhalb Oldenburg sich in die Weser ergießt, verbreiten sich fruchtbare Auen, die gegen Westen an der Lethe und Vehne sich bis zu den Ufern des waldbekränzten Zwischenahner Sees ausdehnen. In diesen Gegenden besaß der große Sächsische Heerführer Wittekind (Wedekind) ausgebreitete Landgüter, unter welchen namentlich Wildeshausen im Lerigau angeführt wird. Auf diese Güter in Engern und Westpfahlen zog er sich zurück, als er nach langem Kampfe sich mit
785. Carl ausgesöhnt und die heilige Taufe empfangen hatte; sein Grab ist zu Engern bei Herford in Westpfahlen. Seinen Nachkommen erweiterten sich die ererbten Besitzungen durch königliche Schenkungen, Heirath, Kauf, Urbarmachung wilder Haiden, im nachherigen Oldenburgischen, Münsterschen und Harpstedtischen Lande. Sein Enkel, Walbert, vermehrte sein Ansehen durch den Ruf der Heiligkeit, indem er mit bedeutenden Schenkungen aus seinen Erbgütern das
872. Stift Wildeshausen gründete und den Körper des heiligen Alexander des Märtyrers aus Italien dahin brachte. Einen seiner spätern Nachkommen (wenigstens durch
1108. weibliche Abstammung) Elimar (Egilmar oder Hilmar) nennen Urkunden der Zeit schon einen „mächtigen Grafen an der Sächsischen und Friesischen Gränze." Der ausgebreitete Güterbesitz hatte vermuthlich schon seinen Vorfahren

den Weg zu der Gerichtsbarkeit und der Heerführung ge=
bahnt, welche Aemter auch er Namens des Kaisers als Graf
in diesen Gegenden verwaltete und, gleich andern Deutschen
Grafen und Herzögen, erblich auf seine Nachkommen über=
trug. Dieser ist der historisch gewisse Stammvater der edlen
Geschlechter, die den Norden beherrschen. Er wohnte, wie
seine nächsten Nachkommen, wahrscheinlich in den schönen
Umgebungen des Zwischenahner Landsees, in dem Ammer=
gau, wo sich, in den Orten Wiefelstede, Zwischen= 1057.
ahn und Westerstede, die ersten Kirchen erhoben. In 1123.
eben dieser Zeit läßt sich die Stiftung des Benedictiner= 1121.
Klosters Rastede annehmen. Auch ein Ort Oldenburg
lag schon damals am Zusammenfluß der Hunte und der
Haaren; aber noch nannten sich die Grafen nicht Olden=
burgische, sondern Ammersche Grafen.

§. 5. Heinrich der Löwe und Graf Christian der Streitbare. Burgfeste Oldenburg.

Daß dieser Ort der Waffenplatz der Grafen wurde
und dem Lande den Namen gab, dazu war die Fehde
eines Sächsischen Herzogs die nächste Veranlassung. Eine
Art von Obergewalt über die Grafen, nicht nur dieser, son=
dern auch der übrigen Westphälischen und Niedersächsischen
Gauen, übten nämlich Namens der Kaiser die Herzöge von
Sachsen, welche gleichfalls allmälich erbliche Regenten
geworden und daher um so geneigter waren, die Grafen,
welche in Kriegszeiten ihnen Heerfolge leisteten, in ihren
Erbansprüchen zu unterstützen. Der mächtigste dieser Her=
zöge war Heinrich der Löwe, um die Mitte des zwölf=
ten Jahrhunderts dem Kaiser selbst ein gefährlicher Neben=
buhler. Als einer seiner tapfersten Zeitgenossen zeichnete
sich Elimars Enkel aus, Graf Christian der Streitbare

1155. genannt. Er forderte den Herzog zu einem Zuge gegen die Friesen auf, der zwar nicht gelang, aber Gelegenheit gab, zum Schutz der Ammerschen Grafen gegen die Ueberfälle der Friesen und zum Waffenplatz bei den weiteren Friesischen Feldzügen, das schon angebaute Oldenburg durch Errichtung von Mauern und Thürmen und durch Umleitung der Flüsse zu befestigen. So ward Oldenburg eine Burgfeste, von welcher die Grafen von nun an sich und ihr Gebiet zu nennen anfingen, womit denn die alte Eintheilung in Gauen vollends verschwand.

§. 6. Die Grafen Christian und Moritz. Reichsunmittelbarkeit der Grafen.

Indessen fand Graf Christian seine Abhängigkeit von den Sächsischen Herzögen drückend. Durch Heinrichs des Löwen Uebermuth empört, verbündete er sich mit mehreren Bischöfen und Fürsten gegen den Herzog; aber zu schwach für sich allein und von den Bundesgenos-
1168. sen zu wenig unterstützt, ward er von Heinrich in der Feste belagert, die zwölf Jahre vorher durch dessen Vorschub erbauet war. Er starb während dieser Belagerung und eine in seinem Hause entstandene Uneinigkeit erleichterte Heinrich dem Löwen die Einnahme. Die Minderjährigkeit der beiden Söhne Christians ward von seines Vatersbruders Söhnen, Johann und Burchard, zu ihrem Vortheile benutzt; sie riefen den Herzog, der schon im Abzuge begriffen war, zurück und erhielten zur Belohnung die Nachfolge in
1169. Christians Grafschaft. Aber der Herzog erlag bald unter
1180. des Kaisers Uebermacht; damit war zugleich die Abhängigkeit der Grafen von den Sächsischen Herzögen gebrochen, und jene behaupteten von dieser Zeit an, gleich andern deutschen Ständen, eine unmittelbare Reichsstand-

schaft. Christian des Streitbaren Söhne, Christian und Moritz, traten wieder in ihr Erbrecht ein; die Grafen Johann und Burchard nahmen ihren Sitz zu Wildeshausen. Graf Christian folgte dem Kreuzzuge, welchen Kaiser Friedrich I. anstellte, nach Palästina und ward auf der Rückkehr in die Heimath bei Hatten meuchlerisch ermordet.
1192.

§. 7. Verfassung im Sächsischen Ammerlande.

Wie weit sich der Oldenburgischen Grafen damaliges Gebiet erstreckte, läßt sich nicht genau bestimmen; gewiß dehnte es sich nicht über die Jade und Wapel aus, welche Flüßchen das Sächsische Ammerland von Friesland trennten. Die Verhältnisse der Stände des Volks unter sich und zu dem Grafen und dem Reich waren die allgemeinen des damaligen Sachsenlandes. Die Gemeindeverfassung blieb die Grundlage. Jeder freie waffenfähige Eigenthümer eines Hofes von mindestens 3 Hufen, hatte eine Stimme in der Gemeinde und konnte von ihr zum Schöppen, zum Beisitzer des Gerichts über seines Gleichen, gewählt werden, welches unter dem Vorsitze des Grafen oder seines Stellvertreters gehegt wurde. Der edle Hofbesitzer hatte in der Volksgemeinde keinen Vorzug vor den gemeinen Freien; unseßhafte und hörige Leute aber waren ausgeschlossen und wurden von dem Besitzer des Hofes, zu dem sie gehörten, vertreten. Noch jetzt zeigt das Dorf Dingstede im Kirchspiel Hatten (der pagus Hatten kommt schon 865 vor) Namen und Spuren einer Volksversammlungs- und Gerichtsstätte jener Zeit. Auf dem geschlossenen (untheilbaren) Hofe haftete Wehrpflicht des Eigners (Wehrfester); er war dem Aufgebote des Königs zum Heerbann zu folgen verbunden, und hier unterschied den

Adel eine fortgesetzte kriegerische Lebensart, der Besitz einer festen Burg oder das Vermögen ein Dienstgefolge zu halten, in dessen Geleite er auch oft auf Privat-Unternehmungen und Selbsthülfe auszog.

§. 8. Verfassung im Rustringer Frieslande.

Die Friesischen Landschaften, welche wir jetzt unter dem Namen von Stad- und Butjadingerland, den vier Marschvogteien, Stedingerland und den Kirchspielen Varel, Jade, Zetel und Bockhorn kennen, wurden damals, nebst Jeverland und einem Theile von Ostfriesland, unter dem Namen Rustringen begriffen, welches mehr noch als durch Flüsse, durch Erhaltung älterer deutscher Sitte und Verfassung von dem Sächsischen Ammerlande getrennt war. Die oberste Macht blieb dort bei dem Volke, um so mehr, seit die deutschen Kaiser in diese abgelegenen Landschaften keine Grafen mehr sendeten und die Friesen sich selbst überließen. Auf das Ausschreiben der vom Volke gewählten Richter (Asega) versammelten sich die Geistlichen, die Edelleute (etheling) und die beeidigten Ausschußmänner der Landbesitzer jedes Districts, um über Alles, was die Erhaltung der Sicherheit gegen auswärtige Gewalt und die Ordnung und Ruhe im Innern erfordert, auch über Rechtshändel zu berathschlagen. Die Richter leiteten nur das Verfahren und sammelten die Stimmen, beobachtet von den ebenfalls vom Volke gewählten Sprechern (Talemänner); und was die Mehrheit beschloß, ward Gesetz. Eine Sammlung solcher Friesischen Gesetze, (Willkühren, Landrechte) angepaßt den besondern Gewohnheiten der Rüstringer, wahrscheinlich verfertigt in der ersten Hälfte des dreizehnten Jahrhunderts, — das Asegabuch der Rüstringer Friesen, — besitzt das Oldenburgische Landes-

archiv in einem wohlerhaltenen Codex; und in Upstals=
bom unweit Aurich kennt man noch den Ort, wo sich
die Friesen zum Landtage versammelten. Hier wurde
auch von den Abgeordneten der sieben Seelande, oft heimge=
sucht durch verwüstende Wasserfluthen, deren eine von
Rustringen sieben Kirchspiele abgerissen und in dem Meerbusen
der Jade begraben haben soll, — der erste Grundsatz des
Deichrechts festgestellt: daß nachbarliche Dorfschaften we= 1213.
gen bringender Gefahr, vereint die gleiche Last der (freilich
noch sehr unvollkommenen) Seedeiche tragen müssen.

Zweiter Zeitraum,
bis zur Erhebung des Oldenburgischen Regentenhauses auf den Dänischen Thron. 1448.

§. 9. **Kaiserliche Bestätigung der Rechte der weltlichen Reichsstände.**

Aus so gesunden Wurzeln hätte der Baum eines
freien Gemeinwesens kräftig und schirmend emporwachsen
können, wäre nicht durch Entkräftung der Sächsischen
Herzöge und durch der Kaiser auswärtige Kriege eine Ver=
wirrung im Reiche entstanden, die dem Aufblühen bürger=
licher Ordnung störend entgegentrat. Die althergebrachten
Rechtsverhältnisse wichen dem Faustrecht; durch Gewaltthat
gedrängt flüchteten die ohnmächtigen Freien unter den
Schutz (Vogtei) der Mächtigeren und fielen bald in deren
Dienstbarkeit, — in Leibeigenschaft, bäuerliche Dienst= und
Zinspflicht, Lehnsverbindung (Kriegsdienstpflicht) oder Mi=
nisterialität (Hofdienstpflicht): Verhältnisse, die man in neue=
ren Zeiten unter dem Namen des Feudalwesens zusam=
menfaßt. Unter solchen Umständen mußten die Oldenbur=

gischen Grafen schon als die größten Güterbesitzer an Macht gewinnen, und diese wurde gesetzmäßig begründet als Kaiser 1232. **Friedrich II.**, durch eine auf dem Reichstage zu Udine in Friaul gegebene Constitution, den weltlichen Reichsständen die ruhige Uebung aller Freiheiten und Gerichtsbarkeiten, so sie nach jeglichen Landes Gewohnheit genossen hatten, namentlich auch Zölle und Münze, förmlich bestätigte. Die so begründete Landeshoheit gab den Grafen die Vogtei über alle Eingesessene des Landes, welche nun aufhörten, Mitglieder freier, in unmittelbarer Verbindung mit dem Reiche stehender, Volksgemeinden zu sein; und wie sie in ihrem Verhältniß zum Landesherrn in mannigfaltiger Abstufung durch ihre Feudalherrn vertreten wurden, so vertrat der Landesherr wiederum alle seine Landsassen gegen Kaiser und Reich. Mit der wachsenden Macht wuchs aber auch der Grafen Streben nach weiterer Ausdehnung ihres Gebietes, und bis gegen die Mitte des sechszehnten Jahrhunderts besteht die Geschichte größtentheils in einer Erzählung der für diesen Zweck gekämpften Fehden.

§. 10. **Ausdehnung des Gebiets der Grafen über das Stedingerland.**

Stedingerland, welches damals auch die vier Marschvogteien und das Land Wührden so wie die Osterstader Marsch jenseit der Weser begriff, bot die erste Gelegenheit dazu. Die Bremische Kirche, welche sich vermöge kaiserlicher Diplome die in ihrer Parochie befindlichen unbebauten Ländereien zueignete, war schon lange bedacht gewesen, die Weser-Groden durch Bedeichung nutzbar zu machen, und hatte zu diesem Zweck Holländische mit dieser Arbeit bekannte Colonisten kommen lassen, welchen sie die gewonnenen und geschützten Ländereien zu erblichem Meierrechte unter vortheilhaften Bedingungen, worunter auch die eines eigenen Gerichts, eingab. Ihr Beispiel hatte Nacheiferung unter den übrigen Eingesessenen bewirkt, und Wohlstand hatte im ganzen Stedingerland sich verbreitet, dessen Gefühl mitunter in Trotz ausarten mochte. Durch die von den Oldenburgischen Grafen und Edelleuten in der Nähe der Weser erbaueten Burgen hielten die Stedinger ihre Freiheiten gefährdet und gereizt durch Anmaßungen der Burgmänner, Anforderungen der Ritter und der Bremischen Priester, stürmten und zerstörten sie die Burgen, tödteten die Vögte und trieben alle ihnen gehässige Edelleute und Priester aus ihren Fluren. Dieser Gewaltthat folgte Kirchenbann und Krieg von Seiten des Erzbischofs von Bremen und der mit ihm verbündeten Grafen von Oldenburg Otto II. und Christian III. Unter dem Vorwande, daß hier Religionsketzereien zu ahnden wären, welche die Priester immer leicht fanden, predigte man das Kreuz und versammelte ein zahlreiches Heer gegen die Stedinger. Die ersten Angriffe waren vergeblich, und zwei Oldenburgische Grafen von der Wildeshäusischen Linie, Burchard und Heinrich, fielen im Kampfe. Als aber ein Heer von 40,000 Kreuzbrüdern unter Anführung des Herzogs Friedrich von Burgund sich über das Völkchen ergoß, da erlag es der Uebermacht und unterwarf sich nach einem entscheidenden Treffen bei Altenesch den Verbündeten. Die Genossen des Zugs wurden vorab mit Ländereien belohnt, und das übrige Land wurde den Ueberwundenen aufs neue zu Meierrecht eingegeben. 1234.

§. 11. Burg Delmenhorst. Wappen.

Der Stedingische Krieg gab Veranlassung zu Erbauung der Burg Delmenhorst. Schon früher hatten sich an dem Flüßchen Delme Vasallen der Kirche zu Bre-

men angebauet. Graf Otto II. brachte die Besitzungen eines derselben an sich und verließ seine väterliche Burg
1247. bei Berne, um sich an der Delme eine feste Burg zu erbauen, gerieth aber bald wegen des Lehnsverhältnisses mit dem Erzbischof von Bremen in Streit. Vielleicht war er es, der vom Kreuzzuge gegen die Stedinger das Kreuz als Delmenhorstisches Wappen annahm; das Oldenburgische
1236. Wappen der rothen Balken kommt um dieselbe Zeit zuerst vor.

§. 12. Verlust von Wildeshausen; Erwerb von Land Wührden.

Dagegen wurde Wildeshausen dem Stammhause entzogen, indem Graf Burchards Sohn, Heinrich,
1229. das Ländchen dem Erzbischof von Bremen zu Lehn auftrug, der es dann, mit Uebergehung der Stammvettern,
1270. einzog, als Heinrich ins gelobte Land ging. Mit ihm starben die Oldenburgischen Grafen von der Wildeshäusischen Linie aus, und von ihrem Nachlasse blieb nur das jenseit der Weser liegende Land Wührden bei Oldenburg, welches Graf Burchard 1218 durch Heirath mit der Gräfin Kunigunde von Stotel erworben hatte. Christians III. Sohn, Johann X., nannte sich vermuthlich zuerst Graf von Oldenburg und Delmenhorst. Er
1270. erbauete die Lamberti=Kirche zu Oldenburg, bei welcher
1277. später ein Domherren=Collegium gestiftet wurde. Um dieselbe Zeit stifteten vier Edelleute das Kloster Blanken=
1294. burg unweit Oldenburg für Nonnen aus dem Dominicaner=Orden.

§. 13. Vermehrung der Regentengewalt im Innern. Graf Conrad I. Municipal=Verfassung von Oldenburg und Delmenhorst.

Allmälig vermehrten die Grafen ihre Macht nun auch im Innern durch Unterdrückung kleinerer Dyna=

sten, welche sich ihr entgegenstellten. Graf Conrad I. besonders besiegte die Edelleute Robert von Westerholt und Lüder Mundel von Linebrok in einem Treffen bei Tungeln, mit Hülfe der Bürger (Anwohner der gräflichen Burg) zu Oldenburg, welchen er seine Erkenntlichkeit durch Ertheilung der Freiheit und einer nach den Grundzügen der Stadt-Bremischen eingerichteten Municipal-Verfassung bezeigte, vermöge deren sie ihr Recht in al- 1345. len Stücken nach Stadt-Bremischen Statuten nehmen. Dasselbe Recht erhielt Delmenhorst. Der Stadt Bremen, 1371. welche durch blühenden Handel und durch Beitritt zu dem mächtigen Städtebunde der Hanse schon selbstständig geworden war, leistete Conrad thätige Hülfe in einer Fehde 1366. mit ihrem Erzbischof Albert aus dem Hause Braunschweig. Mit seinen Vettern in Delmenhorst, Otto, Johann und Christian vereinigte sich Conrad zu einem Familien- 1360. vertrag gegen Landesveräußerungen.

§. 14. **Die Rustringer Friesen unter Häuptlingen.**

Im Vertrauen auf seine so gegründete Macht richtete Conrad seine Blicke auf den Theil der Rustringer Friesen, welche die zwischen Weser und Jade bis an die Nordsee sich ausdehnende Erdzunge bewohnten. Dieses auf seine Freiheit eifersüchtige Volk hatte bei der überhand nehmenden Gesetzlosigkeit sich unter den Schutz seiner am meisten begüterten Landeigenthümer begeben, welche unter dem Namen von Häuptlingen über bestimmte Districte eine beschränkte Oberherrschaft ausübten. In jenem Theile Rustringens waren die angesehensten: die Häuptlinge zu Rodenkirchen, Esenshamm, Burhave und Blexen. Die Kapereien, wodurch die Rustringer unaufhörlich den Handel störten und die Fahrt auf dem We-

sterstrom unsicher machten (für deren Sicherstellung „von der salzen See bis nach Bremen" zu sorgen, die Oldenburgischen Grafen schon in einem Vertrage von 1261 den Bremern versprochen hatten), vereinigten abermals Bremen und Oldenburg zu einem Angriffe, der aber von dem Häupt-
1368. ling **Icke Boling zu Blexen bei Koldewarf** siegreich zurückgeschlagen ward und dem Grafen **Conrad** selbst das Leben kostete. Nicht glücklicher waren Conrads Söhne, **Conrad II.** und **Christian VI.**, als sie, ihres Vaters Tod zu rächen, von neuem die Rustringer überzogen; auch sie wurden geschlagen und in ihre Heimath zurückgedrängt.

§. 15. Die Rustringer Friesen unter Bremischer Oberherrschaft.

Indessen sah der dem ersten Anfalle ausgesetzte Rodenkircher Häuptling, **Lübbe Onneken**, voraus, daß er der vereinten Oldenburg-Bremischen Macht bei wiederholten Angriffen nicht würde widerstehen können und begab sich mit dem ganzen Kirchspiele unter den Schutz
1369. der Bremer. Diese besiegten, in Verbindung mit dem
1381. mächtigen Häuptling **Edo Wiemken zu Jever**, den Esenshammer Häuptling, **Hajo Hosken**; und zwanzig Jahre
1401. später fiel auch der Häuptling zu Langwarden, **Didde Onneken**. Um ihre Macht zu sichern, begannen die Bremer bei Atens eine Feste zu bauen, die sie **Friedeburg** nannten; und dieser Burgbau trennte vollends die schon erkaltete Freundschaft, die ehemals das gemeinschaftliche Interesse zwischen den Bremern und Oldenburgern geknüpft hatte. Graf **Christian VII.** sah darin eine Verletzung älterer Verträge und griff, vereint mit dem Jeverschen und Rodenkircher Häuptling, die Bremer wegen des Burgbaues
1406. an; aber er erlitt bei Golzwarden eine Niederlage und gerieth selbst in der Bremer Gefangenschaft, woraus er nur

gegen ein ansehnliches Lösegeld und gegen Verpfändung des Landes Wührden entlassen wurde. Der mit ihm verbundene Rodenkircher Häuptling Dibbe Lübben ward verjagt und die Friedeburg vollendet. In der Folge machten die Söhne des letzteren, Dibbe und Gerold, noch einen vergeblichen Versuch, die Burg zu überrumpeln; auch sie wurden gefangen und mit 24 andern Friesen, als Eidbrüchige, zu Bremen enthauptet. Jetzt widerstand den Bremern keiner der nahen Häuptlinge mehr, selbst Lübbe Sibeth, der Häuptling von Burhave, huldigte ihnen, und so kam ganz Stad- und Butjadingerland unter Bremische Herrschaft, welche durch eine Urkunde des Kaisers Sigismund, jedoch widerruflich, bestätigt ward.

1418.

§. 16. Befreiung von der Bremischen Oberherrschaft.

Aber die Bremer erhielten sich nicht lange im Besitze dieser Eroberung. Alle zwischen der Ems und Weser wohnende Häuptlinge wurden bald durch die ihnen drohende Gefahr aufgeregt. Unter Edo Wiemkens Enkel, Sibeth Papinga von Jever, vereint, landeten sie mit 120 Fahrzeugen zu Harrierbrake an der Weser und vertrieben die Bremer aus Rustringen. Die Friedeburg ward geschleift und das Völkchen von Neuem sich selbst überlassen.

1423.

§. 17. Graf Dieterich der Glückselige.

Nach Christians VII. Tode regierte sein Bruder Dieterich allein, den die Geschichte den Glückseligen nennt, weil er den Besitz beider Grafschaften vereinigte, die Hand der Prinzessin Hedewig von Holstein erhielt und durch sie Stammvater der Nordischen Regenten ward. Besonders erwarb ihm wohl diese Stammvaterschaft nach seinem Tode einen Namen, dessen er sich während seines Lebens, unter gefahrvollen Kriegen und Priesterverfolgung, wenig zu erfreuen hatte.

§. 18. Fehde mit dem Häuptling von Leer.

Mit dem Häuptling von Aurich und Brockmerland, Otto thon Brook, der ein Gräflich Oldenburgisches Fräulein geheirathet hatte, dem Erzbischof Nicolaus, einem gebornen Grafen von Delmenhorst, — und mehreren benachbarten Grafen, verband sich Graf Dieterich zu einem Kriege wider den Häuptling von Leer, Focko Ukena. Ein Heer von 11000 Mann versammelte sich im Oldenburgischen, um durch die Sümpfe bei Apen in Ostfriesland einzubrechen. Aber Focko 1426. Ukena griff es bei Detern an, als es sich durch die Moräste arbeitete, und richtete ein großes Blutbad an; der Anführer, Erzbischof Nicolaus, ward gefangen und Graf Dieterich entkam mit genauer Noth. Doch war Focko's Glück nicht von langer Dauer; er erlag unter der Menge seiner Feinde und Graf Dieterich belagerte ihn 1430. wenige Jahre nachher in seiner Feste, einer anderen Friedeburg, die er auch einnahm und bis zu Focko's Tode in Besitz behielt. Auch huldigten ihm vier Ostfriesische Kirch-
1435. spiele (St. Magnus, Wisede, Etzel und Horsten) und verpflichteten sich zu jährlichen Leistungen.

§. 19. Delmenhorst an Bremen verloren und wiedergewonnen. Dieterichs Sohn Christian wird König von Dänemark.

Schon lange hatte das Bremische Domcapitel die Lehnsherrlichkeit über das ihm so nahe Delmenhorst behauptet und Graf Otto V. von Delmenhorst gegen das Versprechen, seinen Sohn, den Grafen Nicolaus, zum Erzbischof zu erwählen, seine Grafschaft wirklich dem Stifte übertragen. Nicolaus bestätigte, nachdem er zum Erzbisthum gelangt war, die väterliche Uebertragung und Delmenhorst blieb wirklich 22 Jahre mit dem Erzbisthum Bremen vereint. Aber durch den Friesischen Krieg und seine Lösung aus Focko's Gefangenschaft in Schulden gestürzt und von seinen Gläubigern hart gedrängt, warf sich der Erzbischof dem Grafen Dieterich in die Arme und widerrief die an Bremen geschehene Uebertragung, welche ohnehin dem Familienvertrage von 1360 entgegen war, der jetzt erneuert wurde. Graf Dieterich übernahm seine Schulden und ward dagegen in den Mitbesitz der Burg und Herrschaft Delmenhorst gesetzt, worin er sich bis an sein Ende erhielt. Auch erwarb er unterpfandsweise das angränzende Amt Harpstedt von den Grafen von Hoya. Das Bremische Domcapitel hatte durch Gewalt der Waffen nichts wider ihn gewinnen können, denn Dieterich hatte den Bremischen Rath und die Bürgerschaft auf seine Seite zu bringen gewußt, ohne deren Beistand das Capitel wenig vermochte. Aber desto thätiger war der Clerus, die geistlichen Waffen wider ihn in Bewegung zu setzen; die Verhaftung eines Domherrn, wozu der Graf sich veranlaßt fand, zog ihm endlich gar den geistlichen Bann zu, und er starb, ehe er sich davon befreien konnte. Seine drei mit der Holsteinischen Prinzessin erzeugten Söhne, Christian, Moritz und Gerhard, wurden nach des Vaters Tode bei ihrem Oheim, dem Herzog Adolph von Schleswig-Holstein, erzogen, und durch dessen Empfehlnng — da er selbst die ihm als einem Abkömmling aus altem Dänischen Königsstamme angetragene Krone anzunehmen Bedenken trug, — der älteste, Christian, zum König von Dänemark erwählt.

Dritter Zeitraum,
bis zur Besitznahme des Stad- u. Butjadingerlandes. 1523.

§. 20. Erbfolgestreit der Grafen Gerhard und Moritz.

Die Grafschaften Oldenburg und Delmen=
horst sollten, nach des Oheims Absicht, Christians jüng=
stem Bruder, dem Grafen Gerhard, zufallen, indem
der zweite, Moritz, zum geistlichen Stande bestimmt war.
Aber dieser entsagte demselben, vermählte sich mit einer
Gräfin von Hoya und forderte, bei der damals noch her=
kömmlichen Theilbarkeit der Länder, den Besitz der vollen
Hälfte der Grafschaften. Unterstützt von den Bremern und
seinem Schwiegervater, machte er seine Rechte mit gewaff=
neter Hand geltend, und obgleich er von dem Herzog Wil=
helm von Braunschweig, welcher dem Grafen Ger=
hard zu Hülfe zog, auf der Vorstelheide unweit Si=
berg geschlagen ward, gelang es doch seiner Beharrlichkeit,
durch Vermittelung der Oldenburgischen Geistlichkeit, des
Adels und der Bürgerschaft, endlich den Besitz von Del=
1463 menhorst zu erhalten.

§. 21. Die Friesische Wede kommt an Oldenburg.

Gerhard sicherte sich indessen gegen Ostfriesland den
Besitz der Friesischen Wede, des schönen Landstrichs,
welcher außer dem späteren Amte Varel, die Kirchspiele
Jade, Zetel und Bockhorn in sich faßte. Schon seit
1386 hatten die Einwohner von Varel und ihre Häupt=
linge wiederholt ihre Abhängigkeit von Oldenburg aner=
kannt, auch die Häuptlinge von Jever und Gödens
ihren Gerechtsamen an diesen District zu Gunsten Olden=
burgs entsagt. Aber bestritten ward dieser Besitz noch von

dem Häuptling Ulrich von Gretsyl, der sich fast ganz Ostfriesland unterwarf und sich damit, unter dem Namen einer Reichsgrafschaft, von Kaiser Friedrich III. belehnen ließ, für deren Zubehörungen nicht nur Jever, Stad- und Butjadingerland, sondern auch die ganze Friesische Wede im Lehnbriefe ausgegeben wurden. Diese Anmaßung brachte alle Nachbarn zu einem gemeinschaftlichen Bündnisse wider den neuen Grafen zusammen. Er fiel in Verbindung mit dem Häuptling Sibeth von Esens, 5000 Mann stark, ins Oldenburgische Ammerland und verbreitete Schrecken bis an die Stadt Oldenburg. Aber Graf Gerhard griff die Friesen zwischen Mansing und Fikensolt an und schlug sie aufs Haupt. Dann bauete er an Frieslands Gränze die Feste Neuenburg 1462. und sicherte so sich und seinen Nachkommen den Besitz der Friesischen Wede. Doch gelangte er erst nach dem Tode des Häuptlings Hajo von Varel zum Genusse die- 1481. ses Theiles derselben.

§. 22. **Graf Gerhards Fehden mit Bremen wegen Delmenhorst.**

Nicht so glücklich war Graf Gerhard in Behauptung seiner Ansprüche an die Herzogthümer Schleswig und Holstein, die er, nach seines Oheims des Herzogs Adolph Tode, gegen seinen ältesten Bruder, den König 1459. Christian, welchen auch die Stände von Schleswig und Holstein — obgleich vom Oheim durch feierliche Zusage, daß Schleswig niemals wieder an die Krone Dänemark fallen sollte, gebunden — als Regenten anerkannt hatten, mit gewaffneter Hand verfolgte; während sich in seiner Heimath ein Bund zu seinem Untergange bildete. Sein Bruder, Graf Moritz von Delmenhorst, war an der Pest gestorben und hatte unmündige Kinder nachgelassen, für welche 1464.

Gerhard Besitz von Delmenhorst ergriff, der gegen die Stift-Bremischen Ansprüche vertheidigt werden mußte. Hier hatte ein unternehmender und mächtiger Mann den Erzbischöflichen Stuhl bestiegen, Heinrich, zugleich Bischof von Münster, dem nichts angelegener war, als das verlorene Delmenhorst wieder an das Stift zu bringen, wozu er sich des Beistandes, nicht nur der Stadt Bremen, sondern auch der Städte Lübeck und Hamburg, erfreuen konnte, welche Gerhard durch manche den Handel störende Unternehmungen sich zu Feinden gemacht hatte. Den ersten Angriff der Verbundenen wandten des unmündigen Grafen
1473. Jacob von Delmenhorst Mutterbrüder, die Grafen von Hoya, durch das Versprechen ab, daß ihr Neffe in die bestrittene Lehnsverbindlichkeit wegen Delmenhorst treten
1474. sollte. Aber im folgenden Jahre ging Harpstedt verloren, und Graf Gerhard ward vom Erzbischof in Oldenburg, wiewohl vergeblich, belagert. Nach aufgehobener Belagerung suchte er Hülfe in einem Bündniß mit Carl dem Kühnen von Burgund. Aber er mußte sich selbst helfen,
1475. als darauf der Erzbischof mit einem durch Ostfriesen und Münsterländer verstärkten Heerhaufen ins Ammerland einfiel, die Kirchdörfer Edewecht, Zwischenahn und Westerstede verbrannte und das Kloster Rastede beraubte. Indem die Bremer ihre Beute über das Moor nach Bremen führten, wurden sie von den Moorriemer Eingesessenen, verstärkt durch des Grafen Reiter und ermuthigt durch seine Gegenwart, bei dem Dörfchen Paradies überfallen, ihrer viele Hunderte niedergemacht oder in den Morast geworfen, 800 Gefangene nach Oldenburg gebracht, mehrere hundert raubbeladene Wagen, 5 Stücke groben Geschützes und 5 Fahnen genommen. Das Andenken dieser Niederlage hat sich unter dem Namen der Bremer Taufe bis

jetzt in Oldenburg erhalten. Die Folge war, daß Graf Gerhard einen minder nachtheiligen Frieden zu Qua= 1476. kenbrück schließen konnte; doch mußte er sich verpflichten, die an der Weser angelegten Blockhäuser nieder zu reißen und die Pilger, Kaufleute und Wanderer ruhig ihrer Straße ziehen zu lassen.

§. 23. Delmenhorst wird an Bremen verloren.

Der Bruch dieses Versprechens gab indessen bald dem Bischof Heinrich Anlaß zu neuen Beschwerden und Feindseligkeiten. Mit seinem durch die Hansestädte ver= stärkten Heere belagerte er zu gleicher Zeit Oldenburg 1482. und Delmenhorst. Oldenburg ward nur dadurch befreit, daß Graf Gerhard die Regierung seinen Söhnen abtrat. Delmenhorst, von dem jüngsten derselben, Johann, 1483. vertheidigt, ergab sich aus Mangel an Lebensmitteln und ward vom Erzbischof für die Stifter Bremen und Mün= ster abermals in Besitz genommen; für das erste wegen der Lehnsherrlichkeits=Ansprüche, für das letztere wegen der Geldvorschüsse, die zu dem Kriege aus Münsterischen Mit= teln verwendet waren. Des Grafen Moritz Kinder muß= ten ihres Vaters Erbe mit dem Rücken ansehen; Jacob starb unbeerbt in Norwegen, und seine Schwester Heilwig endete ihr Leben im Nonnenkloster Blankenburg unweit Oldenburg.

§. 24. Graf Gerhards Söhne. Johann XIV.

Von Graf Gerhards Söhnen, welche die Regierung gemeinschaftlich übernahmen, gerieth der älteste, Adolph, bei einem übereilten Streifzuge nach Ostfriesland, in 1483. Friesische Gefangenschaft, aus der er erst drei Jahre später, nach einem Siege, den sein Bruder Johann beim

Bokeler Holze über die Ostfriesen erfocht, für 3700 Gulden gelöset ward. — Der Graf Gerhard, da er in seinem Vaterlande nicht mehr thätig sein durfte, suchte und fand auswärts Spielraum für seine Fehdelust, die ihm den Namen des Streitbaren verschafft hat. Nach sechs Jahren kehrte er wieder heim; aber seine bloße Gegenwart war seinem unversöhnlichen Feinde, dem Bischof Heinrich, so furchtbar, daß er die Söhne vermochte, dem Vater keinen Aufenthalt in Oldenburg zu gestatten. Der alte Graf Gerhard verließ seine Heimath, um sie nie wieder zu sehen und starb in den Pyrenäen auf einer Wallfahrt nach St. Jacob zu Compostella. — Unter dem Namen Graf Gerhards (auch Rasteder) Chronik besitzen wir noch die älteste Oldenburgische Geschichts-Urkunde, entstellt freilich durch viele Fabeln, von einem Mönche des Klosters Rastede, welche mit 1463 schließt. Die zweite, von dem Mönch Schiphower, geht bis 1505.

§. 25. **Erwerbung von Stad- und Butjadingerland.**

Wonach die Oldenburgischen Grafen seit Jahrhunderten vergeblich gestrebt hatten, — den Besitz von Stad- und Butjadingerland erwarb Gerhards Sohn, Johann XIV., der nach seiner Brüder Tode alleiniger Regent blieb. Indeß die Ostfriesischen Grafen sich dieses Land von den Kaisern verbriefen ließen, die Bremer aber mit den Butjadingern in Unterhandlung traten, rüstete sich der Graf von Oldenburg, und als ein Theil der sogenannten schwarzen Garde unter Junker Schlenz (eine aus allerlei Volk zusammengelaufene Kriegerschaar, die für Sold jedem Herrn diente) bei ihrer Rückkehr vom Zuge nach Friesland, wo sie gegen die Gröninger gestritten hatte, durch Oldenburg zog, miethete der Graf diesen Haufen und wagte, dadurch verstärkt, einen feindlichen Angriff auf Stad- und Butjadingerland. Das Treffen bei Wadden*s* 1499. entschied; die Eingesessenen huldigten dem Grafen und duldeten, daß er zu Rodenkirchen Besatzung ließ. Aber schon im nächsten Jahre griffen sie wieder zu den Waffen, vertrieben die Besatzung von Rodenkirchen und schlossen sich an den Grafen Edzard von Ostfriesland. Graf Johann verband sich jetzt mit dem Herzog Heinrich dem älteren von Braunschweig, dessen Sohn zum Coadjutor von Bremen erwählt war, zu einer gemeinschaftlichen Eroberung, nach welcher der Graf zu seinem Theile das Stadland von dem Erzstift Bremen zu Lehn nehmen sollte. Aber die in einer ungünstigen Jahreszeit begonnene Unter- 1501. nehmung mißlang, und erst zwölf Jahre später erreichten die Verbündeten ihren Zweck. Die Mittel dazu boten die Streitkräfte, welche gegen den in die Reichsacht erklärten Grafen Edzard von Ostfriesland von den Herzögen von Braunschweig, Heinrich dem älteren von Wolfenbüttel, Erich von Calenberg und Heinrich dem mittleren von Lüneburg, mit 4000 Mann zu Fuß und 300 Reitern versammelt und von Graf Johann mit 2000 Mann zu Fuß und 200 Reitern verstärkt wurden. Das vereinte Heer drang an drei verschiedenen Orten aus dem Bremischen und Oldenburgischen Gebiet in das Stadland ein. Die Butjadinger hielten sich eine Zeitlang zu Rodenkirchen und dann hinter einer bei Hartwarden aufgeworfenen und bis ans Moor reichenden Landwehr. Aber da die Verbündeten durch Verrath eines Eingesessenen einen Weg um die Landwehr durch das Moor fanden und die Butjadinger im Rücken angriffen, flohen diese nach kurzer Gegenwehr, sammelten sich zwar wieder bei Langwarden, 1514. erlitten aber hier eine entscheidende Niederlage. Graf Edzard 14. Sept.

von Ostfriesland konnte während des dreijährigen Krieges, den er jetzt selbst gegen die Verbündeten zu bestehen hatte, Butjadingen nicht retten. Er verlor eine Feste nach der andern und erlitt bei Detern eine große Niederlage. Dies beförderte den Frieden zu Zetel, vermöge dessen Graf Edzard wieder in den Besitz seines Landes kam, Stad- und Butjadingerland aber, mit Vorbehalt der Ostfriesischen Ansprüche zu rechtlicher Ausführung, in Braunschweig-Oldenburgischen Händen blieb. Es wurde von den Ueberwindern in vier Theile getheilt. Graf Johann erhielt zu seinem Theile das Stadland und zwar als Braunschweigisches Lehn. Später kaufte er dem Herzog Heinrich von Wolfenbüttel dessen, die spätere Vogtei Eckwarden ausmachenden, Theil für 8000 Rheinische Gulden, ebenfalls unter Lehnsnexus, ab. Die beiden übrigen Theile, welche Herzog Heinrich von Lüneburg vereinigt hatte, verkauften ihm dessen Söhne für 7500 Rheinische Gulden als freies Allodium. Durch Einlösung des Landes Wührden war das Oldenburgische Gebiet auch wieder über den Weserstrom ausgedehnt worden.

1516.
1517.
3. Dec.
1521.
1523.
1511.

Vierter Zeitraum,
bis zum ersten Anfall von Jever 1575.

§. 26. **Graf Anton I. von Oldenburg und Graf Enno von Ostfriesland.**

Zu Behauptung des auf solche Weise erworbenen ganzen Stad- und Butjadingerlandes verstärkte Graf Johann die Feste Ovelgönne, welche gleich nach der ersten Eroberung anstatt der zerstörten Burg Rodenkirchen angelegt war. Graf Edzard machte dagegen die ihm vorbehaltenen Gerechtsame bei dem neuerrichteten Reichs-Cammergerichte zu Speier geltend; aber er starb ehe eine Entscheidung erfolgte. Sein Gegner, Graf Johann, war ihm zwei Jahre früher im Tode vorangegangen. Die Söhne der Verstorbenen, Graf Anton I. von Oldenburg und Graf Enno von Ostfriesland, boten sich, unter Vermittelung des vertriebenen Dänischen Königs Christian II., welcher sich damals in diesen Gegenden aufhielt, die Hände zum Vergleiche, der, durch eine Wechselheirath mit den Schwestern gefördert, zu Utrecht zu Stande kam, und wodurch Enno seinen Ansprüchen an Butjadingerland entsagte. 1526.

1529
25. Oct.

§. 27. Erste Kaiserliche Belehnung über die Grafschaften Oldenburg und Delmenhorst.

Diesem folgte auch die Kaiserliche Bestätigung. Des Grafen Anton Vater hatte die Lehnsverbindlichkeit gegen Kaiser und Reich anzuerkennen Bedenken getragen, sich vielmehr sowohl bei Reichskriegen der Stellung der von ihm geforderten Mannschaft (Contingent), als der Zahlung der zu Unterhaltung des Cammergerichts erforderlichen Beiträge (Cammerzieler) geweigert und sich erst, nachdem er förmlich in die Reichsacht erklärt worden war, zu Zahlung der Rückstände bequemt. Graf Anton hatte doppelte Ursache, sich den Kaiser günstig zu machen: einmal um die Bestätigung der Besitzergreifung von Stad- und Butjadingerland, welches in dem Kaiserlichen Lehnbriefe über Ostfriesland als zu diesem gehörig noch aufgeführt stand, zu erlangen; dann auch um sich selbst gegen seine Brüder in der Regierung von Oldenburg zu erhalten. Er war der jüngste von vier Brüdern, die nach damaliger Sitte gleiche Rechte zur Regierung behauptet, ihrem Rechte aber zu seinen Gunsten 1522.

entsagt hatten, welches die beiden ältesten, Johann und Georg, zu gereuen schien. Graf Anton wandte sich daher an Kaiser Carl V., trug ihm das Land zu Lehn auf und erhielt dagegen nicht nur die Bestätigung der ihm von seinen Brüdern geschehenen Uebertragung, sondern auch die Aufführung des Stad- und Butjadingerlandes als Theils der Grafschaft Oldenburg in dem Kaiserlichen Lehnbriefe.

1531
1. April.

§. 28. **Delmenhorst wird wieder erobert.**

Dieser Lehnbrief erstreckte sich auch auf die Grafschaft Delmenhorst, welche „seinen Voreltern und ihm etliche Jahre gewaltiglich entzogen" und nach des Bischofs Heinrich von Bremen und Münster Tode bei dem letzteren Stifte geblieben war. Graf Anton harrte des günstigen Augenblicks, sie ihm zu entreißen; und als der Bischof Franz von Münster das schöne Delmenhorstische Cistercienser Kloster Hude, die Begräbnißstätte vieler von Antons Vorfahren, aus Eifer gegen die Mönche, die eines ärgerlichen Lebens beschuldigt wurden, zerstörte, säumte er nicht länger, zu den Waffen zu greifen. Aber auf manche gegenseitige Verheerungen, wobei die Kirche zu Wardenburg und das Schloß zu Wildeshausen ruinirt wurden, folgte ein Vergleich, vermöge dessen die Münsterischen vorläufig im Besitze blieben und dem Grafen die rechtliche Ausführung seiner Ansprüche vorbehalten wurden. Eine Belagerung, welche die Stadt Bremen von Kaiserlichen Truppen erfuhr, bot endlich dem Grafen Gelegenheit, seine Ansprüche mit Gewalt durchzusetzen. Der Kaiserliche General forderte ihn dazu auf, um seinem Heere die Versorgung aus dem nahen Delmenhorst zu sichern, welche der dasige Münstersche Drost erschwerte. Der Graf sammelte in der Stille

1536.
1538.

500 Mann, führte sie in der Nacht vor die Burg zu Del- 1547
menhorst und nahm sie durch Ueberrumpelung der Besatzung 3. April.
ein. Dann belagerte er die Burg Harpstedt, die dem
Sturm durch Uebergabe zuvor kam.

§. 29. Sicherung des Landes durch Deiche und Gewinn durch Eindeichungen.

Eine der Hauptsorgen der Oldenburgischen Regenten
mußte sein: den Boden des Landes, dessen Hälfte aus
Marsch bestehet, gegen die Fluthen des Meeres und der
Ströme zu sichern und in diesem unblutigen Kriege Erobe-
rungen zu machen. Die erste planmäßige Bedeichung
geschah zu Graf Gerhards Zeit (vermuthlich 1450) am
Heetefluß und bei Großenmeer, und bald gewann der
District der sogenannten vier Marschvogteien seine jetzige
Gestalt; dann ward die Schwey eingedeicht, aber durch 1500.
die Eisfluth von 1511 gingen viele Dörfer am Jader Meerbusen unter, und dieser erhielt seine jetzige Ausdehnung.
Bei Elsfleth wurden die Neuenfelder Ländereien gewonnen. 1523.
Unter Anton I. ist der Groben bei Tossens, der bei 1531.
Langwarden und die Harrier Brake oder Wittbeckersburg — das Lockfleth, ein schiffbares Wasser, welches
die Weser mit der Jade verband, — der Blexersand, 1539.
— das Land bei Eckwarden bis zum Hajenschlot, — 1550.
der Havendorfer Sand und die Interländereien, 1555.
eingedeicht, — dann der Hajenschlot (ein aus der Jade 1556.
ins Butjadingerland eingedrungenes beträchtliches Wasser)
zugedämmt. Das Butjadingerland wurde aber 1570 am
Tage Aller Heiligen von einer Wasserfluth getroffen, die 1570
über 800 Menschen das Leben kostete und einen Schaden 1. Nov.
anrichtete, der auf 300,000 Gulden angeschlagen ist.

§. 30. Luthers Reformation. Graf Christoph.

Die Kirchenreformation war schon früh ins Oldenburgische eingedrungen. Auch hier hatte der Päpstliche Ablaßhandel Eingang gefunden, und Graf Johann XIV. einen Ablaß für sich und sein ganzes Land gekauft. Luthers Stimme erhob sich; und ein Prediger zu Esenshamm, Magister Edo Boling, trug die neue Lehre zuerst öffentlich seiner Gemeinde vor, wo die Friesische Freiheit des Sinnes und der Denkart ihr leicht Eingang gewann. Des Grafen Anton Bruder, Graf Christoph, der am Hessischen Hofe den Geist der Reformation walten gesehen hatte, ward nach seiner Heimkunft ihr eifriger Beförderer. Er unterstützte den jungen Umme Ulrich Ilksen, der, ein Schüler Luthers, als Magister Ummius in seinem Vaterlande voll Feuergeist gegen die Hierarchie predigte. Der Prediger zu Hammelwarden, Johann Hobbersen, half durch Uebersetzung der Bibel in die niedersächsische Mundart den Geist des Protestantismus mächtig verbreiten, und des Matthias Alardus volksmäßiger Vortrag gewann ihm vollends den Sieg. — Die Einkünfte der aufgehobenen Collegiatstifter an den Kirchen zu Oldenburg und Delmenhorst wurden zu einer verbesserten Einrichtung der Schulen und zu Besoldungen der Lehrer verwandt. Das Capitelhaus zu Oldenburg ward ein Schulhaus für die, vermuthlich schon 1377 gestiftete und 1488 erweiterte, lateinische Schule, welches der Rath der Stadt Oldenburg zu diesem Zwecke einrichtete und mit einer Summe Geldes zur Unterhaltung begabte. Aber nicht alle geistliche Güter wurden gleich Anfangs so gut angewandt. Das durch die Reformation überflüssig gewordene Kirchen-Gold und Silber floß in des Grafen Anton Casse.

Die eingezogenen Klöster zu Hude, Neuenhuntorf und Blankenburg wurden Gräfliche Vorwerke. Auch die Johanniter-Güter Strückhausen, Hahn, Bredehorn, Robbens, Inte und Sticke nahm Graf Anton in Besitz, und fand die sich beschwerenden Ritter mit einer geringen Geldsumme ab. Die Einkünfte des Klosters Rastede dienten zur Abfindung des Grafen Christoph; er fand hier Ruhe nach einem thatenvollen kriegerischen Leben im Auslande; sein Andenken ist durch eine Stiftung gesegnet, aus welcher noch jetzt jährlich eine Anzahl bedürftiger und unbescholtener Dienstmägde bei ihrer Verheirathung eine Aussteuer erhalten. (Das Vermögen dieses s. g. Armen-Mägdefonds — ursprünglich 2000 ℳ — beträgt jetzt ungefähr 28,000 ℳ.)

1566.

§. 31. Regentengewalt ohne landständische Controle.

Während im Laufe des 15. und 16. Jahrhunderts in den meisten Deutschen Ländern sich Prälaten, Ritterschaft und Städte (in einigen auch freie Bauern) zu einer landständischen Controle gegen die wachsende landesherrliche Macht vereinigten, blieb diese in den Grafschaften Oldenburg und Delmenhorst nur durch die Reichs-Staatsgewalt beschränkt. Reich durch ihren ursprünglichen Patrimonial-Güterbesitz, durch den Zuwachs mittelst Eroberungen, Eindeichungen und Säcularisation, — dabei haushälterisch und keinem übertriebenen Luxus ergeben, — fanden die Grafen sich nicht in dem Falle, ihre Zuflucht zu Beden (Ansinnen von Steuern) zu nehmen (wovon sich nur ein Beispiel von 1447 findet) oder die Stände der Unterthanen um die Uebernahme von Domainenschulden und um Bürgschaften für neue anzugehen und ihnen dagegen Bedingungen zuzugestehen, welche die landesherrliche Macht beschränkt

hätten. Auf der andern Seite hinderten die Unbedeutendheit oder der gänzliche Mangel bevorzugter Stände ihre Vereinigung zu einem landständischen Körper. Die Prälaten, — die Dechanten des Domstifts an der Lambertikirche zu Oldenburg und des Collegiatstifts zu Delmenhorst, die Aebte der Klöster Rastede und Hude — traten nach der Reformation vom Schauplatze ab; der Adel, dessen Macht schon Graf Conrad gebrochen hatte, war gering begütert und den Grafen zu Lehn-, Burg- oder Hofdienst verpflichtet; der Städte waren nur zwei, durch die getheilte Regierung mehrentheils getrennt, die weder unter sich noch mit dem Adel ein gemeinsames Interesse hatten, welches zu einer landständischen Verbindung hätte führen können. Dagegen hob sich der Stand des Landmanns in den Grafschaften früh wieder in Freiheit und Eigenthum. Die Eingesessenen des Stad- und Butjadingerlandes behielten unter Oldenburgischer Herrschaft die volle persönliche Freiheit und das unbeschränkte Eigenthum an ihren Stellen, welche von jeher das Erbtheil der Friesischen Stämme war; und die Irrungen, welche zwischen ihnen und der neuen Landesherrschaft anfangs entstanden, wurden unter Vermittelung des Her-
1568. zogs von Braunschweig durch den Ovelgönnischen Vertrag beigelegt. In den älteren Theilen der Grafschaften aber verlor sich die Leibeigenschaft schon im 15. Jahrh. bis auf wenige Reste, und die meisten Junkermeier kamen bei dem Erlöschen adelicher Geschlechter zur Freiheit von gutsherrl. Verbindung oder in die gutsherrl. Hände der Landesherrschaft.

§. 32. Landfriede und Reichs-Cammergericht. Römisches Recht. Gerichtsverfassung.

Unterdessen hatte den Reichsgesetzen endlich der allge-
1495. meine Landfriede eine feste Grundlage und das zugleich eingesetzte Reichs-Cammergericht Kraft gegeben. Sehr wichtig

wurde dieses Gericht zugleich für den entschiedenen Gebrauch der Römischen und Canonischen Rechte, die, als allgemeine christlich-europäische Rechte angesehen, sich im 15. Jahrhundert nach und nach von den Universitäten, durch Begünstigung mancher Umstände, in die Gerichte verbreiteten und auch in diesen Gegenden die ursprünglich deutschen Rechte großentheils verdrängten, deren besondere, unter dem Namen des Sachsenspiegels im Anfang des 13. Jahrhunderts veranstaltete Sammlung hier gewissermaßen als ein öffentliches Gesetzbuch anerkannt war, wie ein noch vorhandener, auf den Befehl Graf Johanns, eines Bruders des Grafen Conrad I., im Jahre 1336 geschriebener Bilder-Codex desselben beweiset. Doch erhielten sich gegen das Römische Recht viele ursprünglich deutsche Rechte und Gewohnheiten über Verhältnisse und Gegenstände, die den Römern nicht bekannt waren oder deren Bestimmung im Römischen Gesetz mit der deutschen Nationalsitte zu stark im Widerspruch stand; und — wie in den Städten die angenommenen Bremischen Statuten — so blieb auch unter manchen Beschränkungen das alte Landrecht der Rustringer Friesen im Stad- und Butjadingerlande bei den Gerichten in Ansehen, die unter dem Vorsitz eines Gräflichen Drosten, von vier aus der Landschaft gewählten Richtern in Rodenkirchen gehalten wurden. Auch die vier Marschvogteien hatten ein besonderes Gericht in Moorriem zu Mönnichhofe; und die Stedinger jenseits der Hunte bis 1550 einen Richterstuhl zu Harmenhausen, wo die geschworenen Richter, in Verbindung mit dem Delmenhorstischen Drosten und Rentmeister, öffentlich auf den sogenannten Siebengerichten nach dem Stedinger Landrecht urtheilten. In der Stadt Oldenburg bestand ein Niedergericht aus einem landesherrlichen Vogt und einem Mit-

gliede des Raths, von welchem gegen Bürger an den Stadtmagistrat appellirt wurde. Uebrigens ward die Rechtspflege auf dem Lande in geringfügigen Sachen von Vögten geübt, in wichtigeren von den durch landesherrliche Deputirte von Zeit zu Zeit gehegten Landgerichten. Neben der peinlichen Rechtspflege im Namen des Landesherrn finden sich auch hier — in der Grafschaft Delmenhorst und in Wildeshausen — Spuren von den geheimen Westphälischen Fehmgerichten im Namen des Kaisers, die erst nach Einführung der peinlichen Halsgerichts-Ordnung Kaisers
1532. Carl V. untergingen.

§. 33. Brüderlicher Erbtheilungsstreit unter Johann XVI. und Anton II.

1573
22. Jan. Graf Anton I. starb nach einer langen Regierung, mit Hinterlassung zweier Söhne, Johann XVI. und Anton II., unter welchen, da das Recht der Erstgeburt noch immer nicht galt, die zusammengebrachten Provinzen von neuem zur Theilung kamen. Johann behielt den Besitz der Grafschaft Oldenburg, indessen sich Anton mit Delmenhorst, Harpstedt, Varel und den Vorwerken Roddens und Havendorfer Sand begnügte. Aber nur auf
1577. zehn Jahre war dieser Vergleich geschlossen, nach deren Ablauf Anton gerichtlich auf gleiche Theilung drang, die ihm
1597. auch durch Kaiserliches Urtheil zugesprochen wurde. Die Art der Theilung gab jedoch hinlänglichen Stoff zu Fortsetzung des Processes, dessen Ende keiner der Brüder erlebte. Um aber den vielen Zwistigkeiten, Fehden und Processen, welche die öfteren Ländertheilungen im Gräflichen Hause veranlaßt hatten, ein Ziel zu setzen, ordnete Graf Johann für das Oldenburgische Haus in seinem Testamente das
1603. Recht der Erstgeburt an.

Johann XVI.   33

§. 34. Kirchenordnung.

In der Kirchenreformation vollendete Johann, was sein Vater begonnen hatte. Der aus Gandersheim berufene Gottesgelehrte, Hermann Hamelmann, der erste hiesige protestantische Superintendent und Hauptpastor an der St. Lambertikirche in Oldenburg, gab, unter Autorität des niedergesetzten Consistoriums, durch eine Kirchenord= nung dem äußeren Gottesdienste eine gewisse Form und verpflichtete sich mit sechszehn Predigern des Landes auf die zu Kloster Bergen im Magdeburgischen vereinbarte Con= cordienformel. Zu Erhaltung der Ordnung und der Rein= heit der Lehre wurden jährlich Kirchenvisitationen gehalten; auch versammelten sich die Prediger um den Superinten= denten in Synoden zur Berathung über zweifelhafte Puncte der protestantischen Lehre.

1573
Juli 13.

1577.

§. 35. Anfall von Jever und Kniphausen. Kurze Geschichte dieser Länder.

Um diese Zeit kam die Herrschaft Jever, und mit ihr ein Rechtsanspruch auf die kleine Herrlichkeit Kniphausen, an Oldenburg.

Die Jeverschen Landschaften, Rustringen, Ostrin= gen und Wangerland (Theile von Rustringen im wei= teren Sinne [§. 8.], dessen Name sich hier noch erhalten hat) standen, wie Butjadingerland (§. 14.), unter verschie= denen Häuptlingen, bis sich die Wahl der Eingesessenen aller drei Landschaften auf ein gemeinschaftliches Oberhaupt in der Person Edo Wiemkens, aus dem edlen Geschlechte der Papinga, vereinigte, in dessen Familie die Häuptling= schaft, beschränkt durch die Beschlüsse der Landgemeinde, durch zwei Jahrhunderte erblich blieb. Seines Bündnisses

1355.
1359.

mit den Bremern gegen den Esenshammer Häuptling ist schon oben erwähnt (§. 15.); seine vielen Fehden veranlaßten ihn zu Erbauung der festen Häuser (Schlösser) Jever
1383. (der Ort war schon 1164 vorhanden) und Siebethsburg und zu Befestigung der Kirchen zu Schortens und Ho-
1388. henkirchen; und brachten ihn in Gefangenschaft der Holländer, aus welcher ihn seine Unterthanen mit 14000 Gulden löseten. Ihm folgten nach einander zwei Enkel von einer an den Häuptling von Burhave, Lübbe Sibeth,
1410. verheiratheten Tochter: zuerst der jüngere Sibeth Papinga (§. 16.) und nach dessen Tode der ältere, Hajo
1453. Harles, dessen Andenken der von ihm erbauete schöne Thurm im Schlosse zu Jever erhält. Die Geschichte dieser Zeiten ist eine ununterbrochene Folge kleiner Fehden mit den benachbarten Häuptlingen, in welchen auch die
1433. Sibethsburg zerstört wurde; friedlicher war die Regierung
1441. von Hajo Harles Sohn, Tanno Düren, und Enkel,
1468. Edo Wiemken dem jüngeren. Der letztere war mit Heilwig, einer Schwester Grafen Johanns XIV. von Ol-
1511. denburg, verheirathet, und hinterließ unmündige Kinder, einen Sohn Christoph und drei Töchter, über welche er seinen Schwager zum Vormund gesetzt hatte. Aber nach
1515. Junker Christophs frühem Tode setzte der Graf Edzard von Ostfriesland seine aus einer Belehnung Kaisers Friedrich III. von 1454 hergeleitete Ansprüche auf Jever gegen die Schwestern des letzten männlichen Erben mit gewaffneter Hand durch, und auch sein Sohn, Graf Enno, drängte die wehrlosen Fräulein auf das Aeußerste, bis sie sich dem mächtigen Schutze Kaisers Carl V., als Herzogs von Bra-
1532. bant und Grafen zu Holland, unterwarfen und diesem ihr Erbland zu Lehn auftrugen. Die Ansprüche des Grafen von Ostfriesland wurden nun bei dem Senate zu Brabant

im rechtlichen Wege untersucht und für unbegründet er- 1535.
kannt. Die Fräulein blieben unvermählt, und die mittlere,
Maria, welche den Ort Jever zu einer Stadt erhob, 1536.
setzte, nach einer langen wohlthätigen Regierung, ihren Vet-
ter, den Grafen Johann XVI. von Oldenburg, zu ihrem
Erben ein und ließ ihm noch bei ihren Lebzeiten als künf- 1573
tigen Erbherrn huldigen. Nach ihrem Tode erhielt Graf 22. April.
Johann die Belehnung vom Spanischen Könige Philipp, 1575
20. Febr.
als Herzog von Brabant, und als der Graf von Ostfriesland von neuem seine Ansprüche auf Jever bei dem Lehn-
hofe zu Brüssel geltend zu machen suchte, durch zwei Ur- 1588.
theile die Bestätigung seines Erbrechts. Auf dem Reichs- 1591.
tage von 1654 erneuerte Ostfriesland seine Klage, ward
aber, weil in der Sache bereits von dem competenten Richter abgeurtheilt worden, abgewiesen und die dawider einge-
wandte Revision als frivol verworfen.

Die Häuser Kniphausen und Inhausen mit ihren
Zubehörungen gehörten zu Edo Wiemken des älteren Be-
sitzung, welcher Inhausen seiner Schwester Hillet bei ihrer
Verheirathung mit Iko Onneken zum Brautschatz gab.
Dieser wandte Inhausen, mit Uebergehung einer ehelichen
Tochter, seinem unehelichen Sohn Alko zu, der sich im Besitz
erhielt und es auf seinen Sohn Folef vererbte. Das Haus
Kniphausen erhielt des Häuptlings Hajo Harles
Schwester Reinholda zum Brautschatz, als sie sich mit
dem Häuptling von Burhave, Lübbe Onneken, vermählte; aber auch ihrem Sohn, Jung Edo im Bande,
ward der mütterliche Erbtheil von dem Vater entzogen und
seinem unehelichen Sohn, Iko, zugewandt. Die unrechtmäßi-
gen Erben von In- und Kniphausen fanden bei dem Grafen
Edzard von Ostfriesland Schutz; die rechtmäßigen suchten
bei den Häuptlingen von Jever Hülfe, und dieser Streit

war eine Hauptveranlassung der Fehden, welche die letzteren zu kämpfen hatten, ohne daß sie dadurch zum Zwecke kom=
1548. men konnten. Jung Edo's Tochter, Reinholda die jüngere, übertrug ihre Gerechtsame auf Kniphausen an Edo Wiemken den jüngeren, und Fräul. Maria suchte dieselben auf dem Wege Rechtens bei dem Reichskammer= gerichte zu Speyer geltend zu machen. Sie erlebte den Ausgang nicht. Graf Johann XVI., testamentarischer Erbe von Jever, setzte die Sache fort, und erhielt endlich ein
1592. Urtheil, wonach die Gebrüder Iko und Wilhelm von In= und Kniphausen, die Herrlichkeit sammt den Nutzungen seit dem Jahre 1496 abzutreten angewiesen wurden; doch ist die Vollstreckung dieses Urtheils durch ein Rechtsmittel der Revision bis 1623 aufgehalten worden.

Auf der anderen Seite des Landes sicherte sich Graf Anton zu Delmenhorst den Besitz des Amtes Harp= stedt, welches seit 1439 (§. 19.) pfandweise bei Olden= burg geblieben war. Nach dem Abgange der Pfandschuld= ner — der Grafen von Hoya — kam das Einlösungsrecht deren Lehnsherrn, dem Herzog von Braunschweig=Lüne= burg, zu, und dieser suchte es geltend zu machen; es kam
1602. aber zu einem Vergleiche, vermöge dessen die Grafen Jo= hann und Anton von Oldenburg und Delmenhorst das Haus und die Vogtei Harpstedt von Braunschweig=Lüne= burg zu Lehn nahmen.

Fünfter Zeitraum,

bis zum Abgang des regierenden Gräflichen Mannsstammes. 1667.

§. 36. Innere Einrichtungen unter Johann XVI.

So war der Oldenburgische Staatskörper allmälig zu der Ausdehnung gekommen, die zu überschreiten er vorerst nicht bestimmt war. Im Inneren beschäftigten den Grafen Johann Irrungen mit der Stadt Oldenburg über 1580. den Umfang ihrer, an die ausgebildeten landesherrlichen Hoheitsrechte hie und da anstoßenden Privilegien, welche durch Vergleiche und, insofern der Stadtrath mit der Bür- 1591. gerschaft uneinig war, durch einen landesherrlichen Macht- 1594. spruch beigelegt wurden. Die Handwerks-Zünfte und -Aemter 1592. kamen in Aufnahme. Aber die Stadt ward auch durch ei- nen schweren Brand heimgesucht, welcher neunzig Feuerstel- len in die Asche legte, deren Werth nicht höher als auf 1597. 12573 Rthlr. angeschlagen ist; und das Land litt wieder- 1577. holt an der Pest. Zum Besten gemeiner Landschaft errichtete 1578. Graf Johann ein Armenhospital vor dem Heiligengeist- 1580. thore und die erste Apotheke in Oldenburg. Auch die erste 1598. Buchdruckerei ward durch des Grafen Vorschub angelegt; der kleine Katechismus Luther's in plattdeutscher Sprache und des Superintendenten Hamelmann Oldenbur- 1599. gische Chronik sind die ersten hier gedruckten Bücher. Die von Graf Christoph schon angelegte Bibliothek ver- mehrte er beträchtlich und setzte eine Summe zu deren Ver- mehrung aus.

Dem an der Spitze der Geschäfte stehenden Canzler ordnete Graf Johann zwei Räthe bei und legte so den

1573. Grund zu einem, dem Reichshofrathe nachgebildeten, Canzleicollegium für Justiz- und Regierungs-Sachen, womit auch durch Zuordnung des Superintendenten und zweier Pastoren das Consistorium verbunden wurde. Es hatte seine Sitzungen in einem Gebäude der Lamberti-Kirche gegenüber, welches noch lange nachher den Namen der (alten)
1580. Canzlei behielt; und dieser Name ward auch einem Gute beigelegt, welches der Graf seinem Canzler von Halle zur Belohnung der Verdienste desselben mit 100 Jück Landes aus den eingedeichten Hobenländereien schenkte.

§. 37. Eindeichungen und Wasserfluthen.

Diese wichtige Eindeichung des Hobens in der Vogtei Robenkirchen ward 1574 begonnen und gelang erst
1591. nach unsäglicher Mühe und wiederholt fehlgeschlagenen Ver-
1586. suchen. Früher ist der Boitwarder und Golzwardergroden eingedeicht. Um die durch die Einbrüche des Jadeflusses getrennte Verbindung der Herrschaft Jever mit der Grafschaft Oldenburg wiederherzustellen, ward die Bedeichung
1596. bei Ellens unternommen, wogegen aber von Ostfriesland und Gödens Einsprache geschah. Dieser Bedeichungen ungeachtet litt das Land öfters und bedeutend durch Wasser-
1595. fluthen. Im Jahre 1595 brachen die Weser- und Hunte-Deiche, so daß das Stedingerland und die Marschvogteien bis an Ovelgönne von der Ueberschwemmung großen Schaden litten. Noch größeren verursachte eine Fluth, die
1597. 1597 den 25. September einbrach, und der auch die Seedeiche nicht widerstanden.

§. 38. Gesuch um den Weserzoll.

Die Schmälerung der landesherrlichen Einkünfte durch Wasserschaden und mittelbar durch die den abgabepflichtigen

Unterthanen obliegende schwere Deichlast, — die Ausgaben zu Unterstützung derselben bei entstandenen Deichschäden, — die Kosten der Anstalten zur Beförderung der Schifffahrt auf dem Weserstrome, — und die durch allen diesen Aufwand bewirkte Sicherung der Reichsgrenzen und des deutschen Handels: — diese Gründe waren es, welche schon den Grafen Johann XVI. bewogen, um die Bewilligung eines Weserzolls bei dem Kaiserlichen Hofe nachzusuchen, zu dessen Reservatrechten die Verleihung neuer Zölle nach der Reichsverfassung gehörte. Er starb aber, ehe seine Bemühungen auf den Reichstagen zu Augsburg, Regensburg und Speyer, gegen die Einrede der Reichsstadt Bremen, einen Erfolg gewannen. 1603 12. Nov.

§. 39. **Anton Günther. Kaiserliches Zolldiplom.**

Sein Sohn Anton Günther (geb. 31. Oct. 1583), der, kaum 20 Jahre alt, ihm in der Regierung folgte, hatte kein angelegentlicheres Geschäft, als diese wichtige Sache zu verfolgen. Seine dringenden Vorstellungen bewogen endlich den Kaiser Matthias, der Kurfürsten Gutachten darüber zu fordern; und da, nach vorgenommener Untersuchung der Oertlichkeit und Vernehmung der benachbarten Reichsstände, dieses Gutachten den Wünschen des Grafen günstig ausfiel, so wurden die wiederholten Einwendungen der Reichsstadt Bremen zurückgewiesen, und wurde unter Kaiser Ferdinand II. das Kaiserliche Zolldiplom ausgefertigt, worin dem Grafen von Oldenburg das Recht, von den auf dem Weserstrome auf- und abwärts an den Oldenburgischen, Delmenhorstischen und Jeverschen Küsten verschifften Waaren einen Zoll nach einer bestimmten Rolle zu erheben, als freies Erblehn gestattet ist. Die Bremer störten zwar gewaltthätig die Erhebung und veranlaßten 1623.

neue Untersuchungen, doch konnten sie nicht hindern, daß
1645. über den Zoll eine neue Kaiserliche Belehnung ertheilt
1648. und die Vergünstigung in dem Westphälischen Frieden auf
das Bündigste bestätigt wurde. Die fortdauernde Widersetz=
lichkeit der Stadt Bremen hatte zur Folge, daß sie in die
1652. Reichsacht fiel, welche erst, nach bestellter Sicherheit gegen
alle fernere Störung, bezahlter Strafe und Entschädigung,
auf des Grafen Verwendung wieder aufgehoben wurde;
womit er denn endlich zum ruhigen Zollgenusse (damals
1659. nur etwa 15,000 ℳ) gelangte. In einem berichtigten Zoll=
tarif wurden den Bremern in der Folge gewisse Ermäßigungen
zugestanden; die Kurfürsten hatten sich gleich anfangs für sich
und ihre Unterthanen die Freiheit vom Zoll vorbehalten.

§. 40. Drangsale des 30jährigen Krieges.

Während Anton Günther mit Beharrlichkeit dieses
Ziel verfolgte, schützte er mit großer Klugheit sein Land
gegen die Drangsale des Krieges, der 30 Jahre hindurch
1622. Deutschland verheerte. Gleich anfangs wurde das Land
durch die Nähe des Generals Mansfeld beunruhigt, der
sich mit seinem fliegenden Corps, aus Böhmen vertrieben,
in den Dienst der Generalstaaten der Niederlande begeben
und aus demselben entlassen in Ostfriesland festgesetzt hatte;
und Oldenburg gerieth in Gefahr, der Schauplatz eines
Kampfes zwischen ihm und dem Kaiserlichen General Tilly
zu werden, als dieser sich mit 25000 Mann bei Warden=
burg lagerte. Durch Anton Günther's Vorstellungen ward
Tilly zum Rückzug bewogen. Ehrenvoll, aber ohne Erfolg
waren die Aufträge, die Anton Günther zur Vermittelung
des Friedens zwischen dem Kaiser nnd dem König Chri=
stian IV. von Dänemark erhielt. In den Jahren 1627
1631. bis 1631 war drückende Kaiserliche Einquartirung von dem

Lande nicht abzuwenden, bis es dem Grafen gelang, neben der Kaiserlichen auch eine Schwedische Neutralitätsbewilligung zu erhalten und dadurch den Grund zu der Ruhe zu legen, deren sich das Land während des noch 17 Jahre fortdauernden Krieges, bis auf wenige Unterbrechungen, vor vielen andern zu erfreuen hatte: — vielen Bedrängten ein willkommener Zufluchtsort!

§. 41. Beendigung des Erbtheilungsstreits. Vereinigung der Grafschaften Oldenburg und Delmenhorst.

Der Streit über die Landestheilung, dessen Ende die Brüder Johann XVI. und Anton II. nicht erlebt hatten, ward unter den Vettern durch den Delmenhorstischen Erbvergleich beendigt, vermöge dessen Anton's 1633. Sohn, Graf Christian zu Delmenhorst, außer den von seinem Vater schon besessenen Landen, noch das Land Wührden nebst anderen Nutzungen und Geldentschädigungen erhielt. Aber er starb unvermählt; und die Graf- 1647. schaft Delmenhorst mit allen Stamm= und Lehn-Stücken, welche er besessen, wurde nun für immer mit Oldenburg vereinigt, nachdem die Allodialerbschaft für die Schwestern des Grafen Christian durch den Delmenhorstischen Separationsvergleich gesondert worden war.

§. 42. Graf Anton Günthers kinderlose Ehe.

Gleiches Schicksal mußte Anton Günther erwarten. Seine späte Ehe mit Sophia Catharina von Holstein= 1635. Sonderburg blieb kinderlos. Das Mannlehn der beiden Grafschaften fiel dann an Dieterichs des Glückseligen Nachkommen in Dänemark und Holstein. Allodialerbe war Anton Günthers Schwester Magdalene, vermählt seit 1612 mit dem Fürsten Rudolph von Anhalt, und ihr Sohn, Johann, Fürst von Anhalt-Zerbst. Von beiden Seiten suchte er Bewilligung zu Begünstigungen eines aus einem früheren Verhältniß mit einem Fräulein von Ungnad ihm geborenen Sohnes zu erhalten, welchen 1633. er unter dem Namen Anton von Aldenburg vom Kaiser legitimiren und in den Reichsgrafenstand erheben ließ.

§. 43. Verhandlungen wegen der Erbfolge mit den Lehnserben. Rendsburger Vergleich.

Das Näherrecht zur Lehnfolge in den beiden Grafschaften war aber unter den aus Oldenburg abstammenden Agnaten streitig. Auf der einen Seite standen gemeinschaftlich der Herzog zu Gottorp und der König von Dänemark; auf der anderen, und zwar um einen Grad näher verwandt, der Herzog von Holstein-Ploen. Anton Günther fand gerathen, sich mit den ersteren beiden in Unterhandlung einzulassen und erkannte sie in einem zu 1649. Rendsburg geschlossenen Vergleiche als Lehnsfolger an, wogegen sie ihm in Ansehung der Lehnsstücke das Recht zugestanden, über das Haus und Amt Varel, über die halbe (später die ganze) Vogtei Jade und den Weserzoll frei zu verfügen.

Das Lehnsverhältniß des Stadlandes und des einen Drittheils des Butjadingerlandes zu dem Hause 1634. Braunschweig war, seit dem Abgange der Linie des ersten Lehnsherrn, Oldenburgischer Seits bestritten. Jetzt aber fanden Anton Günther und seine von ihm anerkannten Lehnsfolger ihren Zwecken förderlich, solches nicht blos in den ursprünglichen Grenzen, sondern über das ganze Stad- und Butjadingerland anzuerkennen und außerdem dem Hause Braunschweig-Lüneburg den Rückfall des Amtes Harpstedt, auf Anton Günthers Todesfall, zu versichern, das

1638 auf 25 Jahre an Oldenburg verpfändete Amt Stolzenau aber gegen Auszahlung von 20,000 Rthlr. gleich zurückzugeben. Der Vergleich hierüber kam zu Hamburg zu Stande. 1653.

In demselben Jahre wurde dann, wegen genauer Sonderung der Lehnszubehörungen von den Allodialstücken, ein Separationsvergleich geschlossen; und es wurden darnach noch bei Lebzeiten Anton Günthers den anerkannten Lehnsfolgern beide Grafschaften förmlich übergeben, so daß 1664. er solche fortan nur im Namen des Königs und Herzogs, jedoch unbeschränkt in der Regierung und mit dem lebenslänglichen Genuß aller Einkünfte verwaltete.

§. 44. **Verhandlungen mit den Allodialerben.**

Die Herrschaft Jever und Herrlichkeit Kniphausen hatte Anton Günther seiner Schwester und deren Sohn, dem Fürsten Johann von Anhalt-Zerbst, zugesichert. Diese ließen sich indessen durch eine Summe von 35,000 Rthlr. zu Aufgebung der Nachfolgehoffnung in Kniphausen bewegen, doch mit Vorbehalt künftigen Erbfolge- 1657. rechts auf den Fall des Abganges der Nachkommenschaft dessen, welchem sie Anton Günther hinterlassen würde. Auch gestanden sie ihm die Befugniß zu, über ein Drittel der von Johann XVI. theils eingedeichten, theils von den Johannitern erkauften, mit einem Fideicommiß belegten Güter zu verfügen, wogegen sie schon jetzt in den Genuß 1665. der anderen zwei Dritttheile gesetzt wurden.

§. 45. **Letztwillige Verfügung des Grafen Anton Günther zu Gunsten seines außerehelichen Sohnes Anton von Aldenburg.**

Von der durch diese Vergleiche zugestandenen Verfügungsfreiheit machte nun Anton Günther in seinem

1663. Testamente Gebrauch zu Gunsten seines legitimirten Sohnes. Ihm bestimmte er das Amt Varel und die Vogtei Jade, — für welche die Lehnsfolger sogar die Reichsun-
1666. mittelbarkeit anerkannten, — die Herrlichkeit Kniphausen, die er von dem König Carl II. von Spanien für ihn als freies Erblehn empfing, das Dritttheil der Fideicommißgüter und viele andere für allodial angenommene Vorwerke im Butjadingerlande und im Jeverschen, endlich ein Dritttheil der Einkünfte des Weserzolls; während das zweite den Lehnsfolgern und das dritte dem Fürsten von Anhalt-Zerbst zugesichert ward. Die ganze dem Grafen von Aldenburg bestimmte Gütermasse wurde für dessen männliche und weibliche Nachkommen mit einem Fideicommisse belegt und, nach deren Abgang, den Lehnsfolgern der Rückfall von Varel und Jade, den Zerbstischen Erben der Anfall von Kniphausen und des Dritttheils der Fideicommißgüter, vorbehalten. Der vereinbarte und im Testamente von neuem bestätigte Allodialerbtheil der Letzteren bestand sonach außer dieser Anwartschaft, in zwei Dritttheilen der Fideicommißgüter, ein Dritttheil des Weserzolls und in der Herrschaft Jever, mit Vorbehalt des Rückfalles der letzteren an Oldenburg zur bleibenden Vereinigung auf den Fall des Abgangs der Anhalt-Zerbstischen Linie männlichen und weiblichen Geschlechts.

§. 46. Grenzvergleiche.

Seit dem Westphälischen Frieden hatte sich auch das Verhältniß der Grafschaften zum Deutschen Reiche bestimmter gestaltet, indem die westphälischen und niedersächsischen Grafen eine besondere Curiatstimme im Fürstenrathe
1654. auf dem Reichstage geltend machten, woran sowohl Oldenburg als Delmenhorst seinen Antheil nahm. Auf den west-

phälischen Kreistagen führten die beiden Grafen Virilstimmen.

Mit den Nachbarstaaten wurden manche Grenzirrungen durch Vergleiche berichtigt: mit Gödens (1633 und 1665) und mit Hannover wegen des Landes Wührden durch den Stoteler Receß (1658). Dagegen blieben die Unterhandlungen wegen der Münsterschen und Wildeshäusischen Grenze ohne Erfolg; und die Ausführung eines 1664 mit Ostfriesland geschlossenen Grenzrecesses fand Schwierigkeiten, die erst später beseitigt sind.

§. 47. **Wasserfluthen und Eindeichungen.**

Zur Sicherung der Grenzen des Landes gegen die Wasserfluthen waren die Anstalten immer noch in sehr unvollkommenem Zustande, die Deich- und Sielordnungen von 1607, 1658 und 1668, nicht auf die Communionpflicht gebauet und überhaupt mangelhaft. Daher litt das Oldenburger Land auch in den Jahren 1610 und 1615, besonders 1625, 1629, 1634, 1643, 1663 sowie 1651 die Herrschaft Jever, durch Deichbrüche großen Schaden. Indessen ging dadurch doch kein Land verloren, vielmehr wurden durch weitere Eindeichungen beträchtliche Strecken dem Meere und den Strömen entrissen. Im Jahre 1615 kam die schon unter Johann XVI. begonnene Eindeichung bei Ellens, der Einsprache von Ostfriesland und Gödens ungeachtet, zu Stande; 1634 wurden die Jader und Wapeler Siele hinaus gelegt; durch Eindeichung wurde 1638 ein Groden beim Garmser Siele, 1638 das Seefeld, 1643 der neue Hoben, und als Privatunternehmung die Schweyburg, 1659 der Blauhander Groden gewonnen.

§. 48. **Stad- und Butjadinger Landrecht.**

Unter den von Anton Günther gegebenen Gesetzen 1664. ist das merkwürdigste: das erneuerte Landrecht des Stad- und Butjadinger Landes, aus dem alten Friesischen Asegabuche (§. 8.) nach einem Entwurfe, der schon 1622 einem Ausschusse von Eingesessenen vorgelegt war (doch unter großem Einfluß des Römischen Rechts) bearbeitet. Der Geist dieses Landrechts ist: daß die Erb- und Stammgüter bei der Familie bleiben und in Erbfällen dahin, woher sie gekommen, zurückfallen; daß die Gemeinschaft der Güter unter Eheleuten sich blos auf die errungenen Güter erstreckt und nur über diese zugewonnenen Güter freie Verfügung Statt findet; daß der jüngste Sohn den Heerd um einen leiblichen Preis, übrigens die Söhne drei Fünftheile und die Töchter zwei Fünftheile erben u. s. w.

§. 49. **Kriegsverfassung. Contribution.**

Der Kriegs- und Garnison-Dienst wurde im Anfange des 17. Jahrhunderts von den Unterthanen noch persönlich in der Reihe: von dem Adel durch Roßdienst, von allen andern wehrhaften Männern, die in Schützenvereinen sich in den Waffen übten, in der Landwehr geleistet. Während des 30jährigen Krieges trat allmälig geworbene Miliz an die Stelle, und zu deren Unterhaltung wurde eine Contribution gehoben; der Adel aber pflegte sich vom persönlichen Dienst durch eine Geldzahlung unter dem Namen der Ritterpferde zu lösen. Das bleibende Bedürfniß machte die Contribution zu einer beständigen Abgabe; Reichsgesetze — besonders der Reichsabschied von 1654 — bestätigten sie. In den letzten Jahren der Regierung Anton Günthers betrug sie 40,000 Rthlr.

ten Reichsgeldes (ober 60,000 Rthlr. Gold). Die Stadt Oldenburg ist jedoch davon frei geblieben; und die Ritterpferde von den adlich-freien Ländereien — die zum Theil in Lehnsverbindung standen — sind nur auf Anforderung bei besonderen Gelegenheiten geleistet.

§. 50. **Eintheilung des Landes und der Behörden.**

Die Eintheilung des Landes und die Behörden bildeten sich unter Anton Günther auf folgende Weise aus: Die Grafschaft war in 5 Aemter: — Varel, Neuenburg, Apen, Ovelgönne und Land Wührden, — und in zwölf davon gesonderte Vogteien getheilt: die Hausvogtei Oldenburg, die vier Marschvogteien Moorriem, Strückhausen, Oldenbrok und Hammelwarden, die Vogteien Schwey, Wüsteland, Hatten, Wardenburg, Zwischenahn, Jade und Rastede. Jedem Amte stand ein Amtmann, der Vogtei ein Vogt als Beamter vor, welche die Hebung der Gefälle, die Polizei und die erste Untersuchung in Straffällen hatten. Auf den Grund derselben wurden geringere Vergehungen von dem zu Haltung des Landgerichts beauftragten Canzler, welchem in den Aemtern der Amtmann als Mitdeputirter zur Seite trat, entschieden. Criminalfälle und streitige Civilsachen gehörten vor das Canzleicollegium, welches ein Kaiserliches Privilegium erhielt, wonach die in den Reichsgesetzen damals auf 300 Rthlr. bestimmte Summe für Appellation an die Reichsgerichte auf 1000 Gulden Rheinisch erhöhet wurde. Im Stad- und Butjadingerland ward zu Ovelgönne ein beständiges Untergericht niedergesetzt, bestehend aus einem Landrichter und einigen Beisitzern aus der Landschaft, von welchem erst in Sachen von 50 Rthlr. Werth an die Canzlei appellirt werden konnte. In der Stadt Oldenburg

1637.

1664.

blieb das Niedergericht unter einem landesherrlichen Vogt, von welchem an den Stadtmagistrat und dann an die Canzlei appellirt wurde. In der Herrschaft Jever und in der Herrlichkeit Kniphausen waren besondere Landgerichte unter der Oldenburgischen Canzlei. In der Grafschaft Delmenhorst, welche aus der Hausvogtei Delmenhorst und den Vogteien Stuhr, Berne und Altenesch bestand, blieb eine besondere Canzlei auch nach der Vereinigung mit Oldenburg. — Die Einkünfte wurden von einem Kämmerer und einem Rentmeister verwaltet, welchen schon 1650 einige Räthe beigegeben waren, wodurch die Kammer als eine Behörde mit collegialischer Einrichtung entstand; die Einkünfte beliefen sich in den letzten Jahren der Regierung Anton Günthers an baarem Gelde nicht höher als auf 135000 Rthlr. Aber sehr bedeutend war der Ertrag an Naturalien, welche die Meier und die Vorwerke lieferten und aus welchen nicht bloß die Hofhaltung, sondern auch ein großer Theil der Besoldungen an die Landesbediente bestritten wurde.

§. 51. Institute für Arme.

Für die Armen sorgte Anton Günther durch eine Stiftung des Armenhauses zu Neuenburg, so wie durch
1614. eine Stiftung für arme Prediger-Wittwen und Waisen.
1632. Das aufgehobene Kloster Blankenburg bestimmte er mit einem Vermögen von 35,000 Rthlr. zu einem Armen- und
1659. Waisenhause; und zu Hofswürden im Butjadingerlande stiftete er ein Hospital für Arme, Gebrechliche und Wahnsinnige, mit einer Dotation von 32,000 Rthlr., welches nachher mit dem Armenhause zu Blankenburg ver-
1684. bunden ist.

§. 52. Stadt Oldenburg. Post. Pferdezucht.

Die Stadt Oldenburg litt wieder durch einen Brand, der 32 Häuser in die Asche legte; sie gewann durch Vollendung des schon 1607 begonnenen Schloßbaues, durch Aufführung des jetzigen Rathhauses und der Nicolai= Kirche; sie erhielt einen Wochenmarkt, und die Gilden mehrten sich. 1615. 1616. 1635. 1647.

Im Jahre 1660 wurde die erste regelmäßige Brief= post von Hamburg über Oldenburg nach Holland landes= herrlich eingerichtet und das Ansinnen des Kaiserlichen Hofes, die Reichs=Regalität der Posten anzuerkennen, ab= gelehnt.

Unter den landwirthschaftlichen Gegenständen hob sich unter Anton Günthers Regierung und durch seine Lieb= haberei vorzüglich die Pferdezucht. Die hiesige Race ward sehr veredelt, und in und außer Deutschland berühmt; zwei jährliche Pferdemärkte wurden stark besucht, und jähr= lich wohl 5000 Pferde ausgeführt.

§. 53. Staatsdiener. Anton Günthers Tod.

Unter den Staatsdienern Anton Günthers zeichne= ten sich aus: Pichtel, zuletzt Landrichter in Jever; — Ummius, auch als Schriftsteller bekannt, Landrichter in Jever; — Mylius, hauptsächlich in der Weserzollsache gebraucht und Oldenburgischer Gesandter beim Westphälischen Frieden, unter dem Namen Mylius von Gnadenfeld geadelt und dotirt; — der Canzler Prott, ebenfalls mit dem Reichsadel und dem Gute Meringsburg in der Herrschaft Jever belehnt; — und der Geheimerath Wolzogen, mit 159 Jück Landes in der Vogtei Blexen beschenkt. Der letztere, v. Kötteritz, v. Heespen, Mylius und später

Heilersieg, machten den Geheimenrath aus, welchen Anton Günther, nach des Canzlers Prott Tode, zu
1657. seiner Erleichterung erst in seinem Alter einsetzte. Denn bis dahin hatte er, ausgezeichnet zum Regenten durch Kraft, Einsicht und Willen, die oberen Regierungsgeschäfte selbst besorgt.

1667 Er starb zu Rastede im 84. Jahre seines Alters und
19. Juni. 64. seiner Regierung. Bis auf diesen Zeitpunkt hat Winkelmann seine Oldenburgische Geschichte geführt, welche 1671 im Druck erschien.

Zweiter Abschnitt.
Königlich Dänische Regierung. 1667—1773.

Erster Zeitraum,
Dänisch-Gottorpsche gemeinschaftliche Regierung bis 1676.

§. 54. Trennung einzelner Theile vom Oldenburgischen Staate. König Friedrich III. und Herzog Christian Albrecht von Gottorp.

Mit Anton Günthers Tode verlor der Oldenburgische Staat nicht nur bedeutende Theile, sondern auch seine Selbstständigkeit und blieb ein Jahrhundert hindurch Provinz eines entfernten nicht-deutschen Staates, dem Einflusse der Schicksale ausgesetzt, die diesen betrafen. Jever ward von dem Fürsten von Anhalt-Zerbst, Harpstedt von Braunschweig-Lüneburg, Kniphausen, Varel und die Vogtei Jade vom Grafen von Aldenburg in Besitz genommen; in den Grafschaften Oldenburg und Delmenhorst aber übernahmen die gemeinschaftliche Regierung der König Friedrich III. von Dänemark und der Herzog Christian Albrecht von Holstein-Gottorp, durch den zu ihrem Statthalter ernannten Grafen von Aldenburg.

§. 55. Oldenburgischer Erbfolgestreit in den Holsteinischen Häusern.

Aber der Herzog Joachim Ernst von Holstein-Ploen trat gegen Dänemark und Gottorp bei dem Kaiserlichen Reichshofrath mit einer Klage auf, gegründet auf seine nähere Verwandtschaft mit dem Stammvater des Oldenburgischen Hauses, Dieterich dem Glückseligen; wogegen die Beklagten sich auf eine im Jahre 1570 erhaltene Kaiserliche Anwartschaft auf das Lehn stützten. In diesem Streite gelang es dem Könige von Dänemark, durch einen Separatvergleich mit Ploen die Abtretung der Hälfte der Ploenischen Ansprüche an die Grafschaften und insgeheim auch die Zusicherung der anderen Hälfte, wenn Ploen solche in dem gegen Gottorp allein fortzusetzenden Proceß rechtlich erstreiten würde, — beides gegen die Summe von 300,000 Rthlr. — zu erhalten. Wirklich entschied der Reichshofrath, mit Aufhebung des Rendsburgischen Vergleichs, für Holstein-Ploen, welches auch in den Besitz der Grafschaften gesetzt ward, diesen aber sofort wieder vertragsmäßig an Dänemark übertrug, wozu später auch die Zustimmung von Braunschweig-Lüneburg in Ansehung des Butjadinger Lehns kam; vorbehalten war das eventuelle Successionsrecht (im Falle die Dänische Linie aussterben würde) für den Herzog von Holstein-Ploen und seine Leibeslehnserben; die Linie desselben ist aber 1761 ausgestorben. So gelangte Dänemark, mit Ausschluß von Holstein-Gottorp, durch kluge Benutzung der Umstände im Wege eines Vergleichs mit einem geringen Geldaufwande zum alleinigen Besitz, den es auf dem Wege Rechtens nicht würde haben behaupten können. Holstein-Gottorp aber fand sich durch dieses Verfahren Dänemarks empfindlich gekränkt und die Mißverhältnisse unter diesen beiden verwandten Häusern, wozu ohnehin in Gottorps Ansprüchen auf das Herzogthum Schleswig und in der gemeinschaftlichen Regierung über Holstein Zunder genug vorhanden war, brachen bei jeder Veranlassung zur Flamme aus, der das schwächere Gottorp zum Opfer geworden sein würde, wenn es nicht bei Schweden, Frankreich, England und Holland Hülfe gefunden hätte. Auch auf Oldenburg blieben diese immer erneuerten Holsteinischen Streitigkeiten nicht ohne Einfluß, bis sie ein Jahrhundert später durch den Umtausch der Grafschaften Oldenburg und Delmenhorst gegen den Gottorpschen Antheil an Holstein ausgeglichen wurden.

Zweiter Zeitraum,

Dänische Alleinregierung, bis zur Versetzung der Grafschaft Delmenhorst und eines Theils der Grafschaft Oldenburg an Hannover. 1711.

---

§. 56. Verwaltung überhaupt. König Christian V. Unglücksfälle.

So lange Oldenburg Dänische Provinz blieb, wurde die Oberaufsicht über alle Zweige der Landesregierung durch einen höheren Königlichen Staatsbeamten, unter dem Titel eines Gouverneurs, Statthalters oder Oberlanddrosten, geführt, welcher den Vorsitz in der Regierungscanzlei hatte. Dieses Collegium, worin auch manchem angesehenen Beamten vom Lande ein Ehrenplatz gegeben wurde, vereinigte mit der ganzen Administration (das Hebungswesen ausgenommen) die oberste Rechtspflege und stand unter der Deutschen Canzlei in Copenhagen, die auch häufig in einzelnen Rechtssachen auf Suppliken Bericht forderte, doch mehr Aufsicht übend als den Rechtsgang störend eintrat. Indessen bildete sich dadurch ein Supplikationsweg an den König und der Weg an die Deutschen Reichsgerichte wurde seltener betreten. Das Hebungs- und Cassenwesen wurde vom Cammercollegium (§. 50.) verwaltet, welches unter dem Vorsitz des Oberlanddrosten in dieser Zeit aus dem Landrentmeister, einem Registrator (Secretair) und einem Cammerschreiber (Cassirer) bestand. Die Einkünfte betrugen im Jahre 1694, obgleich der Staat so ansehnliche Theile verloren hatte, doch noch 158,648 Rthlr.

Die ersten Jahre der Dänischen Regierung, in welcher
1670. Friedrich dem III. Christian V. folgte, waren für Oldenburg durch mehrere Unglücksfälle ausgezeichnet.
1676. Gleich nach Anton Günthers Tode verbreitete sich die Pest; dann legte ein Brand in der Stadt Oldenburg 700 Wohnungen in die Asche. Das ganze Land aber litt durch einen
1679. feindlichen Einfall Französischer Truppen, mittelst dessen Ludwig XIV. nach dem Nimweger Frieden die Wiedereinsetzung des Herzogs von Holstein-Gottorp in dessen Antheil an Holstein erzwang, der von Dänemark im Kriege mit Schweden in Sequester genommen war. Der Ueberzug kostete dem Lande eine Brandschatzung von 124,000 Rthlr., welcher die Adelich-freien den Pflichtigen gleich unterworfen wurden. Die Stadt Oldenburg zahlte dem Feinde eine besondere Contribution. Zur Sicherung
1677. des Landes beschloß der König, statt der Festung Ovelgönne, die er hatte demoliren lassen, bei seiner Anwesenheit in Oldenburg die Anlegung einer neuen Stadt und
1681. Festung am Ausfluß der Jade unter dem Namen Christiansburg, ein Unternehmen, welches gegen 300,000 Rthl.

kostete, aber wegen Beschaffenheit des Bodens wieder auf=
gegeben wurde.

**§. 57. Neue Streitigkeiten und Vergleiche mit den Allodialerben.
Der Aldenburgische Tractat.**

Da Christian V. nicht aus eigenem Rechte, sondern
aus dem ihm übertragenen gerichtlich anerkannten Rechte
des Herzogs von Holstein=Ploen, zum Besitz der Graf=
schaften gelangt war, so hielt er sich auch nicht mehr an
die von ihm selbst zwar zugestandenen, aber von Ploen
nicht bewilligten, Begünstigungen der Allodialerben Anton
Günthers (§. 43.) gebunden.

Gegen den Fürsten Carl Wilhelm von Anhalt=Zerbst
machte der König eine Lehnsherrlichkeit über Jever geltend, die Ludwig XIV. als Besitzer der Grafschaft Burgund,
durch seine Reunions=Cammer sich zugesprochen und an
Dänemark übertragen hatte. Er nahm, als dieses vermeint- 1682.
liche Recht von dem König von Spanien, als Herzog von
Brabant, sowie von dem Fürsten von Anhalt=Zerbst, bestritten ward, die Herrschaft Jever gewaltsam in Besitz und
belastete das Land mit Steuern und Beschwerden, bis durch 1687.
Vermittelung von Oesterreich und Brandenburg mit An= 1689.
halt=Zerbst ein neuer Vergleich zu Stande gebracht wurde,
wodurch der Fürst allen von Anton Günther auf ihn ge-
kommenen Fideicommiß=Gütern in den Grafschaften, so wie
dem ihm zugesicherten Antheil am Weserzoll (vorbehältlich
einer zu Unterhaltung des Feuers auf dem Leuchtthurm zu
Wangeroog bestimmten Summe von 1000 Rthlr. jährlich) entsagte und dem Könige 100,000 Rthlr. zu zahlen
versprach; dagegen der König seine Ansprüche auf die Herr=
schaft Jever aufgab, mit Vorbehalt der Wiedervereinigung
derselben mit Oldenburg auf den Fall, da des Fürsten Jo=

hann von Anhalt=Zerbst Nachkommen männlichen und
weiblichen Geschlechts aussterben würden. In diesem Streite
1686. ist auch des Deutschen Reiches Oberhoheit über Jever und
Kniphausen außer Zweifel gesetzt; wenn gleich diese Herr=
schaften von den Reichslasten frei blieben, weil man sie in
dieser Hinsicht, — gleich anderen von Burgundischen Lehn=
höfen abhängigen Lehen, — als von Oesterreich vertreten
betrachtete.

Ueber die Aldenburgische Gütermasse entstand der
Streit nach dem 1680 erfolgten Tode des Statthalters, Gra=
fen von Aldenburg, als dessen Wittwe, eine geborene Prin=
zessin von Tremouille, acht Monate später einen Sohn,
Anton II., zur Welt brachte. Der König zog die Güter
1681 in Sequester, bis mit den Vormündern des jungen
1693. Aldenburg der Aldenburgische Tractat zu Stande
kam, wodurch diese für ihren Pupillen dem Antheil am
Weserzoll, der Vogtei Jade und der von dessen Vater
1669 für andere zerstreute Besitzungen eingetauschten Vogtei
Schwey entsagten; wogegen der König ihnen überließ: die
Vorwerke im Butjadingerlande mit niederer Ge=
richtsbarkeit, dann das Amt Varel als Edle Herrschaft
mit ausgedehnteren Privilegien, jedoch nur auf des Gräf=
lichen Pupillen eheliche männliche Leibeserben und unter
Oldenburgischer Territorialhoheit, — vermöge welcher unter
andern die Appellation von den Varelschen Gerichten an
die Oldenburgische Canzlei ging, und ein Beitrag zur Lan=
descontribution mit 1200 Rthlr. in die Oldenburgische
Cammercasse gezahlt wurde, — endlich die Herrlichkeit Knip=
hausen unbeschränkt erblich und unabhängig, doch mit
Vorbehalt der Anwartschaft darauf für den Besitzer von
Jever. Nach erlangter Volljährigkeit ratificirte Graf An=
1706. ton II. von Aldenburg diesen Tractat und erhielt da=

bei noch einige Ausdehnung der ihm für die Herrschaft Varel zugestandenen Privilegien, wodurch insbesondere die Appellationssumme für Varel auf 200 Rthlr. erhöht wurde.

§. 58. Untersuchung der Freiheiten adelicher Güter.

Nun wurden auch die von Anton Günther und seinen Vorwesern überhaupt zu leicht bewilligten Freiheiten adelicher Güter, worüber die Klagen der Pflichtigen laut geworden waren, wiederholt zur commissarischen Untersuchung gezogen, auf den Antrag der letzten dieser Commissionen durch eine Königliche Resolution zwölf Classen von Freiheiten angenommen und einem jeden befreieten Gute wurde, nach Rücksichten des Rechts, der Personen und der Umstände, der Platz in einer dieser Classen angewiesen. Einigen sind die Freiheiten fast in ihrem ganzen Umfange bestätigt; andere sind roßdienstpflichtig gemacht; andere in ein Lehnsverhältniß gesetzt; noch andere mit Erbzins oder einer jährlichen Recognition belegt; bei den Gütern, welche auch rücksichtlich der Jurisdiction und anderer Vorfälle unmittelbar unter der Regierung und Cammer stehen und mit keiner niederen Instanz zu thun haben sollten, wurde dies besonders notirt; die übrigen blieben unter der niedrigen Jurisdiction oder Instanz, worunter sie gehörig. Diese in dem Corpus der eximirten Güter enthaltene Classification diente bis auf die neueste Zeit zur Richtschnur. *(1669. 1681. 1685. 1688.)*

§. 59. Regulirung der Abgaben der Pflichtigen. Ordinairgefälle.

Die Abgaben der Pflichtigen bestanden in der Contribution und in den Ordinairgefällen. Die erstere ward als bloße Realabgabe nach einem 1680 ꝛc. aufgenommenen neuen Contributions-Anschlage vertheilt, und die *(1682.)*

schon unter Anton Günther (§. 49.) fixirte Summe von 40,000 Rthlr. alten Reichsgeldes, nach Einführung des
1694. Leipziger Münzfußes, auf 60,000 Rthlr. berechnet. Die Ordinairgefälle, unter welchem Namen man die mancherlei Abgaben und Dienste aus gutsherrlichen Verhältnissen der Eingesessenen zur Landesherrschaft befaßt, wurden in dem Zeitraum von 1668 bis 1680 zu Gelde abgehandelt und in
1694. die neu eingerichteten Erbbücher als Realabgaben eingetragen. Diese Abhandlung (Schätzung) nach dem damaligen Preise der Naturalien dient noch jetzt zur Norm und von einer gutsherrlichen Beschränkung des Verfügungsrechtes der Besitzer der sogenannten herrschaftlichen Stellen ist allmälig nichts übrig geblieben, als die Eigenschaft geschlossener Stellen d. i. das Verbot der Naturaltheilung und der Auslobung übermäßiger Brautschätze oder Abfindungen und Altentheile.

§. 60. Vergantungsordnung.

Wie diese feste Bestimmung der Abgaben und Freiheiten den Wohlstand, so befestigte den Credit der Eingesesse=
1681. nen die Vergantungsordnung, wodurch gerichtliche Hypothekenbücher eröffnet und (mit Ausnahme weniger Privilegien und der stillschweigenden Hypothek der Minderjährigen) nur den darin ingrossirten Forderungen nach Zeitfolge der Eintragung ein Vorzug im Concurse zugestanden, der Concursproceß, besonders durch die Löse unter den Gläubigern (freilich nicht ohne daraus entstehende andere Nachtheile), abgekürzt und das Verfahren bei öffentlichen Verkäufen unbeweglicher Güter regulirt wurde. Aus einer irrigen Erklärung dieses Gesetzes bildete sich aber eine Praxis, wonach, auch ohne vertragsmäßige Hypothekbestellung oder Einwilligung des Schuldners, jedem die Ingrossation seines blos persönlichen angeblichen Forderungsrechtes

und sogar auf unbestimmte Summen, mit der Wirkung eines Vorzugsrechtes im Concurse, gestattet wurde. Auch wurde festgestellt, daß herrschaftliche Meierstellen, selbst wegen der gutsherrlich nicht bewilligten Schulden, zum Concurs gezogen werden können.

§. 61. **Gerichtsverfassung.**

Für die Rechtspflege in erster Instanz wurden Drosteigerichte in Oldenburg, Delmenhorst, Ovelgönne, Christiansburg und Elsfleth angeordnet, bestehend aus einem Drosten und drei Assessoren von den tüchtigsten Vögten des Districts, viermal im Jahre zu halten. In den Aemtern Land-Währden und Apen hatten die Amtmänner die Gerichtsbarkeit. Bei den Veränderungen in Folge des Aldenburgischen Tractats erhielten das Amt Varel ein Patrimonialgericht und die Vogtei Schwey ein landesherrliches Amtsgericht; die Drostei zu Christiansburg wurde nach Neuenburg verlegt und über die Vogteien Jade, Rastede und Zwischenahn, auch in gewisser Hinsicht über das Amt Apen, erstreckt. Landvögte traten an die Stelle der Drosten, und eine Untergerichtsordnung gab den Landgerichten im Wesentlichen ihre lange beibehaltene Einrichtung. Von Elsfleth wurde das Gericht für die vier Marschvogteien nach Oldenburg verlegt und mit dem Landgerichte für die Geestvogteien vereinigt. Mit Ausnahme der besonderen Amtsgerichte in Land-Währden, Schwey und Varel, blieb den Beamten und Vögten nur die Rechtshülfe in liquiden und die Cognition in streitigen Sachen bis zur Summe von 12 Rthlr. Für die Stadt Oldenburg wurde, durch Aufhebung des Niedergerichts, dem Stadtmagistrat die erste Instanz gegeben und die peinliche Gerichtsbarkeit aufs Neue verliehen, mit der Beschränkung, daß wichtige Fälle in Ge-

1686.
1693.
1700.
1699.
1680.
1694.

genwart eines Mitgliedes der Regierung berathen werden sollen, auch die Damm- und Mühlenstraße seiner Gerichtsbarkeit untergeben; doch behielt der König den Landes-Regenten das Recht vor, die Privilegien der Stadt zu vermindern oder aufzuheben. Der Stadt Delmenhorst wurde die bestrittene Gerichtsbarkeit durch richterlichen Spruch
1675. zuerkannt. Für die Appellation von den Untergerichten an die Canzlei wurde die Summe in den Marschen zu 24 Rthlr., auf der Geest zu 12 Rthlr. Hauptstuhl bestimmt; im Butjadingerlande blieb es bei dem Privilegium auf 50 Reichsthaler (§. 50.).

Die Bewohner freier Gründe, nach den näheren Bestimmungen im Corpus der eximirten Güter (§. 58.), und die Landesbediente behielten ihren Gerichtsstand in erster
1669. Instanz vor der Regierungscanzlei, welche als oberster Gerichtshof ebenfalls eine neue Instruction erhielt.

§. 60. Kirchliche Sachen.

In kirchlichen Sachen wurden Kirchenvisitationen ums
1684. dritte Jahr, sowie ein allgemeiner jährlicher Buß- und Bettag
1686. angeordnet; durch den Superintendenten Nicolaus Alardus wurde ein Handbuch für Prediger und ein Catechismus eingeführt und im Consistorium ein Advocatus piarum cau-
1694. sarum angestellt. In Varel stiftete Graf Anton I. von
1677. Aldenburg ein Waisenhaus für hundert Zöglinge, auch er-
1676. bauete er zu Seefeld eine Kirche, worüber er sich dadurch das Patronatrecht erwarb. Für die Besetzung der Predigerstellen an den beiden Kirchen in Oldenburg (mit Ausnahme des mit der Superintendentur verbundenen landesherrlicher Vocation vorbehaltenen ersten Pastorats an der St. Lamberti-Kirche) erhielt der Stadtmagistrat das Recht, drei Subjecte der Gemeinde zur Wahl aufzustellen. Auch

in Angelegenheit der lateinischen Schule in Oldenburg erhielt der Magistrat ein votum.

§. 63. Deichwesen.

Die Regierungscanzlei, insbesondere ihr Chef, der Oberlanddrost, hatte unter den eigentlichen Regierungssachen auch das Deichwesen zu verwalten, zu dessen Ver- 1680. besserung durch Anstellung eines Deichgräfen in der Person des Obristlieutenants von Münnich und durch eine neue Deichordnung ein bedeutender Schritt geschah. 1681. Aber der in letzterer ausgesprochene Grundsatz gleicher Vertheilung der Deich- und Schlengen-Last, ohne alle Exemtion, auf alle Ländereien, welche von dem einbrechenden Wasser Schaden leiden können, kam nicht zur vollen Ausführung; es blieb bei der alten Deich-Pfand-Vertheilung, doch wur- 1683. den die landesherrlichen Domainen und andere befreiete Ländereien, die kein Deichpfand haben, mit einem sogenannten Deichfreien-Gelde (bis zu weiterer Verordnung 1685. 18 Grote für das Jück des besten Landes) und bei einem 1688. neuen Sielbau mit einem Dritttheil des Beitrags der 1690. Pflichtigen belegt. Aus jenem Deichfreiengelde, einem jährlichen Beitrage von 1500 Rthlr. aus den Einkünften des Weserzolls nach dem Testamente Anton Günthers, einem Monat Contribution aus den vier Marschvogteien und zwei Monaten aus dem Stad- und Butjadinger-Lande, endlich den Geldstrafen in Deichsachen — ward zur Hülfe in Noth- 1694. fällen eine Deichcasse gebildet. Aber diese Mittel halfen wenig, und zu Herstellung der besonders 1685 sehr beschädigten Deiche wurden in den folgenden Jahren, um die Anwendung des Spadenrechts (d. i. das Recht das für herrenlos erklärte Land des unvermögenden Deichpflichtigen durch Uebernahme der Deichpflicht zu occupiren, welches mit einer durch Spadenstich bezeichneten Feierlichkeit geschah) zu verhüten, aus landesherrlicher Casse über 150,000 Rthlr. hergeschossen.

§. 64. Staatsbeamte.

1699. Auf diese Weise gründete König Christian V. bis zu seinem Tode die im Wesentlichen bis auf die neueste Zeit beibehaltene Verfassung des Landes. So viele wichtige Angelegenheiten zu ordnen, half ihm ein ausgezeichneter Geschäftsmann, Christoph Gensch von Breitenau, welcher für den Herzog von Holstein=Ploen den Oldenburgischen Erbschafts=Proceß betrieben hatte und nach Beendigung desselben als Oldenburgischer Canzler in Dänische
1681. Dienste trat.

§. 65. Friedrich IV. Versetzung von sieben Vogteien an Hannover.

Die politischen Verhältnisse Dänemarks, die stets erneuerten Streitigkeiten mit dem Holstein=Gottorpschen Hause und dessen Garants, besonders mit Schweden, blieben auch unter Friedrich IV. nicht ohne nachtheiligen Einfluß auf Oldenburg. Gleich das erste Jahr seiner
1700. Regierung ist durch einen Einfall Schwedisch=Hannoverischer Truppen bezeichnet; zur Vertheidigung der Grafschaften in
1704. ähnlichen Fällen wurde ein Regiment Landmiliz errichtet. Bei einem beabsichtigten neuen Angriffe auf die Schwedisch=Deutschen Provinzen fand sich der König durch sein Geldbedürfniß veranlaßt, die Grafschaft Delmenhorst und von der Grafschaft Oldenburg die Vogteien Hatten, Wardenburg, Zwischenahn und Wüstenland für die Summe von 712,646 Rthlr. an den Kurfürsten von
1711. Braunschweig=Lüneburg nutznießlich auf 20 Jahre zu versetzen. Die Festung Delmenhorst ist damals demolirt.

Auf der andern Seite wurde das Band, welches die Grafschaften mit dem Deutschen Reiche verknüpfte, lockerer und besonders richteten sich die Beiträge, welche davon zu den Reichskriegen in der Dänischen Periode geleistet wurden, mehr nach dem Antheile, den Dänemark daran genommen und nach dessen politischen Verhältnissen zu den kriegführenden Staaten, als nach der Reichsmatrikel. Doch wußte sich Friedrich IV. mit dem Deutschen Kaiser in gutes Vernehmen zu setzen und eine neue Belehnung über den Weserzoll zu erhalten, welche die Stadt Bremen seit 1707. Anton Günthers Tode wieder aufzuhalten Wege gefunden hatte.

Dritter Zeitraum,
bis zur Wiedereinlösung der an Hannover versetzten Vogteien.

§. 66. Große Wasserfluth. Communiondeichsystem.

Die Gründe, aus welchen der Weserzoll gesucht und bewilligt worden war, fanden eine schreckliche Bestätigung im Jahre 1717, da in der Christnacht von einer Sturm- 1717. fluth die Butjadinger Deiche durchbrochen, 943 Häuser und 7 Schulen zerstört, 5 Siele und 21 Hauptbraken eingerissen wurden. Die Zahl der Ertrunkenen belief sich auf 2471. In der Herrschaft Jever war der Verlust an Menschen 1275 und an Häusern 262; der pecuniäre Schaden ist auf eine halbe Million berechnet; in der Herrlichkeit Kniphausen 347 an Menschen und an Häusern 186.

Aber die Noth derer, die das Leben gerettet hatten, stieg fortdauernd, da an die Sicherung des den Fluthen offenen Landes durch Nothdeiche, Brakenstopfung und Deicheinlagen erst 1719 Hand gelegt werden konnte und die begonnenen Arbeiten durch die Neujahrsfluth von 1721 wieder zerstört wurden. Der Beharrlichkeit und Einsicht des Oberlandbro=

1721 bis 1725. sten Sehestädt und seiner Gehülfen, der Deichgräfen von Münnich und Fabricius, gelang es durch eine beinahe ganz neue Bedeichung des Butjabingerlandes und durch die schwierige Anlage des 19,652 Fuß langen Schwey= burger Moordeichs besseren Grund zur Sicherheit des Landes gegen die Fluthen zu legen. Aber möglich wurde dies nur (außer bedeutenden Nachlässen in der Contribu= tion) durch einen zinsenfreien Vorschuß aus Königlicher Casse von 728,266 Rthlr., von welchem der König bei sei=

1724 Mai. ner persönlichen Anwesenheit in Oldenburg ein Dritttheil erließ, und durch einen landesherrlichen Beitrag zu den Kosten des Schweyburger Moordeichs von 59,314 Rthlr. Eben so viel etwa wurde an Deichfreien=Geldern aufgebracht. Eine wohlthätige Folge dieses Unglücks war die Ausführung des Communion=Deichsystems in den Marschen, welche zehn Deichbänder und im Cassenwesen drei größere Com= munen bildeten: die der vier Marschvogteien, des Stad= und Butjabingerlandes und des Schweyburger Communiondeichs. Auch hat seitdem die Landwirthschaft in den Marschen durch das sogenannte Wühlen (d. i. Aufwerfen der in der Tiefe liegenden besseren Bauerde) und den vermehrten Anbau der Feldfrüchte gewonnen. Der Verlust an Land und Landes= werth durch Wasserfluthen aber veranlaßte in den Butja= dinger Vogteien Burhave, Blexen und Eckwarden

1725 bis 1728. eine neue Landesvermessung und Würderung (Boniti= rung) zu Ansetzung der Abgaben.

§. 67. Gesetzgebung. Corpus Constitutionum.

Das Cameralwesen erhielt überhaupt unter Friedrich IV. bedeutende Veränderungen. Die Einkünfte des Fiscus wurden gleich im Anfange dieser Regierung durch Einführung des Stempelpapiers bedeutend vermehrt. 1701. Um die der Landesherrschaft von jeder Landesstelle zu leistenden gutsherrlichen Gefälle und Dienste zu berichtigen und zu befestigen, wurden neue Erdbücher verfertigt und ward zu Erhaltung der Ordnung darin die Umschreibung jeder Landesveräußerung in denselben bei Strafe der Nich- 1718. tigkeit und 20 Ggl. Brüche vorgeschrieben. Das herrschaftliche Hebungswesen wurde durch Einführung der Dänischen 1720. sogenannten Cammergerichtsordnung geordnet. Eine Brautschatz-Verordnung bestimmte die Abfindungen 1730. der Geschwister des Grunderben von geschlossenen herrschaftlichen Stellen (§. 59.) auf 20 Procent des tarirten Werthes und den Wittwen, wenn sie zur zweiten Ehe schreiten oder sonst dem Grunderben die Stelle abtreten müssen, neben ihrem Eingebrachten, Kindestheil. Wegen der Delinquenten-Kosten, welche bis dahin von jedem Districte, worin die Uebelthat vorgefallen war, aufgebracht werden mußten, wurde bestimmt: daß sie über das ganze Land nach dem 1731. Contributionsanschlage zu vertheilen seien.

Auch verdient eine neue Kirchenordnung, wodurch die Kirchenordnung von 1573 zeitgemäß modificirt ward, 1725 Erwähnung. Juli 16.

Die zerstreuten Verordnungen aber sammelte, in Folge Königlicher Autorisation, der Regierungsrath von 1722. Oetken in einem Corpus Constitutionum, welchem er später 1732. zwei Supplemente nachfügte.
1748.

§. 68. **Verfassung der Stadt Oldenburg.**

Des Magistrats der Stadt Oldenburg Gerichtsbarkeit wurde über die Fremden in der Stadt und über die Rathsmitglieder erstreckt; ferner ein Collegium von sieben Elterleuten aus der Mitte der Bürgerschaft angestellt, welches mit den schon früher vorhandenen Geschworenen der Ablegung der Stadtrechnung beiwohnen, das allgemeine Beste der Stadt, besonders der Nahrung und des Handels, beachten und zu dessen Beförderung geeignete Anträge machen sollte. In der Folge ist das Verhältniß derselben zum Magistrat, die Art der Rechnungs-Ablegung und die Besetzungsweise der Stellen der beiden Bürgermeister, der Rathsverwandten (Rathsherren) und des Syndicus, mittelst Präsentation der vom Magistrate gewählten bei der Regierung und durch dieselben bei dem Landesherrn, in einem Stadtcommissionsschlusse genauer bestimmt. Auch wurde das Servicegeld festgesetzt, welches zu Erleichterung der mit Einquartierung belasteten Bürger von solchen bürgerlichen Häusern zu entrichten ist, die, weil sie von Personalfreien bewohnt werden, darum von der Naturaleinquartierung frei sind. Welchen Personen und welchen Häusern in der Stadt diese Freiheit von bürgerlichen Lasten (damit aber auch die Entbehrung der bürgerlichen Vortheile) und der privilegirte Gerichtsstand unter der Regierungscanzlei zukomme, wurde zugleich durch eine Commission untersucht.

1703.
1704.
1706.

1730.

1728.

§. 69. **Christian VI. Einlösung der versetzten Vogteien.**

König Christian VI. erfreute bei dem Antritte seiner Regierung die Oldenburger durch Aufhebung des Nationalregiments, welches viele Beschwerden veranlaßt hatte; aber es wurde nach einigen Jahren, unter billigen Bestim-

1730.

mungen wegen Befreiung von der auf sechs Jahre festgesetzten
Dienstpflicht, wieder aufgerichtet. Bleibender war die Wohl- 1737.
that der Erlassung des Vorschusses zum Deichbau (§. 66.)
bis auf die Summe von 273,041 Rthlr., zu deren Erstattung
die Frist noch auf sechs Jahre verlängert wurde. Nun
konnte auch wieder zu Eindeichungen geschritten werden; der
Ellenserdammer Groden und der Wapeler Groden 1732.
sind unter Christian VI. bedeicht. 1733.

Dieser bedeutenden Aufwendungen ungeachtet, war es
in Kopenhagen durch weise Staatshaushaltung möglich ge=
worden, die Summe zu ersparen, womit die an Hanno=
ver versetzte Grafschaft Delmenhorst und vier Vogteien der
Grafschaft Oldenburg (§. 65.) nach Ablauf der 20 Pfandjahre
wieder eingelöset werden konnten. Schon Friedrich IV.
kündigte das 1711 aufgeliehene Capital und Christian VI.
gelangte durch Auszahlung desselben wieder zum Besitze des 1731.
versetzten Landestheils, welchen Hannover durch besondere
Oberlanddrosten hatte verwalten lassen. Darauf folgte auch 1736.
bald eine Gränzberichtigung gegen die Hannoverischen Aem=
ter Harpstedt und Wildeshausen, die indessen noch
nicht alle Differenzen beseitigte.

Mit diesem Zeitpunkte schließt G. A. v. Halems Ge=
schichte des Herzogthums Oldenburg, des bisherigen Thei=
les dieser Chronik vorzüglichste Quelle.

Vierter Zeitraum,

bis zur Uebertragung der Grafschaften an die jüngere Holstein-Gottorpsche Linie. 1773.

§. 70. Die Aldenburgischen Besitzungen kommen an die Bentinck'sche Familie.

Die Aussicht auf den Rückfall der dem Grafen von Aldenburg durch den Tractat von 1693 (§. 57.) nur für seine männlichen Nachkommen unter Oldenburgischer Landeshoheit überlassenen edlen Herrschaft Varel ward durch Ausdehnung des Nachfolgerechts auf dessen weibliche Nachkommen wieder sehr weit entfernt. Graf Anton II. von Aldenburg hatte keine männliche Leibeserben, sondern nur eine Tochter. Indessen hatte schon König Christian V. auf den Fall des Abgangs männlicher Aldenburgischer Nachkommen, dem Grafen Güldenlöw, Gemahl der ältesten Tochter des ersten Grafen Aldenburg, die Anwartschaft auf Varel zugesichert und der Rückfall an die Landesherrschaft war schon dadurch entfernt. Güldenlöw aber war Vormund des zweiten Grafen Aldenburg gewesen und dieser hatte aus der vormundschaftlichen Verwaltung bedeutende Ansprüche. Die Succession in Varel gab ein Mittel, sich mit dem Sohne Güldenlöws, Grafen von Danneskiold-Lauerwig, zu vergleichen, indem dieser der auf ihn vererbten Anwartschaft zu Gunsten der weiblichen Nachkommen des Grafen von Aldenburg entsagte.
1731. Der König gab seine Einwilligung dazu und versicherte die Herrschaft Varel dem Grafen von Aldenburg und seinen ehelichen Leibeserben männlichen und weiblichen Geschlechts. Die einzige Tochter des Grafen ward an ei-

nen holländischen Edelmann von Bentinck-Rhon ver- 1733.
mählt, der sich in den deutschen Reichsgrafenstand erheben
ließ. Auf solche Weise kam die Herrschaft Varel, wie die
anderen unter Oldenburgischer Landeshoheit belegenen Aldenburgischen Güter und die reichsunmittelbare Herrlichkeit
Kniphausen an die Bentincksche Familie.

§. 71. Erhebung zweier Prinzen aus dem Holstein-Gottorpschen Hause auf den Russischen und Schwedischen Thron.

Das wichtigste und für Oldenburg folgenreichste Ereigniß dieser Zeit ist die Erhebung zweier Prinzen aus dem
Stammhause Oldenburg Holstein-Gottorpscher Linie auf
zwei andere nordische Throne: den Russischen und den
Schwedischen. Die Kaiserin Elisabeth von Rußland
bestimmte nämlich zu ihrem Nachfolger: den Sohn ihrer, 1741.
an den Herzog Carl Friedrich von Holstein-Gottorp ver-
mählten, Schwester Anna, den Enkel Peters des Großen, Carl Peter Ulrich; und sie leitete im Frieden zu
Abo auf dessen nächsten Agnaten, den Prinzen Adolph 1743.
Friedrich von Holstein-Gottorp, die Wahl eines
Schwedischen Thronfolgers.

König Christian VI. besuchte sein Stammhaus Ol- 1734.
denburg, ließ das Schloß beträchtlich verbessern und ne- 1737.
ben demselben ein neues Canzleigebäude aufführen. 1745.

§. 72. König Friedrich V.

Auch Friedrich V. war glücklich genug, seinen Staa- 1746.
ten die Ruhe von außen zu erhalten, die sie unter seinem
Vater genossen hatten; nichts störte die Feier des 300jähr. 1749.
Jubiläums der Gelangung des Hauses Oldenburg
zum Dänischen Throne (§. 19.) welche auch in Oldenburg begangen wurde. Als Dänische Provinzen mußten
die Grafschaften Oldenburg und Delmenhorst auch auf An-

ordnung des Königs Friedrich V. ein allgemeines Jubel-
1760. und Dankfest zum Gedächtniß der vor 100 Jahren in den
Königreichen Dänemark und Norwegen eingeführten Souverainität mitfeiern. Zwar war die alte Fehde mit Holstein-
Gottorp nicht geschlichtet und die wachsende Macht dieser
Linie des Hauses erregte Besorgnisse drohender Gefahr,
welche Dänemark auf dem Wege der Unterhandlung abzuwenden bemüht war. Mit dem Schwedischen Thronfol-
1749. ger kam ein Vergleich zu Stande, vermöge dessen er nicht
nur seinen Ansprüchen auf Schleswig entsagte, sondern
auch in einen Umtausch des Gottorpschen Antheils an Holstein gegen die Graffschaften Oldenburg und Delmenhorst
willigte, auf den Fall, wenn jener ihm oder seinen Nachkommen anfallen würde. Aber der Russische Großfürst, der
regierende Herzog von Holstein-Gottorp, hatte das
volle Gefühl der alten Kränkungen seines Hauses durch
Dänemark mit in sein künftiges Reich genommen und
an ihm scheiterten alle Künste der Unterhandlung, die Graf
1750. Lynar, der Dänische Gesandte in Petersburg, an-
wandte. So lange Elisabeth lebte, war indessen von
dieser Seite nichts zu besorgen und Dänemark konnte sich
während des siebenjährigen Krieges eine Neutralität bewahren, die auch den Graffschaften und ihren Einwohnern durch den Absatz und die hohen Preise ihrer Landesproducte große Vortheile (aber auch durch das zuströ-
mende Geld die Nachtheile der Gewöhnung an einen früher
unbekannten Aufwand) brachte, während das benachbarte
1744. Ostfriesland, — welches nach erloschenem Mannsstamm des
regierenden Grafenhauses Preußische Provinz geworden war,
durch feindliche Ueberzüge unendlich leiden mußte. Vermöge
dieser Neutralität vermittelte Graf Lynar, der von 1752
bis 1766 den Posten eines Statthalters in Olden-

burg bekleidete, in Auftrag seines Hofes, zu Kloster Ze=
ven, zwischen dem Herzog von Cumberland, der die nach 1757.
dem Treffen bei Hastenbeck von den Franzosen hart be=
drängte alliirte Armee befehligte und dem Marschall Riche=
lieu einen Waffenstillstand, wodurch die alliirte Armee ge=
rettet und der Kriegsschauplatz von diesen Gegenden entfernt
wurde. Als nach der Schlacht von Roßbach diese Con=
vention aufgehoben war, suchte Frankreich, durch Zu=
sicherung des Besitzes von Ostfriesland und eines Vorschus=
ses an Geld, Dänemark auf seine Seite zu ziehen; aber
das Projekt scheiterte an der Auszahlung der versprochenen
Summen. Dänemark blieb neutral; auch entging es glück=
licher Weise der ihm nach dem Tode der Kaiserin Elisa=
beth drohenden Gefahr eines Krieges mit Rußland
durch den plötzlichen Tod Peters III., kurz vor dem Hu= 1762.
bertsburger Frieden.

§. 73. **Sequestration der Aldenburgischen Besitzungen.**

Die seit dem Tode des letzten Grafen von Alden=
burg in der Oeconomie seiner Tochter, der Gräfin von 1738.
Bentinck, eingerissene Unordnung und die Sicherung der
Ansprüche ihres getrennt von ihr lebenden Gemahls, der
auf seinen Credit zum Besten der Aldenburgischen Besitzun=
gen große Summen angeliehen hatte, veranlaßte, auf dessen 1748.
Antrag, der Widersetzlichkeit der Gräfin ungeachtet, daß der
König eine abermalige Sequestration und Administra=
tion der unter Oldenburgischer Hoheit belege=
nen Aldenburgischen Güter und eine Commission zu
Regulirung des Schuldenwesens anordnete. Die Folge da=
von war, daß die Gräfin in die Uebertragung der Herr=
schaften Varel und Kniphausen und ihrer übrigen deut=
schen Besitzungen an ihre Söhne und Namens derselben an

deren Vater, unter Vorbehalt einer lebenslangen Compe=
tenz, willigte. Nachdem dieser Vergleich die Bestätigung des
deutschen Kaisers und des Königs von Dänemark erhalten
hatte, wurden die sequestrirten Güter den Gevollmächtigten
1757. des Grafen von Bentinck übertragen, auch derselbe, des
abermaligen Einspruchs der Gräfin ungeachtet, durch Dä=
nische Truppen in den Besitz von Kniphausen gesetzt und
durch ein Reichshofrathsconclusum darin geschützt.

In Varel legte in dieser Zeit ein Brand einen Flü=
1751. gel des Schlosses und dessen Nebengebäude in Asche, wobei
auch die Bibliothek Anton Günthers verloren ging. Doch
ist der Codex picturatus des Sachsenspiegels von 1336
(§. 32.) nebst einem Codex glossatus desselben und einem
Codex des Schwabenspiegels von 1355 gerettet.

Als ein Land, worin Sachsenrecht gilt, ward Olden=
burg durch einen Vergleich unter beiden Reichs=Vicariats=
1750. höfen von Kur=Sachsen und Kur=Pfalz dem Sächsischen
Reichs=Vicariate untergeben.

§. 74. Deichwesen.

Für die Erhaltung der Deiche wurde immer mehr
1757. durch genaue Aufsicht mittelst zweckmäßiger Instructionen
der Deich= und Sielgeschworenen und durch Anlegung ab=
laufender Werke, Schlengen, gesorgt, welche nicht nur den
Abbruch verhindern, sondern auch den Anwachs des Vor=
landes befördern. Die Kosten dieser Werke waren bisher
aus der gemeinschaftlichen Deichcasse bestritten worden.
1755. Jetzt wurde zwischen dem Stad= und Butjadingerlande und
den vier Marschvogteien diese Gemeinschaft aufgehoben und
für jeden dieser beiden Theile eine besondere Schlengen=
casse gebildet. Das Land Wührden blieb in der Schlen=
genverbindung mit dem ersteren. Streitig war, ob in Fäl=

len außerordentlicher Deich= und Schlengenlast die Deich=
freien und selbst Geestbewohner zur Beihülfe schuldig seien? 1758.
Die Deichfreien wurden durch eine Königliche Resolution
von allem besonderen Beitrage zu den Schlengenkosten be= 1763.
freit erklärt. Als die Verstärkung der Eckwarder und Stoll=
hammer Deiche und die Anlegung von Höftwerken ge=
gen den Abbruch einen baaren Kostenaufwand von 47,000
Rthlr. erforderte, verlangten die Deichbänder des Stad= und
Butjadingerlandes eine Beihülfe von den vier Marsch=
vogteien, den Vogteien Schwey und Jade und den
Deichfreien. Aber nach dem Bedenken einer zur Unter=
suchung dieser Streitfragen niedergesetzten Commission wurde 1765.
durch eine Königliche Resolution festgesetzt: daß nur wenn,
wie im Jahre 1717, ein wirklicher Einbruch des Wassers
erfolgt oder der Zustand der Deiche einen solchen Einbruch
befürchten läßt, mithin eine schleunige Herstellung erfordert,
wozu die im Deichbande vorhandene Mannschaft nicht
hinreicht, die benachbarten Vogteien und allenfalls die Gee=
sten aufgeboten werden könnten, — ein Fall, der damals
nicht als vorhanden angenommen wurde.

§. 75. Gesetzgebung.

Die Rechtspflege bei der Regierungscanzlei wurde
durch Einschränkung der Actenverschickung zum Spruch an 1755.
auswärtige Rechtsfacultäten, — durch Bestimmung einer
Summe von 100 Rthlr. für die Rechtsmittel der Revision,
— und der Justizdienst durch eine Verfügung wegen der 1765.
Qualification zum Rath und wegen Anleitung der Auscul=
tanten, sowie durch Erhöhung der Besoldungen, verbessert.
Eine Verordnung wegen Einschränkung des überflüssigen 1758.
Gebrauchs der Eide stellte den Mißbrauch ab und lösete
manchen Rechtszweifel. Ein Edict wegen Bestrafung der 1754.

heimlich gebärenden Weibspersonen, deren Kinder todt gefunden wurden, begegnete der Schwierigkeit völligen Beweises des Kindesmordes durch eine in ihrer Allgemeinheit vielleicht zu strenge außerordentliche Strafe. Um die verschiedenen Local-Gewohnheiten in Ansehung der Vermögensverhältnisse und des Erbrechts unter Ehegatten gesetzlich festzustellen, wurden die Materialien gesammelt; aber leider fand man zu schwierig oder zu mühsam ins Genauere ein-
1754. zugehen, begnügte sich zu bestimmen, in welchen Districten die Regel „längst Leib längst Gut," (die man als Folge einer Art Gütergemeinschaft ansah), das Eigenthum und in welchen sie den Nießbrauch bedeute und überließ das Weitere einer schwankenden Praxis.

In eben diese Zeit fällt die Errichtung mehrerer Siche-
1756. rungs-Anstalten: einer Prediger-Wittwen- und Waisen-
1764. Versorgungsanstalt, einer allgemeinen Brandversicherungscasse (in einigen Puncten genauer bestimmt 9. März 1827) — beides mit Verpflichtung zum Beitritt, — und die erste Einrichtung des Lootsenwesens in Tettens und
1763. Burhave zur Sicherung der Schifffahrt. Gegen den unmäßigen Wucher sicherte die Geldbedürftigen die Einrichtung
1769. eines Lombards, dessen Ueberschuß zur Aufnahme des 1741 erbaueten Zucht- und Werk-Hauses bestimmt wurde.

1756. Die Landesgrenze gegen das Hochstift Münster
1764. wurde durch Vergleiche berichtigt, welche aber erst lange nachher, 1790, zur Ausführung gebracht sind.

Alle diese Einrichtungen erhalten auch dem Oldenbur-
1766 ger das Andenken Bernstorfs, des weisen Dänischen Mi-
gest. nisters; mehr aber noch erhalten es die Bemühungen, durch die er unter Friedrichs Nachfolger den Umtausch der Grafschaften vorbereitete.

§. 76. König Christian VII. Provisorischer Tractat wegen Umtauschung der Grafschaften.

In Folge eines zwischen Dänemark und Rußland geschlossenen Freundschafts=, Garantie= und Allianz=Tractats, wurden nämlich zu Ausgleichung der mit dem Herzoglich Holstein=Gottorpschen Hause obwaltenden Zwistigkeiten, die nach Peters III. Tode auf den noch minderjährigen Großfürsten Paul Petrowitsch vererbt waren, zu Kopenhagen Unterhandlungen eröffnet, die hauptsächlich durch Bernstorfs Bemühungen zu einem provisorischen Tractate führten, worin der König Christian VII. mit der Kaiserin Catharina II., als Vormünderin ihres Sohnes, sich unter andern dahin vereinigten, daß der Großfürstliche Antheil an dem Herzogthum Holstein gegen die Grafschaften Oldenburg und Delmenhorst ausgetauscht werden sollte. Die Grafschaften sollten schuldenfrei, jedoch mit der Verpflichtung, alle sonstige landesherrliche Verbindlichkeiten zu erfüllen, übertragen werden und dem Großfürsten, — welcher, wie künftig jedesmal sein Nachfolger, als Chef des Herzoglich Holstein=Gottorpschen Hauses anzusehen, — sollte unbenommen sein, dieselben an einen seiner Anverwandten wieder abzutreten, unter Erhaltung derselben Erbfolgeordnung im Lehn, welche in dem Herzoglich Holstein=Gottorpschen Hause beobachtet worden. Auch versprach der König die beabsichtigte Erhebung der Grafschaften in ein Herzogthum und die Erhaltung einer Stimme von denselben im Reichsfürstenrathe zu unterstützen. Die Ausführung dieses Tractats mußte indessen bis zur Großjährigkeit des Großfürsten ausgesetzt bleiben.

1765.

1767 21. April.

§. 77. Neue Steuern.

Vielleicht war die verabredete schuldenfreie Abtretung der Grafschaften mit ein Beweggrund zu Vermehrung der Steuern, die nicht wenig drückend wurde. Außerordentliche Schatzungen waren zwar schon früher von Zeit zu Zeit erhoben worden, jetzt aber wurde eine ordentliche bleibende Kopfsteuer von sechs Grote monatlich für jede Person über 12 Jahr eingeführt, wobei die Vermögenden verhältnißmäßig die Armen mit übernehmen mußten. Die Kopfzahl der Einwohner der Grafschaften ist damals zu 79,171 befunden. Außerdem wurde allen Civil- und Militair-Bedienten und Pensionisten eine Rangsteuer und, anfangs nur auf zwei Jahre, eine Steuer vom Diensteinkommen und von Pensionen aufgelegt, die sich bei einem Einkommen von 500 Rthlr. und darüber auf 10 Procent für jedes Jahr belief und nach Ablauf der zwei Jahre bis weiter für fortdauernd erklärt wurde. Statt einer 1767 verordneten Stellung von 30 Recruten aus den Grafschaften zur Dänischen Armee trat von 1770 an eine nach dem Contributionsfuß erhobene Geldvergütung von 70 Rthlr. für den Mann ein. Die Summe aller Königlichen Einkünfte aus den Grafschaften betrug in dieser Zeit gegen 350,000 Rthlr.; und davon floß nur ein geringer Theil in das Land zurück, weil die Besoldungen der Staatsdiener unbedeutend waren und ihr Diensteinkommen bis dahin größtentheils in Sporteln bestand, übrigens aber wenig für öffentliche Zwecke verwandt wurde.

§. 78. Einfluß der Struensee'schen Verwaltung.

In diese letzten Jahre der Dänischen Regierung fällt auch die revolutionaire Crisis in der dänischen Staatsverwaltung, verursacht durch Struensee's schnelles Emporsteigen und eben so schnellen Sturz (ein Ereigniß, welches die Oldenburger um so mehr interessirte, da Struensee's Glücks- und Unglücks-Gefährte, Graf Brandt, früher Mitglied der hiesigen Regierung gewesen war), deren nachtheilige Wirkungen aber in den entfernten Grafschaften weniger gefühlt wurden, während sich manche gute Veranstaltungen aus dieser Zeit bis jetzt erhalten haben; so erhielt Oldenburg die Druckfreiheit ohne Censur: "da, wie es in der noch von Bernstorf contrasignirten Verordnung heißt, es der unparteiischen Wahrheit eben so nachtheilig, als der Entdeckung verjährter Irrthümer und Vorurtheile hinderlich ist, wenn redlich gesinnte, um das allgemeine Wohl und wahre Beste ihrer Mitbürger beeiferte Personen durch Ansehn, Befehle und vorgefaßte Meinung abgeschreckt und behindert werden, nach Einsicht und Ueberzeugung frei zu schreiben, Mißbräuche anzugreifen und Vorurtheile aufzudecken; doch bleibt jeder Autor für seine Schrift verantwortlich, daß sie nichts enthalte, was wider die Gesetze ist, und kein Buch darf gedruckt werden, dessen Verfasser sich nicht entweder nennt, oder doch dem genannten Buchdrucker bekannt ist." — Unter Abschaffung der dritten Feiertage und anderer Kirchenfeste wurde die kirchliche Feier der Reformation am ersten Sonntage nach dem 1. November angeordnet. — An die Stelle der Todesstrafen auf Diebstähle wurden Freiheitsstrafen bestimmt und die Tortur als ein trügliches Mittel zu Erforschung der Wahrheit, abgeschafft. — Andere Verordnungen trugen freilich den Stempel der Unsittlichkeit ihres Verfassers, wie die Aufhebung aller Strafen unehelicher Verhältnisse, die Freigebung der Ehe unter Personen, die mit einander in Ehebruch gelebt hatten; oder den Mangel an practischer Geschäftskunde, wie die Verfügung, daß die Behörden ihre Berichte über Supplifen den Supplicanten unverschlossen zur weiteren Beförderung zustellen sollen; und wurden daher auch nach Struensee's Fall zurückgenommen oder modificirt. —

1770.

1771.

1770
21. Dec.

1772
17. Janr.

Tief eingreifend in den Staatsdienst aber war die Veränderung in den Geschäftsdiensten der oberen Landesbehörden, wodurch die innere Landesadministration von der Rechtspflege geschieden wurde. Die Regierungscanzlei, bei welcher bis dahin beides vereinigt war, behielt von der Administration nur Hoheits= und Lehnsachen und bekam (vielleicht in der Absicht sie der reichsgerichtlichen Ober=Jurisdiction völlig zu entziehen) als Justizhof den Namen eines Oberappellationsgerichts. Die Cammer, bisher nur Rentecammer, erhielt die ganze innere Landes= administration, insbesondere auch das Deichwesen, zu ihrem Ressort. Dabei wurde aber, selbst bei der Regierung und dem Oberappellationsgerichte, eine mehr bureaumäßige als collegialische Geschäftsbehandlung eingeführt und ein Directorium des Collegiums für überflüssig gehalten. Bei dieser Veränderung ist auch der schon früher von Bernstorf vorbereitete Plan, alle öffentliche Bediente auf festes Gehalt zu setzen und die Sporteln der Cammercasse zu berechnen, in Ansehung der Mitglieder der oberen Landescollegien und der Landgerichte zur Ausführung gebracht.

1771
19. Aug.

§. 79. Definitiv=Tractat und Uebertragung der Grafschaften von Rußland an die jüngere Holstein=Gottorpsche Linie.

Unterdessen war der Großfürst Paul Petrowitsch großjährig geworden und hatte die Regierung seiner Holsteinischen Erblande angetreten. Der provisorische Tractat von 1767 wurde jetzt von ihm in einem zu Zarsko Selo unterzeichneten Definitiv=Tractat bestätigt, mit der Erklärung, daß er die nach demselben einzutauschenden beiden Grafschaften zum Etablissement der jüngeren Holstein=Gottorpschen Linie bestimmt habe und solche derselben zu übertragen gesonnen sei, welcher dann auch Dänemark bei diesem Besitze allen Schutz und Unter=

1773
1/31. Mai.

stützung versprach. In dieser Linie war nach dem Könige von Schweden der älteste der Bischof von Lübeck, Friedrich August. Ihm, als Repräsentanten der jüngeren Holstein-Gottorpschen Linie, und seinen männlichen Descendenten wurden durch ein förmliches Cessions-Instrument die Grafschaften Oldenburg und Delmenhorst, so wie sie der Großfürst vom Könige erhalten, schuldenfrei und unveräußerlich übertragen und zugleich kraft eines Familiengesetzes die Erbfolge nach Erstgeburtsrecht, wie im Hause Holstein (worin durch ein Privilegium Kaisers Ferdinand III. von 1646 der Termin der Volljährigkeit für den zur Regierung berufenen Prinzen auf das vollendete 18. Jahr bestimmt ist) festgesetzt; die Apanage für jeden Prinzen in der Seitenlinie auf 6000 Rthlr. jährlich bestimmt und wegen der Aussteuer der Prinzessinnen und des Witthums der Gemahlinnen des regierenden Herrn angeordnet, daß sich jene nicht über 12,000 Rthlr. Brautschatz und 1000 Rthlr. jährliche Apanage und dieses nicht über 4000 Rthlr. Jahrgeld erstrecken solle.

1773
13. Juli.

Die Ausführung dieses Tractats geschah noch in demselben Jahre. Nachdem zu Kiel das Großfürstliche Holstein an Dänemark übergeben war, begaben sich der Dänische Commissarius, Geheimerath Graf von Reventlow und der Großfürstliche Geheimerath von Saldern, nach Oldenburg, wo der erste, in Folge eines Königlichen Patents vom 27. August, die Königlichen Bedienten und Unterthanen ihrer Pflichten entließ und Land und Einwohner an den Großfürstlichen Gesandten übertrug, von welchem die Uebertragung angenommen, die Behörden zu Fortsetzung ihrer Amtsverrichtungen angewiesen und über 4 Tage eingeladen wurden, um die näheren Entschließungen ihres Souverains zu erfahren.

1773
16. Nov.

10. Dec.

Die Grafschaften waren nun Russische Provinz, wie sie bisher Dänische Provinz gewesen waren, und die Einwohner erwarteten nichts anderes, als an die Stelle des Dänischen Oberlanddrosten — des Geheimenraths Baron Wedel — nun einen Russischen Gouverneur treten zu sehen. Als solchen glaubten sie den Fürstbischof von Lübeck, Herzog Friedrich August, zu empfangen, welcher am 12. Dec. mit seinem Sohne, dem Prinzen Peter Friedrich Wilhelm, erwählten Coadjutor von Lübeck, in Oldenburg ankam. Um so größer und erfreulicher war die Ueberraschung,

14. Dec. als am bestimmten Tage Ihm von dem Großfürstlichen Gesandten, unter Bekanntmachung eines Cessions=Patents vom 10./30. Juli, das Land feierlich übertragen und als Landesherrn von der Dienerschaft gehuldigt wurde.

Der Uebertragung folgte die Kaiserliche Confirma-
1774 tion, wodurch die Lehnfolge in den Grafschaften nach Erst-
27. Dec. geburtsrecht, und zwar, auf den Abgang des Bischofs und seiner Leibeserben, für dessen Bruders, Herzogs Georg Ludwig, Sohn und dessen Lehnserben, bestätigt wurde.

Dritter Abschnitt.
Herzogliche Regierung. 1773 bis 1829.

Erster Zeitraum,
bis zur Auflösung des Deutschen Reichs. 1806.

§ 80. **Herzog Friedrich August.** Erhebung der Grafschaften Oldenburg und Delmenhorst zum Herzogthum Oldenburg.

So waren die Grafschaften Oldenburg und Delmenhorst, — einst der Zunder, der die alten Streitigkeiten zwischen den Häusern Holstein-Glückstadt und Holstein-Gottorp entflammte, — das Mittel einer Versöhnung geworden, welche die Ruhe im Norden sicherte. Sie hatten, durch einen Act seltener Fürstlicher Liberalität gegen eine jüngere Linie des Hauses, ihre Selbstständigkeit und einen eigenen angestammten Regenten wiedergewonnen, in einem Abkömmling von Dieterich dem Glückseligen im achten Grade, einem Enkel des Herzogs von Holstein-Gottorp, der nach Anton Günthers Tode nicht die Hälfte der Grafschaften zu behaupten vermochte. Sie gewannen nun aber auch einen höheren Rang unter den deutschen Reichslanden, indem sie durch ein Kaiserliches Diplom zu einem 1774 Herzogthum des heiligen Römischen Reichs und Fürst- 29. Dec. lichen Thronlehn unter dem Namen Oldenburg erhoben

<small>1777
22. März
18. Juli</small> wurden. Nach erfolgter Thronbelehnung wurde diese Standeserhöhung in Oldenburg feierlich bekannt gemacht, wobei eine Denkmünze den schönen Wahlspruch verkündete: Sub-
<small>1778
15. Mai</small> ditorum salus felicitas summa! Durch einen Beschluß der beiden höchsten Reichscollegien und darauf erfolgtes Kaiser-
<small>10. Juni.</small> liches Ratifications=Decret wurde die Fürstlich Holstein-Gottorpsche Viril=Stimme im Reichsfürstenrathe auf die das Herzogthum Oldenburg besitzende jüngere Holstein-Gottorpsche Linie, unter der Benennung Holstein-Oldenburg, nach der jener zuständigen Ordnung übertragen. Der Beitrag des neuen Herzogthums zu den Reichssteuern wurde in der Reichsmatrikel auf 308 Gulden (Sold für 11 M. zu Roß und 44 zu Fuß) zu der unter dem Namen: Römermonat bekannten einfachen Abgabe der Stände an den Kaiser wegen nöthiger Reichshülfe und auf 450 Rthlr. jährlich zur Unterhaltung des Reichscammergerichts (Cammerzieler) bestimmt. Der König von Schweden behielt sich in einem beim Reichstage eingegebenen Promemoria seine beim Austausch der Holstein=Gottorpschen Lande gegen Oldenburg und Delmenhorst eintretenden Gerechtsame vor, in Beziehung auf ein kaiserliches Salvatorium, wonach die Uebertragung seinen eventuellen Erbfolgerechten unnachtheilig sein soll.

§. 81. Obere Landesbehörden.

Der Fürstbischof und Herzog hielt seine Residenz meistentheils zu Eutin, selten und nur auf kurze Zeit in Oldenburg, wo indessen dem Schlosse ein neuer Flügel
<small>1775.</small> angebauet wurde. An die Spitze der Geschäfte trat, als Oberlanddrost und Präsident beider höheren Landescollegien, der Geheimerath und Minister, Freiherr (nachher Graf)

Friedrich August.

von Holmer, bis dahin in Holstein-Gottorpschen Diensten. Die innere Landesverwaltung und Geschäftsvertheilung unter den Landesbehörden blieb im Ganzen, wie sie unter der vorigen Regierung (§. 78.) eingerichtet worden war; die Cammer wurde ausdrücklich in dem 1771 ihr angewiesenen administrativen Geschäftskreise bestätigt; der Regierungscanzlei aber unter einem Director und Vicedirector die vorige collegialische Einrichtung wiedergegeben und ihre Geschäftsordnung zweckmäßig bestimmt. Zu dem Oetkenschen Corpus Constitutionum (§. 67.) sammelte der Archivarius Schloifer das dritte Supplement der bis Ende August 1775 erschienenen Verordnungen.

1774 25. Febr.

§. 82. **Landescalamitäten.**

Die erste große Wohlthat, welche das Land durch die Regierungsveränderung erhielt, war die schon bei der Uebertragung vom Großfürstlichen Commissar angekündigte und vom neuen Landesherrn genehmigte Aufhebung der Kopfsteuer und der außerordentlichen Abgaben, zu deren Ausschreibung sich das Dänische Gouvernement in den letzten sechs Jahren veranlaßt gefunden hatte. Doch mußten noch 15 Monate Kopfschatz, binnen des ersten halben Jahres nach der Uebertragung bezahlt werden. Von nun an beschränkten sich die directen Abgaben der Pflichtigen an die Staatscasse wieder auf die Contribution und die Ordinairgefälle nach ihrer alten Bestimmung (§. 59.). Aber auch diese aufzubringen wurde den Eingesessenen schwer, als sie, besonders im Stad- und Butjadingerlande, eine Reihe von Jahren hindurch von Landplagen aller Art — Mäusefraß, Viehseuchen, Mißwachs und Krankheiten — heimgesucht wurden, unter welchen das Land in Nahrungs- und Creditlosigkeit versank.

1776 bis 1783.

§. 83. Deichlast und Eindeichung.

Um so drückender fiel denn auch die abermalige kostbare Verstärkung der Eckwarder Steindeiche, welche zur Sicherung des Stad- und Budjadinger-Landes nöthig gefunden wurde. Der erneuerte Versuch der deichpflichtigen Eingesessenen dieses Landes, die Adelichfreien ingleichen die Vogteien Schwei und Jade und die vier Marschvogteien zu einer Beihülfe zuzuziehen, war in Ansehung der Adelichfreien schon durch eine Königliche Resolution zurückgewiesen und fand auch unter der neuen Regierung keinen Eingang. Auch der Anspruch an die Vogteien Schwei und Jade ward verworfen; die Frage aber, ob die vier Marschvogteien beizutragen schuldig seien? — zur rechtlichen Entscheidung an die Regierungscanzlei verwiesen — entschied ein Urtheilsspruch gegen die Butjadinger, welchen das Reichscammergericht bestätigte. Die Butjadinger legten dagegen das Restitutionsmittel ein und als auch dieses abgeschlagen wurde, führten sie eine zweite Restitution ein, welche unerledigt geblieben ist; die Sache wurde später beim Oberappellationsgerichte in Oldenburg wieder aufgenommen und im Jahre 1852 durch Vergleich erledigt. Indessen erhielten die Butjadinger auf anderem Wege nicht unbedeutende Beihülfe. Wegen der Herrschaftlichen und der Kirchlichen Ländereien wurde ein Achtel der Kosten der ersten Anlage beigetragen und durch zinsenfreie Vorschüsse, welche sich im Jahre 1784 über 39000 Rthlr. beliefen, durch jährliche Beiträge zu den Zinsen anderer Anleihen und durch außerordentliche Geschenke aus herrschaftlicher Casse (an die Vogtei Eckwarden 15000 Rthlr.), die Last erleichtert.

1780. Durch Eindeichung ist unter dem Herzog Fried-

(Marginalien: 1773 29. Nov.; 1774 16. Juni, 23. April; 1775 20. Juli; 1784 15. Oct.; 1780.)

rich August der nach seinem Namen benannte Groden am Jader Meerbusen, durch Ankauf manches Grundstück den Domainen gewonnen; auch ist eine geregelte Forstcultur eingeführt.

§. 84. Wittwen= und Waisencasse.

Eine Sicherheits-Anstalt anderer Art wurde durch die Wittwen= und Waisencasse für das Herzogthum Oldenburg und das Bisthum Lübeck eingerichtet, nach dem Plane des Stiftsamtmanns von Oeder, welcher sich im Dänischen Dienste schon lange mit Untersuchungen über solche Institute beschäftigt hatte, aber ohne seine Ideen zur Ausführung gebracht zu sehen, durch die Struensee'sche Katastrophe (§. 75.) nach Oldenburg als Landvogt in eine ihm fremde Sphäre verschlagen worden war. Bei der Berechnung ist die Süßmilchsche Mortalitäts=Tabelle zum Grunde gelegt und der Zinsfuß zu 4 Procent angenommen. Der Einsatz kann nach Capital= oder nach Contributionsfuß geschehen. Die versicherte jährliche Pension darf die Summe von 500 Rthlr. nicht übersteigen; sie dauert für Waisen nicht länger als bis zum erreichten 25. Jahre, für Wittwen aber, auch im Falle anderweitiger Heirath, auf ihre ganze Lebenszeit. Die Anstalt ist nur für Landesunterthanen bestimmt; Landes=Bediente sind zum Beitritt nach Maßgabe ihrer Amtseinkünfte verbunden. Der Staat hat die Garantie und einen Beitrag von jährlich 500 Rthlr. übernommen, wovon Administrationskosten bestritten werden und den Bedienten eine Erleichterung ihres Pflichtquantums zu Gute kommt. Später ist eine Leibrentenanstalt damit verbunden. Die Fonds sind, mit Entfernung jeder finanziellen Nebenabsicht, bei Landeseingesessenen auf sicheres Grundeigenthum belegt und unter günstigen Umständen schnell zu ei-

(1779 1. Nov.)

(1782 11. März.)

ner bedeutenden Höhe angewachsen, so daß später eine Herabsetzung der Beiträge in Aussicht genommen werden konnte.

§. 85. Landesvermessung.

Eine zweite Einrichtung, welche nach Oeders Plan 1782. und unter seiner Direction eingeleitet wurde, war die Landesvermessung des Herzogthums, auf trigonometrische und astronomische Beobachtungen gegründet. Sie erstreckt sich nicht nur über beide Ufer und die Mündung der Weser, sondern die Triangelreihe ward, mit Einstimmung der benachbarten Landesregierungen, noch weiter hinunter bis an die Landspitze bei Ritzebüttel und von da an die Elbe hinauf bis Freiburg und Hammelwörden, Glückstadt gegenüber, geführt, wo sie sich an die Dänische Triangelreihe anschließt; so daß die Mündungen der Elbe und Weser, diese Thüren zu Deutschland, ihre für die Schifffahrt so wichtige genaue Bestimmung erhalten haben. Der Plan, der auf das genaueste selbst öconomische Detail ging, wurde nach Oeders Tode eingeschränkt, um vorerst zu einem allgemeinen Resultate zu kommen, welches in der schönen Charte des Herzogthums 1803 gegeben ist.

§. 86. Gesetzgebung.

Für die Sicherung des Handels und der Schifffahrt
1776 ward außerdem durch eine Lootsenordnung, welche die
25. Mai. Pflichten und Berechtigungen dieser unter einem Oberlootsen stehenden Gesellschaft zu Burhave und Fedderwarden genau bestimmt, so wie durch eine humane Strandungsordnung gesorgt; für das Wohl der Pupillen durch eine
1788 genaue Anweisung für Vormünder, welche nebst dem
4. Juni. ihm angehängten Rechnungsformular, jedem Vormunde bei

Friedrich August.

seiner Bestellung eingehändigt und wodurch er mit seinen Pflichten und den Folgen ihrer Vernachlässigung genau bekannt gemacht wird.

Die im J. 1736 unberichtigt gebliebenen (§. 69.) Grenzirrungen mit Hannover und Streitigkeiten der benachbarten Eingesessenen wurden verglichen; aber die Unterhandlungen zum Austausch der Gutsherrlichen Rechte, welche Oldenburg im Hannövrischen und Hannover im Oldenburgischen Territorium besitzt, kamen zu keinem Resultate.

1782
12. Oct.

§. 87. Herzog Peter Friedrich Wilhelm unter Curatel. Herzog Peter Friedrich Ludwig, regierender Landesadministrator.

Den Herzog Friedrich August traf das harte Schicksal, daß sein einziger Sohn, Prinz Peter Friedrich Wilhelm, in eine Geistes- und Gemüthskrankheit fiel, welche bei ihrer Wendung und Dauer es bedenklich machte, ihm eine Landesregierung so wie die Verwaltung seines Vermögens zu überlassen. Der 1763 verstorbene Bruder des Herzogs, Georg Ludwig, hatte zwei Söhne hinterlassen, von welchen der ältere, Wilhelm August, bei Reval seinen Tod in der See fand. Den jüngeren Prinzen Peter Friedrich Ludwig (geb. 17. Januar 1755 zu Riesenberg im Königreich Preußen) erwählte das Domcapitel zu Lübek, nachdem von Seiten des Prinzen Peter Friedrich Wilhelm auf die 1773 erhaltene Coadjutorie verzichtet worden, zum Coadjutor im Bisthum Lübek. Friedrich August aber ordnete in seinem Testamente eine Curatel über seinen Sohn an und übertrug dieselbe dem König von Dänemark und dem Prinzen Coadjutor von Lübek; dem ersteren zunächst über die Person des Curanden, dem letzteren aber, als nächsten Agnaten, und — auf den unbeerbten Todesfall seines Sohnes — eventuellen Nachfolger in Oldenburg (§. 79.), die Landesadministra-

1774.
1776
14. Febr.
16. Sept.
1777
4. April.

tion und volle Ausübung aller Gerechtsame eines regierenden Landesherrn im Herzogthum nach deutschem Reichsfürstenrecht. Der Inhalt dieser letztwilligen Verfügung wurde 7. Juli. in einer Familienconvention zwischen dem Großfürsten Paul von Rußland, als Chef des Herzoglich Holstein-Gottorpschen Hauses, dem Fürstbischof und Herzog und dem Prinzen Coadjutor auch vertragsmäßig festgestellt und von der Kaiserin von Rußland und dem Könige von Dänemark anerkannt und garantirt. In Gemäßheit dieser Dispositionen, — die den rührendsten Beweis von Friedrich Augusts Liebe für seine neuen Unterthanen geben, da er die Neigung für den eigenen Sohn dem erkannten Wohl des Landes freiwillig nachsetzte, — übernahm nach

1785
6. Juli.

seinem Tode sein Nachfolger im Bisthum Lübeck, der Fürstbischof Peter Friedrich Ludwig, auch die Regierung im Herzogthum Oldenburg als Herzog und regierender Landesadministrator und empfing in dieser Eigenschaft die Huldigung. Vermählt mit der Prinzessin Elisa-

1781. beth von Würtemberg und Vater zweier Söhne, der Prinzen Paul Friedrich August und Peter Friedrich Georg, hatte er bisher in einem Landhause zu Rastede — ehemals dem Ruheorte des Grafen Christoph (§. 30.) — residirt, welches er in heiteren Parkumgebungen ausbauen ließ. Aber schon im ersten Jahre der übernommenen Regierungsbürde verlor er das Glück seiner Häuslich-

1785
24. Nov.

keit durch den Tod seiner geliebten Gemahlin. Dem angeborenen Herzog Peter Friedrich Wilhelm wurde vom Könige von Dänemark das Schloß zu Ploen zu seinem Aufenthalt angewiesen und dahin die zu seinem standesmäßigen Unterhalt im väterlichen Testamente bestimmte Summe von jährlich 20,000 Rthlr. aus den Oldenburgischen Cassen gezahlt.

§. 88. Armenwesen.

Das Armenwesen, dessen Verbesserung schon während der vier letzten Regierungsjahre Friedrich Augusts vorbereitet worden, war der erste große Gegenstand, welchem der neue Regent seine Sorgfalt widmete. Jedem Kirchspiele ward die Pflicht zu Unterhaltung seiner Armen auferlegt und in jedem eine Specialdirection aus dem Beamten (in den Städten dem Polizeibürgermeister und einem anderen Mitgliede des Raths), dem Prediger, den Armen-Juraten und einigen Armenvätern niedergesetzt; den letzteren liegt besonders die genaue Aufsicht über die Armen, ihre Verpflegung, Versorgung und Beschäftigung ob. Alle Specialdirectionen wurden unter ein Generaldirectorium gestellt, welches die Armenpolizei im Ganzen übt, die Beiträge der Kirchspiels-Eingesessenen ansetzt, die Specialrechnungen abnimmt und die allgemeinen Fonds und milden Stiftungen verwaltet, aus welchen für fremde durchreisende Arme, für die Bezahlung ärztlicher Hülfe in außerordentlichen Fällen und für die Unterstützung derer, die durch Unglücksfälle zurückgekommen sind, nach bestimmten Grundsätzen gesorgt wird. Unter die Aufsicht dieses Generaldirectoriums ward ferner gesetzt: das Hospital zu Blankenburg (§. 51.), besonders als Irrenpfleganstalt eingerichtet, — die Anstalt einer Ersparungscasse, in welche Dienstboten und andere geringe Leute ihr Erübrigtes, von 36 Grote bis 25 Rthlr. in einem halben Jahre, zu 3½ Procent jährlicher Zinsen einlegen und jederzeit daraus zurück erhalten können (deren Capitalvermögen am Schlusse des Jahres 1830 37,221 Rthlr., die Zahl der Einsetzenden im Laufe desselben 641 betrug) — und der von Graf Christoph (§. 30.) gestiftete Fond zur Aussteuer armer unbeschol-

(Randnotizen: 1786 1. Aug.; 1786 12. Aug.)

tener Dienstmägde, aus welchem, nach einem neueren Regulativ, jährlich 800 Rthlr. zu diesem Zwecke verwandt werden.

1792.

§. 89. Verbesserung des gerichtlichen Verfahrens.

Die Abkürzung und Verbesserung des civilgerichtlichen Verfahrens bei den Ober= und Untergerichten ward durch eine Verordnung erreicht, die keine vollständige Proceßordnung, sondern nur Ergänzungen, Verbesserungen und Lösung mancher zweifelhaften Rechtsfragen des gemeinrechtlichen Processes aufstellen sollte. Im Ganzen auf das Verhandlungsprincip gebauet, wonach die Gerichte auf die Beurtheilung der Anträge der Partheien und deren Gewährung oder Verwerfung beschränkt sind, ist der im Preußischen Processe vorherrschenden Untersuchungsmaxime doch einiger Einfluß verstattet und durch Anordnung eines Instructionstermins der selbstthätigen Wirksamkeit des Richters mehr Raum gegeben, als sie im gemeinen deutschen Processe hat. In Ansehung der Appellationen von den Untergerichten an die Regierungscanzlei wurde die Butjadinger Summe von 50 Rthlr. auf die Marschen überhaupt ausgedehnt und für die Geest eine Summe von 25 Rthlr. festgesetzt. Nach 13jähriger Anwendung dieses Reglements sind die gesammelten Erfahrungen bei einer Revision benutzt worden.

1787 27. Jan.

1802 2. März.

§. 90. Andere Einrichtungen im kirchlichen und weltlichen Regimente.

Im Kirchlichen wurde das Amt des Generalsuperintendenten von dem des Hauptpastors an der Lambertikirche in Oldenburg (§. 34.) getrennt. Statt des jährlichen Bußtags und der monatlichen Bettage wurden zwei Bet= und Danktage, nach vollendeter Saat und vollbrachter Erndte einge=

setzt; die Feier des allgemeinen jährlichen Buß-, Dank- und 1790. Bettags ward auf den Charfreitag verlegt. Ein neues Ge= sangbuch aus den besten deutschen geistlichen Liedern ge= sammelt, ward am Reformationsfeste des folgenden Jahres 1791. eingeführt. An die Stelle des Handbuchs für Predi= ger und des Catechismus von Nicolaus Alardus (§. 62.) trat allmälig des Generalsuperintendenten Mutzen= 1795. becher Sammlung von Gebeten und Formularen bei got= tesdienstlichen Handlungen und ein mit Hinweisung auf Luthers kleinen Katechismus abgefaßter Unterricht in der Christlichen Lehre, zu dessen rechtem Gebrauche die Schulmeister eine besondere gedruckte Anweisung erhiel= 1798. ten. Die St. Lambertikirche in Oldenburg wurde im In= nern zu einer Rotunde im edelsten Stile ausgebauet, deren 1795. Kosten aber den Anschlag so weit überstiegen, daß nicht nur der ganze bedeutende Fond der Kirche darin aufging, son= dern ungeachtet großer Beiträge aus der herrschaftlichen Casse, noch eine bedeutende Schuld entstand. Die Kirch= höfe und Begräbnißplätze wurden nach und nach neu ver= messen und geordnet; in den Kirchen wie auf den Kirch= höfen der Stadt Oldenburg ward das Begraben abge= stellt, indem der St. Gertrud=Kirchhof vor dem Heiligen= geistthore eine bessere Einrichtung und Erweiterung erhielt. 1791. Hier, auf dem gemeinen Gottesacker, erbauete der Fürst eine Begräbnißcapelle zu Beisetzung der irdischen Reste „derer, die Väter des Volks waren und Mütter des Volks!"

Durch Planirung und Anbauung der noch übrigen Festungswerke, Abtragung der Wälle und gewölbten Thore erhielt die Stadt Oldenburg eine Erweiterung (in den neuen Hunte= und Wall=Straßen) und in ihren Zugängen und Umgebungen ein heiteres Ansehen. Zur Bequemlich= keit der altberühmten und für Oldenburg so wichtigen

Pferdemärkte (§. 52.), deren seit 1770 vier jährlich gehalten waren, wurde vor dem Heiligengeistthore ein Platz eingerichtet und mit Alleen bepflanzt, auch der unter der

1791. Dänischen Regierung eingegangene Wochenmarkt wieder hergestellt. Für die Erhaltung mäßiger Preise des Torfs, als allgemeinen Brennmaterials, ward durch eine herrschaftliche Vehnanstalt bei dem 1785 angekauften Gute Hundesmühlen gesorgt und durch eine genaue Brandver-

1799
16. Aug. ordnung wurden Vorschriften, sowohl für Verhütung, als für geordnete Hülfe bei entstandenem Brande gegeben.

Für wissenschaftliche Ausbildung sorgte der
1791. Herzog durch den Ankauf der Brandesschen Bibliothek aus Hannover von 21,000 Bänden, welche fortwährend durch Zukauf, besonders der Trendelenburgschen juristischen
1803. Bücher-Sammlung aus Kiel, vermehrt wurde; für den Kunstsinn durch eine musikalische Capelle und durch den
1804. Ankauf und die Vermehrung der Gemäldesammlung von Wilhelm Tischbein.

Als Schriftsteller machten sich vorzüglich bekannt: C. W. Ahlwardt, v. Berger, H. A. und G. A. H. Gramberg, G. A. v. Halem, C. Kruse, Marcard, H. E. Mutzenbecher, F. R. Ricklefs, Chr. L. Runde, F. L. Gr. v. Stolberg, Sturz, K. H. Widersprecher, C. L. Woltmann, durch deren und anderer gemeinnützige Beiträge die vaterländischen Blätter vermischten Inhalts (1787—1797) und die Oldenburgische Zeitschrift (1804—1807) ausgestattet sind.

Die Verordnungen und sonstigen allgemeinen Verfügungen von 1775 bis Ende 1801 wurden nach ihrem sum-
1791. marischen Inhalte in zwei Bändchen vom Consistorialrath Lentz verzeichnet. Die Praxis der Oldenburgischen Ge-
1798. richte hat v. Rössing in kurzen Rechtsfällen constatirt.

§. 91. **Reichskrieg gegen Frankreich. Demarcationslinie.**

Unterdessen war die Ruhe, welche das deutsche Reich seit dem Hubertsburger Frieden genossen hatte, verschwunden; die Französische Revolution war ausgebrochen und die Kriegserklärung der Neufranken gegen Oesterreich, so wie deren Uebermuth und Gewaltthätigkeit gegen das Deutsche Reich und dessen Angehörige, hatten dieses genöthigt, Frankreich den Krieg zu erklären, wozu die Stellung eines dreifachen Betrages des Reichs- und Kreis-Militairs auf dem Reichstage beschlossen wurde. Das Kriegsglück, den gegen Frankreich verbündeten Mächten anfangs günstig, wandte sich bald ganz von ihnen ab und die Eroberung und Staats-Umwälzung des nahen Holland erregten auch für Oldenburg Besorgnisse. Doch führte dieses Ereigniß vorerst nur Französische und Brabantische Emigrirte und einen Theil der Hannovrischen Truppen ins Oldenburgische; die Gefahr feindlicher Invasion aber ward von dem Lande abgewandt durch den von dem König von Preußen mit der Französischen Republik zu Basel geschlossenen Separatfrieden und die darin für die nördliche Hälfte Deutschlands festgestellte Demarcationslinie. Für Oldenburg betrugen die Kosten des Reichskrieges und die Beiträge zu den Kosten des Neutralitäts-Cordons, welche auf einem Convent der betheiligten Stände zu Hildesheim liquidirt und repartirt wurden, gegen 800,000 Rthlr., welche der Herzog aus den gewöhnlichen Einkünften bestritten hat, ohne von der zu solchem Zweck reichsgesetzmäßigen Steuer-Befugniß Gebrauch zu machen.

1793 22. März.

1794.

1795 5. April.

1796. f.

94 Herzogliche Regierung.

§. 92. Reichsdeputations-Hauptschluß. Aufhebung des Weserzolls und Entschädigung für denselben.

Möglich war dies nur mittelst der reichen Einkünfte des Weserzolles zu Elsfleth (der Betrag stieg fast von Jahr zu Jahr; im Jahre 1784 beliefen sich die Einkünfte schon auf 57,164 ℳ). Aber diesem mühsam erworbenen Regal drohete schon bei den vergeblichen Frie=
1798. bensunterhandlungen zu Rastadt Gefahr, wo die Französischen Minister auf dessen Aufhebung antrugen, indessen Oldenburg besonders bei Dänemark und Preußen
1801 Schutz fand. Bei den in Folge des Lüneviller Friedens
9. Febr. zu Regensburg vorgenommenen Entschädigungs=
1802. verhandlungen durch Säcularisation der geistlichen Länder, wurde von Französischer Seite abermals darauf gedrungen und der Herzog wider Willen in ein Entschädigungswerk verflochten, welches ihn nach der geographischen Lage der seiner Fürsorge anvertrauten Lande und den Stipulationen des Lüneviller Friedens durchaus nichts anging. Der Reichsdepu=
1803 tations=Hauptschluß setzte die Aufhebung des We=
25. Febr. serzolls fest und wies dem Herzog von Holstein-Oldenburg dafür, sowie für die Abtretung des Grollandes (eines mit einzelnen Höfen besetzten, zum Theil von Bremischem Gebiete umgebenen Striches Marschlandes) an die Reichsstadt Bremen und die Ueberlassung einiger Rechte und Besitzungen des Hochstifts Lübeck an die Reichsstadt dieses Namens, als Entschädigung an: das Bisthum Lübeck mit dem Domcapitularischen Theile, als Erbfürstenthum, das Hannovrische Amt Wildeshausen und die Münsterschen Aemter Vechta und Cloppenburg. Lange weigerte sich der Herzog, diese Bestimmung anzuerkennen, weil zu Aufhebung des Weserzolles weder ein rechtlicher noch politischer Grund sei, — das Bisthum Lübeck nicht in die Cate=

gorie derjenigen Hochstifter gehöre, welche das Loos ihrer gänzlichen Aufhebung treffen solle und in jedem Falle nicht dem Herzogthum Oldenburg als Entschädigung für den Weserzoll dienen könne, — endlich die dafür angewiesene Entschädigung sehr unzulänglich sei. Durch Russische und Preußische Vermittelung ward der Herzog endlich bewogen, den ihn betreffenden Bestimmungen des Reichsdeputations-Hauptschlusses beizutreten; indem ihm zur Ergänzung der Entschädigung die fortdauernde Erhebung des Zolles vom 1. Januar 1803 an noch auf **zehn Jahre** zugesichert wurde.

1803
6. April.

§. 93. Kurze Geschichte der Entschädigungsländer: Bisthum Lübeck, Wildeshausen, Vechta und Cloppenburg.

Das Gebiet, welches damals das Bisthum Lübeck bildete, hatte in frühester Zeit zu der Holsteinischen Provinz Wagrien gehört und mit derselben die Geschichte des Herzogthums Holstein, insbesondere des Bisthums Oldenburg in Wagrien, welches seit der Mitte des 12. Jahrhunderts nach Lübeck verlegt war, getheilt. Die Bischöfe und das Domcapitel hatten hier ihre Güter, woraus sie ihre Haupteinkünfte zogen; die Bischöfe besaßen auch schon früh ein Schloß in Eutin und hielten dort ihre Residenz. Seit 1586 waren die Bischöfe stets aus dem Herzoglich Holstein-Gottorp'schen Hause gewählt und im Westphälischen Frieden war das nach der Reformation protestantisch gewordene Bisthum mit allen seinen Rechten und Besitzthümern in seiner Reichsstandschaft anerkannt. Dadurch, daß der Bischof Friedrich August Herzog von Oldenburg wurde (§. 79.), war das Bisthum Lübeck schon bisher mit Oldenburg unter einem Regenten vereinigt gewesen; aber erst jetzt wurde durch den Reichsdeputations-Hauptschluß aus dem geistl. Wahlfürstenthum ein weltl. Erbfürstenthum für das Herzogl. Oldenburgische Haus und der Herzog Administrator nahm nun statt des Bischöflichen Titels den eines Fürsten von Lübeck an. In Folge dieser Säcularisation wurde denn auch das Domcapitel aufgehoben; die vorhandenen Domherren und Vicare behielten zwar ihre Einkünfte, starben aber nach und nach aus. Im Uebrigen blieb die Verfassung und Verwaltung des nunmehrigen Fürstenthums Lübeck ganz die bisherige und wesentlich getrennt von der des Herzogthums.

Das Amt Wildeshausen, dem Oldenburgischen Hause von dem Erzbischof von Bremen als angeblich heimgefallenes Lehn entzogen (§. 12.), war seitdem vielfältig verpfändet, und dann von dem Bischof von Münster, um eine ihm von den Einwohnern angeblich widerfahrene Be-
1523. schimpfung zu ahnden, in Besitz genommen worden. Der darüber zwischen Bremen und Münster vor dem Reichscammergerichte zu Speyer geführte Proceß kam zu keiner Entscheidung; aber im 30jährigen Kriege bemächtigten sich die
1634. Schweden des Amtes und gaben es dem Erzstift Bre-
1648. men zurück. Durch den Westphälischen Frieden wurde das Erzstift Bremen säcularisirt und mit dem Amte Wildeshausen der Krone Schweden übertragen, von welcher der Graf von Wasaburg, Gustav Adolphs natürlicher Sohn, das letztere zu Lehn erhielt. Die Capitularen des Alexanderstiftes (§. 4.) verließen damals, aus Besorgniß vor der protestantischen Regierung, ihren Sitz und begaben sich nach Vechta, verloren aber dadurch ihre Einkünfte im Wildeshausischen. In dem folgenden Kriege Schwedens gegen das Deutsche Reich bemächtigte sich der
1675. Bischof von Münster wieder des Amtes Wildeshausen und behielt es auch nach dem Nimweger Frieden pfand-
1699. weise. Kaum eingelöset von Schweden, wurde es wieder
1700. an den Churfürsten von Braunschweig-Lüneburg ver-
1719. pfändet und in dem Frieden von Stockholm, mit den

Herzogthümern Bremen und Verden, dem Kurhause Hannover auf immer eigenthümlich überlassen. Seit dieser Zeit blieb die lutherische Kirche die herrschende.

Die Aemter Vechta und Cloppenburg gehörten in früheren Zeiten größtentheils zum Lerigau; die Grafschaft Vechta besaßen die Grafen von Ravensberg, Cloppenburg die Grafen von Tecklenburg, welchen sich auch die Friesen in der Gegend von Friesoythe und im Saterlande unterwarfen. Graf Otto von Ravensberg hinterließ seine Besitzungen in Vechta seiner Gemahlin Sophie (vielleicht aus Oldenburgischem Hause) und einzigen 1245. Tochter Jutta, verheirathet in erster Ehe an Heinrich, Grafen von Tecklenburg, in zweiter an Walram Edlen von Montjoie, und diese übertrugen solche, der Sage 1252. nach um Schutz gegen die Grafen von Diepholz, an den Bischof von Münster. Zur Eroberung von Cloppenburg und Friesoythe verbanden sich gegen den Grafen von Tecklenburg die Bischöfe von Münster und Osna- 1394. brück und nachdem die gemeinschaftliche Unternehmung gelungen war, kaufte der erstere den letzteren wegen seines 1397. Antheils ab und sicherte sich den Besitz durch einen Ver- 1400. zicht des besiegten Grafen. So kamen Vechta sowohl als Cloppenburg unter die weltliche Hoheit des Stiftes Münster. Aber im Kirchlichen blieben sie unter dem Bischof von Osnabrück, dessen geistliche Gewalt sich aus Carl des Großen Stiftung über das ganze Niederstift Münster und über Emsland erstreckte. Die Reformation drohete diese Gewalt ganz zu vernichten, da die lutherische Lehre im Niederstift unter Begünstigung des Bi- 1544. schofs Franz (von Waldeck) großen Eingang gewann; und die Bestrebungen seiner Nachfolger zu ihrer Vertilgung, mittelst der Jesuiten und Franciscaner-Mönche, konnten

während des 30jährigen Krieges nicht ganz durchdringen. In diesem Kriege brachten zuerst Mansfelds Verheerungen, dann die beständig abwechselnden Ueberzüge und Erpressungen Kaiserlicher und Schwedischer Truppen, die sich in den nicht unbedeutenden Festungen Vechta und Cloppenburg halten konnten, unsägliche Leiden über diese
1648. Aemter und auch nach dem Westphälischen Frieden hatten sie bis 1654 noch Vieles von Schwedischer Besatzung auszustehen. Die geistliche Gerichtsbarkeit des Bischofs von Osnabrück ward durch einen mit Päpstlicher Genehmigung geschlossenen Vergleich für eine Summe von
1676. 10,000 Rthr. an den Bischof von Münster abgetreten. Indessen war es den unausgesetzten Bemühungen der Franziscaner-Mönche gelungen, die protestantische Lehre ganz zu verdrängen und dieser Orden sah sich durch milde Ga-
1728. ben in den Stand gesetzt, eine neue Kirche und ein neues
1743. Kloster in Vechta zu erbauen. Die Stadt litt durch ihre, vom Bischof Bernhard Christoph von Galen verstärkte, Festung noch einmal im siebenjährigen Kriege, indem, nach Aufhebung der Convention von Kloster
1758. Zeven (§. 72.), die Franzosen sich durch das Amt Vechta zurückzogen, die Hannoveraner ihnen folgten, mit Bewilligung der Münsterschen Regierung die Festung zu Vechta
1763. besetzten und bis zum Frieden behielten. Sechs Jahre spä-
1769. ter wurden die Festungswerke geschleift, deren Festigkeit das zum Kornmagazin (später Gefängniß) erhaltene Zeughaus noch jetzt bekundet.

§. 94. Besitznahme der Aemter Vechta, Cloppenburg und Wildeshausen und Vereinigung derselben mit dem Herzogthum Oldenburg.

Solche Schicksale hatten die Landestheile gehabt, welche dem Herzogthum Oldenburg als Entschädigung für den Weserzoll dienen sollten. Der Herzog Administrator ließ

von den beiden Münsterschen Aemtern Vechta und Cloppenburg feierlich Besitz ergreifen und die Huldigung daselbst
einnehmen. Das Hannövrische Amt Wildeshausen,
dessen förmliche Ueberweisung wegen der Französischen Occupation der Hannövrischen Lande nicht geschehen konnte,
wurde unter der Hand übernommen; erst unter dem 10./20.
Februar 1826 ist durch einen Vergleichs-Receß zwischen
Hannover und Oldenburg die Abtretung förmlich von Han-
növerischer Seite ratificirt und ein Entlassungs-Patent an
die Eingesessenen ausgefertigt. Dagegen wurde der Reichsstadt Bremen das Grolland nach einer besonderen Convention übergeben und zugleich ein Grenzvergleich vom 14.
Juni 1804 vollzogen, wodurch alle bisherige Grenzstreitig-
keiten mit diesem Nachbarstaate ihre Erledigung erhielten.
Im Amte Wildeshausen blieb vorerst Alles auf dem
bisherigen Fuß; in jedem der beiden Münsterschen Aemter aber wurde statt der einzelnen Richter ein Landgericht angeordnet und das gerichtliche Verfahren nach Oldenburgischen Gesetzen eingerichtet. Die Wirksamkeit
der beiden oberen Landesbehörden in Oldenburg ward, jede
in ihrem Ressort, auch über die neuen Landestheile erstreckt.
Die im Hochstift Münster bestandene ständische Verfassung
konnte in Folge der getroffenen Vertheilung nicht mehr
Statt finden; für das Privatrecht der Eingesessenen aber
blieben ihre bisherigen Gesetze und Gewohnheiten in voller
Kraft. Insbesondere fanden sich hier gutsherrliche
und bäuerliche Verhältnisse viel strengerer Art,
als im älteren Theile des Herzogthums; aber auch durch
viel bestimmtere Gesetze, — im Münsterschen durch die Leib-
eigenthums- und Erbpachtordnung, im Amte Wildeshausen durch die Calenbergische Meierverord-
nung — regulirt; im Münsterschen hatte die altwestphä-

lische Markenverfassung zum Theil sich erhalten und die eheliche Gütergemeinschaft zeigte sich hier, nach der alten Polizeiordnung der Stadt Münster, wieder in ganz besonderen Gestalten.

§. 95. Römisch=Katholisch=Kirchliche Angelegenheiten.

Ein neuer Administrationszweig erwuchs aus dem Verhältniß des weltlichen Regiments zu der in den Münsterschen Aemtern herrschenden Römisch=Katholischen Kirche. Die Verbindung mit dem Bischöflichen Vicariate in Münster wurde, bis auf reichsgesetzliche Art eine andere Diöcesan=Einrichtung getroffen sein würde, beibehalten, der Wirkungskreis desselben aber auf die Spiritualien beschränkt und seine Verfügungen wurden dem landesherrlichen Placet unterworfen. Zu Wahrnehmung der landesherrlichen Rechte über die Katholische Kirche ward eine Commission niedergesetzt und derselben ein **advocatus piarum causarum** beigeordnet. Die beiden geistlichen Stiftungen in Vechta: das Alexanderstift (§. 4.), beschränkt auf die in diesem Amte belegenen Güter (§. 93.) und das Franziscaner=Kloster, waren durch den §. 35. des Reichsdeputationshauptschlusses der freien Verfügung des Landesherrn überlassen. Dem letzteren wurde vorerst die Aufnahme von Novizen untersagt; das Vermögen des ersteren von der landesherrlichen Commission übernommen und unter eine besondere Administration gestellt, den Capitularen daraus der fernere Genuß ihrer nach einem zehnjährigen Durchschnitt zu Gelde gesetzten Präbenden, ohne alle Kürzung, angewiesen, den Domicellaren das Ein= und Aufrückungsrecht vorbehalten, aller Ueberschuß aber, so wie Alles, was durch das Aussterben der Capitularen heimfiel, zu einem Fond gebildet, der, unter Aufsicht der Commission,

1808 2. Aug.

1809.

zum Besten der Römisch-Katholischen Kirche verwaltet und benutzt ward. In der Stadt Oldenburg erbauete der Herzog für die Katholische Gemeine eine Kapelle.

1807.

§. 96. **Schifffahrts-Polizei. Quarantaine-Anstalt.**

Für die **Schifffahrt** auf dem **Weserstrome** ward ferner durch eine Localpolizei-Verordnung und durch eine erweiterte Verordnung wegen der **Lootsengesellschaft** zu Fedderwarden, Burhave und Blexen gesorgt. Ein Hauptgegenstand dieser Sorge waren von jeher die Sicherheits- und Quarantaine-Anstalten gegen die Pest gewesen; es waren, sobald die Gefahr einer Ueberbringung derselben durch Schiffe aus verdächtigen Gegenden drohete, Wachtschiffe ausgelegt, Visitationen angeordnet und den Umständen nach die Schiffe und Mannschaft entweder auf eine bald kürzere bald längere Zeit auf der Weser oder Jade einer Observations-Quarantaine unterworfen oder in eine auswärtige Quarantaine-Anstalt zur Reinigung verwiesen. Die in neueren Zeiten verbreitete pestartige Krankheit, bekannt unter dem Namen des **gelben Fiebers**, veranlaßte eine ausführliche gesetzliche Bestimmung der Grundsätze, wonach in dieser Hinsicht zu verfahren sei.

1800
1. Juli.
1803
15. Aug.

1805
12. März.

§. 97. **Schulmeister-Seminarium.**

Eine der wohlthätigsten und segensreichsten Einrichtungen dieser Zeit ist das evang. **Schulmeister-Seminarium**. Der erste Grund desselben ward gelegt durch einen dem Consistorium zur Verwaltung aus landesherrlicher Casse angewiesenen Fond von 12,000 Rthlr., von dessen jährlichen Einkünften $^1/_{10}$ zum Capital geschlagen und $^9/_{10}$ zur Beihülfe an dürftige Schullehrer, zu Prämien, Beförderung von Industrieschulen, vorzüglich aber zum Unterricht und

1792.

zur Vorbereitung junger Leute zum Schullehrerdienst, be-
1804. stimmt wurden. Dieser Fond wurde nachher mit 4000
Rthlr. vermehrt. Da aber diese Einrichtung und die Mittel dem Bedürfniß der Anziehung geschickter Lehrer für die
Landschulen nicht vollständig abhelfen konnten, so ward der
Bau eines eigenen Hauses in Oldenburg für die An-
1807. stalt angeordnet, in welchem 18 Seminaristen unter einem
Aufseher freie Wohnung und Unterricht, auch die Unbemit-
telten Kostgeld erhielten. Der Fond dieser Anstalt war,
außer dem möblirten Hause, Garten und einiges Weide-
land bis 1853 auf 48,300 Rthlr. gebracht und der gestiftete neue Landschulfond von 16,000 außerdem noch seiner
anderweitigen Bestimmung erhalten.

§. 98. Ende des deutschen Reichs. Rheinbund.

Aber der Blick wird von diesen landesväterlichen Einrichtungen abgezogen zu Ereignissen, welche Allem den Umsturz drohten. Napoleon Bonaparte, Kaiser der
1804. Franzosen, hatte ein System des politischen Ueberge-
wichts aufgestellt, welches auf dem ganzen Europäischen Con-
tinente schwer lastete. Unter seinem Protectorate er-
1806 richteten die Fürsten des südlichen und westlichen Deutsch-
12. Juli. lands in Paris die Rheinische Conföderation und
1. Aug. sagten sich von der Reichsstandschaft und aller Verbindung
mit dem Deutschen Reiche los, worin sie keine Sicherheit
mehr zu finden glaubten. Der Deutsche Kaiser Franz II.
fand es unter diesen Umständen unmöglich, seine Verpflich-
6. Aug. tungen als Reichsoberhaupt zu erfüllen; er legte Würde
und Krone nieder und entband alle Reichsangehörigen, in-
sonderheit auch die Mitglieder der höchsten Reichsgerichte
ihrer Pflichten. So lösete sich das Band der alten Deutschen Reichsverfassung, welches schon lange durch den Man-

gel an Einheit und das Versäumniß zeitiger und zeitge=
mäßer Verbesserung so locker geworden war, daß es nur
eines äußern Anstoßes bedurfte, um auseinander zu fallen.
Das Herzogthum wurde dadurch vom Reichs=, Staats= und
Lehnsverbande frei; aber in seiner inneren Landesverfassung
veränderte sich dadurch nichts weiter, als daß, statt der Ap=
pellation an die Reichsgerichte, nur der Actenverschickung
an ein auswärtiges Spruchcollegium Statt gegeben werden
konnte, auf welchem Wege auch die bei den Reichsgerichten
unerledigt gebliebenen Processe beendigt wurden.

Diese Umwandlung der Dinge erlebte nicht mehr der
Minister Graf von Holmer (§. 81.), dessen kraft= und
würdevolle Thätigkeit der Tod in eben diesem Jahre unter= 20. Mai.
brach. Seinen Werth spricht die Inschrift des Grabmals
aus, wodurch der Herzog sein Andenken ehrte:

Bieder war er, gerecht, und mit Wahrem einet' er Schönes;
Alles, was Menschen betraf, fühlte sein menschliches Herz.

Zweiter Zeitraum,
Holländische und Französische Occupation bis 1813.

§. 99. Holländische Occupation.

Noch in demselben Jahre brach ein neuer Krieg 1806.
Frankreichs gegen Preußen und Rußland aus und
in wenigen Monaten waren alle Preußische Provinzen vom
Feinde besetzt. Die mit Frankreich verbündete Hollän=
dische Armee occupirte die Westphälischen; der König
Ludwig von Holland nahm voreilig für sich Besitz da=

von und erstreckte diese Besitznahme, von Ostfriesland
aus, auch auf das Herzogthum Oldenburg nebst
Varel, Kniphausen und der Herrschaft Jever. Die Oldenburgischen höheren Landescollegien wurden auf ihren Bericht an den Herzog, der sich gerade in Eutin befand,
angewiesen, der Nothwendigkeit der gegenwärtigen Umstände
nachzugeben, die ihnen von dem im Lande angestellten Mi-
litair-Gouvernement zugehenden Verfügungen anzunehmen und zu befolgen; zugleich ward insgeheim ein Co-
mité zu fortdauernder Communication mit dem Landesherrn niedergesetzt. Als Gouverneurs kündigten sich nach
einander die Holländischen Generale Broux, Daendels,
Bonhomme an; alle öffentliche Cassen wurden für den
König in Beschlag genommen, die Angestellten aber bis
weiter in ihren Functionen bestätigt und von ihnen nur
Reverse gefordert: den Posten, in welchem sie vom Könige
beibehalten worden, pflichtmäßig wahrzunehmen und zu Erhaltung der öffentlichen Ruhe und Ordnung beizutragen.
Indessen zog ein Generalcontroleur genaue statistische
Nachrichten vom Lande ein und ließ eine nahe Verände-
rung in der Verfassung befürchten, als der Holländische
Minister der auswärtigen Angelegenheiten die Erklärung
gab: die Beschlagnahme der Cassen sei aus einem Irr-
thum geschehen, die Occupation blos militairisch und die
Civil-Administration zu unterbrechen nicht die Absicht ge-
wesen. Der Herzog kehrte zurück, und nie ist wohl ein
Dankfest herzlicher begangen, als das der Rückkehr des
Landesvaters und sein bald darauf folgender Geburtstag.

§. 100. Friede von Tilsit.

In dem Russisch-Französischen Frieden von Tilsit
wurde nun zwar bestimmt: daß der Herzog von Olden-

burg in den völligen und friedlichen Besitz seiner Staaten wieder eingesetzt werde und nur die Häfen des Herzogthums bis zum Frieden mit England von Französischen Truppen besetzt bleiben sollten. Aber die Herrschaft Jever, — welche in dem Hause Anhalt-Zerbst, nach den Regierungen der Fürsten Carl Wilhelm, Johann August, Johann Ludwig, Christian August und Friedrich August, durch den Tod des letzten (1793) auf dessen Schwester, die Kaiserin Katharina von Rußland, vererbt und bisher der Administration und Benutzung der Wittwe desselben, Friederike Auguste Sophie geborne Prinzessin von Anhalt-Bernburg, überlassen geblieben war, — ward von Rußland an Holland abgetreten, welches der Fürstin Administratorin eine Pension von 60,000 holländischen Gulden zusicherte, und die durch Anton Günthers Testament, wie durch den Vertrag mit Anhalt-Zerbst (§. 57.) begründete Hoffnung auf eine Wiedervereinigung dieser Herrschaft mit Oldenburg schien auf immer verschwunden.

§. 101. Holländische Besitznahme von Varel.

Aber auch die Zusicherung des vollen und friedlichen Besitzes seiner Staaten wurde dem Herzog gleich wieder gebrochen, indem der Kaiser Napoleon seinem Bruder, dem Könige von Holland, durch einen Tractat von Fontainebleau, über die dem Grafen von Bentinck gehörigen Herrlichkeiten Kniphausen und Varel alle Rechte der Souverainetät zugestand, wie solche in der Rheinbunds-Acte über die mediatisirten Fürsten bestimmt sind. Da die Rechte der Souverainetät über Varel dem Regenten von Oldenburg zustehen (§. 57.), so wurde von der Oldenburgischen Regierung gegen eine solche Ueberweisung an

1807
11. Nov.

1808 März Holland förmlich protestirt, aber die Protestation von der Holländischen Besitznahme-Commission nicht beachtet, sondern in Varel wie in Kniphausen die Besitznahme und Huldigung vollzogen.

§. 102. Außerordentliche Steuer.

Bis dahin war ein großer Theil der Holländischen Armee mit dem Hauptquartier des Marschalls Dumonceau dem Lande zur Last geblieben. Nach dem Abmarsche derselben wurden die Küsten von Französischen Douaniers besetzt und die Truppen-Durchmärsche dauerten fort. Alle diese Drangsale machten — zum erstenmale seit der Uebertragung — die Ausschreibung einer außerordent- **1808 4. Janr.** lichen Steuer nothwendig, welche theils auf das Vermögen mit drei vom Tausend, theils auf das Einkommen mit ½ bis fünf vom Hundert, nach einer von den Contribuabeln an Eides Statt zu machenden Angabe, gelegt wurde. Sie gab zugleich das Mittel zu Ausgleichung der Einquartirungs- und Verpflegungslast fremder Truppen, welche seit dem Abzug der Holländischen Armee für **1809 8. Juni.** eine allgemeine Landeslast erklärt wurde, deren Kosten von allen Einwohnern des Herzogthums ohne Unterschied getragen und gegenseitig ausgeglichen werden müsse.

§. 103. Beitritt Oldenburgs zum Rheinbunde.

Der Vorgang aller anderen deutschen Fürsten und die Entziehung der Herrschaft Varel mußte den Herzog endlich auch bestimmen, dem Rheinischen Bunde in seiner Eigenschaft als Fürst von Lübek und als regierender Landesadministrator von Oldenburg beizutreten. Auf dem Mo- **1808 14. Oct.** narchencongresse zu Erfurt ward die Beitrittsacte unterzeichnet, worin das Rheinbunds-Contingent, in

Rücksicht auf die Lage des Herzogthums und die Ausdehnung der zu bewachenden Küste, auf 800 Mann bestimmt und wegen Varel vom Kaiser Napoleon erklärt wurde: daß er durch den Tractat von Fontainebleau dem König von Holland nur Souverainetätsrechte des Grafen von Bentinck habe übertragen, aber keinen Eingriff in diejenigen habe thun wollen, die dem Herzog von Oldenburg zustehen möchten. Der König zog darauf seine Truppen und Civil=Officialen aus Varel zurück, entband die Eingesessenen ihres ihm geleisteten Eides und legte der Wiederbesitznahme von Seiten des Herzogs, nachdem die Oldenburgischen Souverainetätsrechte unwidersprechlich dargelegt worden waren, nichts weiter in den Weg. Der Graf von Bentinck erneuerte dem Herzog seinen Homagial=Eid wegen Varel. Kniphausen blieb unter Holländischer Herrschaft, dem Departement von Ostfriesland, Arrondissement Jever, Canton Hockfiel, einverleibt.

1809
28. Febr.

§. 104. Rheinbundscontingent.

Seit der im letzten Jahrzehend der Dänischen Regierung erfolgten Auflösung des Nationalregiments hatte Oldenburg kein stehendes Militair, — eine Ehrenwache von 100 Mann ausgenommen, — gehabt. Die neuen Verhältnisse verpflichteten den Staat zu Aufstellung eines Truppen=Contingents, welches indessen nicht durch Conscription, sondern auf die Weise zusammengebracht wurde, daß die Eingesessenen, — in dem älteren Theile des Herzogthums und in dem Amte Wildeshausen nach Aemtern und Vogteien — in dem Münsterschen Landestheile nach Kirchspielen, — durch Vereinbarung unter sich, auf 400 Seelen einen Mann zu stellen und während der Capitulationszeit für die gestellte Mannschaft zu haften verpflichtet

1809
20. Mai.

wurden. Zu Unterhaltung dieses Regiments wurde eine abditionelle Grundsteuer ohne alle Exemtion und eine Accise auf Wein und Branntwein bestimmt. Es diente nur zu Unterstützung und Ausführung der Französischen den Handel beschränkenden Verfügungen, wurde auch in dieser Beziehung auf Requisition der Französischen Doua-

Sept. niers zu einer Demonstration gegen eine besorgte Landung der Engländer an den Küsten des Jader Meerbusens gebraucht; aber aus dem Wege gelegt, als das fliegende Corps des Herzogs von Braunschweig=Oels, von den Königlich Westphälischen Truppen verfolgt, sich durch das Oldenburgische auf Elsfleth zog, um sich dort nach

6.—8. Aug. England einzuschiffen.

§. 105. Continentalsystem und Schmuggelei.

Das zuerst durch das Französisch=Kaiserliche Decret von Berlin vom 21. Nov. 1806 erlassene und immer mehr erweiterte Verbot des Handels und Verkehrs mit England, der Einführung Englischer Manufactur= und Colonial=Waaren, — das sogenannte Continentalsystem, — fand freilich an den hiesigen Küsten die größten Hindernisse in dem Schleichhandel (der Schmuggelei), wozu früher die Neutralität der Kniphauser Flagge, dann die Nachbarschaft von Helgoland, als Stapelplatz der Englischen Colonial= und Manufactur=Waaren, so wie die Bestechlichkeit der Holländischen Commis und der Französischen Douaniers, bequeme Gelegenheit bot. Vergebens warnte die hiesige Cammer durch Publicationen vor den Nachtheilen aus Unternehmungen wider die den Handel einschränkenden Verfügungen, deren Beachtung sie anfangs den fremden Behörden überließ; vergebens verbot sie später

1809
12. Febr. bestimmt alle Zulassung von Waaren, wenn sie nicht von

den letzteren mit Ursprungscertificaten versehen waren und verfügte selbst, um nicht Alles fremder Willkühr zu überlassen, Visitationen und Confiscationen, deren Ertrag der Herzog zu milden Zwecken bestimmte. Der große Gewinn, der eine Menge Handlungs-Commissionairs und Spediteurs an die Küste, in die Stadt Oldenburg und an die Ostfriesische Gränze gezogen hatte, war zu lockend; und der heimliche oft mit gewaffneter Hand ausgeführte Transport der eingeschwärzten Waaren wurde dem Landmann so reichlich bezahlt, daß er die Vernachlässigung seines Landwesens, den Ruin seiner Zuchtpferde, nicht achtete. Wenn auf diese Weise viel Geld in Umlauf kam und Manche schnell zu einem bedeutenden Vermögen gelangten, so hat der leichte Gewinn oft zu leichtsinnigen Unternehmungen und zu einem Aufwande verleitet, wodurch er bei den Meisten wieder zerronnen ist; der nicht zu berechnende Schaden aber, welchen die Moralität dabei gelitten, blieb leider! noch lange fühlbar. Bestechungen und Fälschungen aller Art, Entweihung des Eides wurden gleichgültige Mittel zum Zweck; der Pöbel aber nahm bald den heillosen Grundsatz an, daß es zulässig sei, Waaren, welche heimlich, zur Nachtzeit und über verbotene Straßen verfahren wurden, zu plündern, um so an dem großen Gewinne, den die Schmuggler widerrechtlich genossen, einigen Theil zu nehmen; und die Gerichte sahen sich bald mit Untersuchungen über eine Menge von Verbrechen beladen, die bis dahin unbekannt oder höchst selten gewesen waren.

§. 106. Französische Besitznahme des Herzogthums.

Durch ein Französisches Decret von Trianon wurde für alle seewärts eingekommene Waaren die Vermuthung festgestellt, als wären sie aus Englischen Häfen

1810
5. Aug.

eingebracht und ein Tarif vorgeschrieben, wonach sie mit einer Abgabe von 40 bis 50 Procent gelöset werden mußten. Dem Scheine nach zu Ausführung dieser Maßregel, rückte im Spätsommer ein Französisches Truppencorps ins Herzogthum ein. Der Herzog, wenn er sich auch diesem Auswuchse des Continentalsystems fügen mußte, konnte doch nicht darin willigen, daß in seinem Lande für ein fremdes Gouvernement diese Abgabe erhoben werde. Während aber dagegen in Paris reclamirt wurde, erschien

13. Dec. das Französische Senatusconsult, welches Holland, die Hansestädte und alle Länder zwischen der Nordsee und einer bestimmten Linie für Bestandtheile des Französischen Reichs erklärte. Das Herzogthum Oldenburg war unter diesen Ländern nicht genannt, aber es war in der angegebenen Linie befaßt und ein Französischer Gesandter, Bacher, erschien in Oldenburg, dem Herzog einen förmlichen Antrag zu Abtretung seines Landes gegen eine Entschädigung zu machen. Das Veräußerungsverbot bei Uebertragung des Landes an die regierende Linie (§. 79) und des Herzogs entschiedene Abneigung gegen jeden Ländertausch ließen keine andere, als eine bestimmt ablehnende Erklärung zu und nach den Aeußerungen des Gesandten schien nicht zu fürchten, daß gegen die Garantie im Tilsiter Frieden mit Gewalt durchgesetzt werden solle, was von dem freien Willen des Herzogs verlangt war. Aber unerwartet wurden durch das Fran-

24. Dec. zösische Militair im Lande alle Cassen versiegelt
1810 und ein neues Decret Napoleons lösete allen Zweifel
22. Jan. über seine Absicht. Nach demselben sollte ohne Aufschub
1811. von „der Herrschaft Varel, den Aemtern Vechta und Cloppenburg und Wildeshausen, den Grafschaften Oldenburg und Delmenhorst, dem Lande Wührden

und dem Elsflether Zoll Besitz ergriffen, die Contributionen vom 1. Januar an in die Kaiserlichen Caſſen gezogen, die Souverainetät des Herzogs aber auf das Fürstenthum Erfurt übertragen werden und dem Herzog bis zur vollen Entſchädigung der Genuß aller Oldenburgiſchen Domainen vorbehalten bleiben." Ohne den Erfolg der Kaiſerlich-Ruſſiſchen Interceſſion, welche der Herzog reclamirt hatte, abzuwarten, ſandte der General-Gouverneur der Hanſeatiſchen Departements in Hamburg, Marſchall Davouſt, Prinz von Eckmühl, mit der Ausführung dieſes Decrets beauftragt, den Präfecten von Käverberg nach Oldenburg zur Beſitznahme und zum Empfang der Huldigung. Unter dieſen Umſtänden blieb dem Herzog zur Erhaltung der Ruhe des Landes nichts anders übrig, als der Gewalt nachzugeben und die Unterthanen und Landesbediente, um ihnen ein Gleiches möglich zu machen, ihrer Huldigungs- und Dienſtpflicht zu entlaſſen. Zerriſſenen Herzens, aber erhoben über das Geſchick durch die Feſtigkeit ſeiner Grundſätze — ein Muſter würdevoller Haltung in dieſer drangvollen Zeit — verließ 27. Febr. er mit dem Erbprinzen ſein angeſtammtes Land, um nicht Zeuge des Beſitznahme-Acts zu ſein, welcher ſeine 28. Febr. Oldenburger zu Franzoſen machen ſollte. Eine Deputation aus den drei Hanſeatiſchen Departements mußte die Huldigungen der Einwohner mit vorgeſchriebenen Phraſen zu den Füßen des Kaiſerthrons niederlegen und erhielt dagegen die troſtloſe Verſicherung: Vous êtes réunis pour tou- 31. Juli. jours à l'Empire!

§. 107. *Privateigenthum des Herzogs.*

Der Herzog hinterließ Commiſſarien, welche ſein Privateigenthum und was man ihnen nach dem Decrete vom 22. Januar von den Domainen und rückständigen Landeseinkünften laffen würde, übernehmen und hauptfächlich zu Unterftützung der durch die Verfiegelung der Caffen am Schluffe des Quartals in große Noth verfetzten Landesbedienten und Penfioniften und zu andern wohlthätigen Zwecken verwenden follten. Aber aller Caffenvorrath, wie die Rückftände und fämmtliche Domainen, wurden fofort unter die Kaiferlichen Recepturen gezogen; nur die vom Herzog felbft während feiner Landesadminiftration erworbenen Grundftücke blieben vorerft unangetaftet und konnten von den Commiffarien zu dem vorgefchriebenen Zweck benutzt werden, bis bei dem Ausbruche des Krieges mit Rußland auch diefe fequeftrirt wurden und die Commiffarien Oldenburg verlaffen mußten.

§. 108. Französische Gesetze und Einrichtungen.

Der ältere Theil des Herzogthums wurde nun Theil des Hanfeatifchen Departements der Wefermündungen und machte (mit Ausnahme des Landes Wührden, welches zum Bezirk von Bremerlehe gefchlagen und auch von der Schlengenverbindung mit dem Stab- und Butjadingerlande (§. 74) getrennt ward), das Arrondiffement Oldenburg aus. Die Aemter Vechta (mit Ausnahme von Twiftringen, zum Arrondiffement Nienburg, Departement der Wefermündungen, gelegt), Cloppenburg und Wildeshaufen wurden Theile des Arrondiffements Quackenbrück im Departement der Oberems. Durch ein Organifationsdecret wurden mit dem 20. Auguft die Französische Verfaffung und Rechte, das Französische Civil-, Straf- und Handelsgefetzbuch und das öffentliche Gerichtsverfahren in Civil- und Straffachen, in Kraft gefetzt. Das Lehnwefen und

1811.
4. Juli.

Alles was damit in Verbindung steht (§. 9), die Leibeigen=
schaft, die gutsherrlichen Verhältnisse, Frohnen, Zinse und
Zehnten, die Bannrechte, die Patrimonialgerichtsbarkeit wur=
den theils unbedingt aufgehoben, theils loskäuflich erklärt 8. Dec.
und der Zerstückelung der Bauergüter und gleicher Thei=
lung unter mehreren Erben ward Statt gegeben; die Ge=
werbe wurden von allem Bann= und Zunftzwang frei er=
klärt und nur einer Patentsteuer unterworfen. Von den
bisherigen Behörden behielt nur das Consistorium eine
beschränkte Wirksamkeit. Die Civiladministration wurde
von der Präfectur in Bremen durch einen Unter=
präfecten in Oldenburg und von diesem durch die
Maire's geleitet. Die Gerichtsverfassung bestand aus
einem Friedensgerichte in jedem Canton (deren im
Arrondissement Oldenburg 10 waren) und einem Tribu=
nal erster Instanz in Oldenburg, von welchem die
Appellation an den Kaiserlichen Gerichtshof in
Hamburg ging. Für die Handlungen freiwilliger Ge=
richtsbarkeit wurden Cantons= und Districtsnotare
angestellt und das Französische Hypothekenwesen eingeführt.
An die Stelle der Oldenburgischen Contribution und Or=
dinairgefälle traten die Französischen directen Steuern,
die durch ihre Erhebungsweise so verhaßten indirecten
Abgaben (droits réunis) und das drückende *enregistrement*,
nebst manchen abditionellen Auflagen und Communalab=
gaben. Die Stellen des Unterpräfecten, des Tribunals=
Präsidenten und des Procureurs und manche andere, wur=
den Franzosen, obschon der Landessprache wie der vori=
gen Verfassung und Rechte völlig unkundig, vorbehalten. —
Das Ganze hatte das Ansehen eines wohleingerichteten Ge=
bäudes; aber Niemanden konnte wohl darin sein, weil
Furcht, Mißtrauen und Argwohn, Verstellung und Späherei

mit eingezogen waren und der Eigennutz den Sinn fürs Gemeinwohl verdrängt hatte, — weil mit den fremden employés der unreine Geist der Bestechlichkeit einschlich, der bei den unzureichenden Besoldungen die alte inwohnende Rechtlichkeit bald überwunden haben würde. Von den im Lande erhobenen Geldern wurde überhaupt nur Weniges in dasselbe wieder verwandt und die gänzliche Verarmung nur durch den Gewinn aus der fortdauernden Schmuggelei aufgehalten, der keinen Segen brachte. Dabei hob die Unsittlichkeit schamlos ihr Haupt empor und ihr Gewerbe ward von der Obrigkeit patentirt. Ein Uebel aber, welches, aus einem höheren Gesichtspunkte betrachtet, vielleicht alle anderen überwog, war die **fremde Sprache**, theils wegen der Mißverständnisse, wodurch die mündliche Erklärung zwischen den Oberen und den Unterthanen gehindert und die Einmischung unwissender oder gar übelwollender Mittelspersonen herbeigeführt, theils wegen der allmäligen Entnationalisirung, welche durch Vertilgung der Muttersprache bezweckt wurde.

§. 109. Conscription.

Nichts diente mehr gleich anfangs das neue Gouvernement verhaßt zu machen, als die Conscriptionen der Schiffer zum Seekriegsdienste, die nicht nur mit empörender Härte, sondern auch selbst mit Verletzung der französisch=gesetzlichen Vorschriften vollzogen wurde, um die geforderte Zahl nur recht schnell zusammenzubringen. Sie war das Vorspiel zu der Conscription für den Kriegsdienst zu Lande, die wie in Frankreich nun auch hier die Blüthe der Jugend verzehrte, zum Zweck der Befestigung und Erweiterung des Systems des Continental=Despotismus und der Vertilgung alles Dessen, was einem

1811.
2. März.

Deutschen Volke eigenthümlich, theuer und heilig ist. Das Schloß in Oldenburg wurde als Militairhospital benutzt. An den Küsten des Landes wurden, zu deren Deckung gegen eine Landung der Engländer, mit großer Verwüstung der Forsten und hartem Druck der zu den Schanzarbeiten aufgebotenen Landleute, Batterien angelegt und zu deren Bewachung Küstencanoniere ausgehoben. Die Aushebung berittener **Ehrengardisten** aus den angesehensten und wohlhabendsten Familien, die zum Theil schon Stellvertreter im activen Dienst hatten, vollendete den beispiellosen Druck, als die Erlösung nahete.

1813
4. April.

§. 110. Voreiliger Aufstand im Oldenburgischen. — Befreiung vom Französischen Joche.

Der Kaiser von Rußland hatte gegen die Einverleibung des Herzogthums in das Französische Kaiserreich und die Beraubung eines Fürsten seines Hauses, als gegen die auffallendste Verletzung des Friedens von Tilsit und des Rheinischen Bundes, laut und feierlich protestirt, — aber fruchtlos; denn ein neuer Krieg mit Rußland war es eben, was Napoleon beabsichtigte und zu dessen Ausführung er über eine halbe Million Krieger, die Blüthe der Völker Europas, über den Niemen ergoß. Auf der Brandstätte von Moskau wandte sich sein Glück von ihm und Rußland gab das Signal zur Befreiung Europas. Leider ward es in Oldenburg zu voreilig aufgepflanzt. Hamburgs Befreiung durch die Russen, Gerüchte von ihrem weiteren Vordringen und von Landungen der Engländer veranlaßten, wie in vielen Theilen der Hanseatischen Departements, so auch hier Volksbewegungen, welche den Unterpräfecten vermochten, sich nach Bremen zu begeben und seine Geschäfte einer Commission aus fünf einheimischen

1813
März

19. März.	Mitgliedern zu übertragen, mit der Vollmacht, alle Mittel zu ergreifen, welche die Umstände rathsam machen würden, um die ausgebrochenen Unruhen zu unterdrücken. Die Commissarien fanden das sicherste Mittel dazu in einer Proclamation, die, obgleich sie ihren Zweck völlig erreichte, dennoch in ihrer Form zum Verbrechen gemacht wurde. Vom General Vandamme in Bremen vor ein Militairgericht gestellt, wurden sie des Aufruhrs, den sie gestillt hatten, schuldig erklärt und die beiden ersten Mitglieder der Commission, die Canzleiräthe von Berger und von Finckh, zwei der edelsten Deutschen Männer, der Tyrannei
10. April.	zum Opfer erschossen. Zu gleicher Zeit durchzog eine *colonne mobile* das Land unter Gewaltthätigkeiten und Erpressungen, nahm die von den Insurgenten besetzte Batterie
25. März.	zu Blexen wieder ein und die darauf befundene Mannschaft gefangen, von welcher auf dem Wege nach Oldenburg nach und nach zwanzig Mann ohne alle gerichtliche Form erschossen wurden. Ein Kaiserliches Decret setzte die drei
10. April.	Hanseatischen Departements außer der Constitution und dem Schutz der Gesetze und überließ sie der Willkühr einer Militair-Regierung, wobei niemand seines Lebens, seiner Freiheit und seines Vermögens sicher war. Nun folgte auch im Oldenburgischen eine außerordentliche
18. Oct.	Last der anderen, bis die Folgen der Völkerschlacht bei Leipzig diesen Drangsalen ein Ziel setzten. Nachdem Bremen von den Russen eingenommen war, flüchtete sich der Unterpräfect von Oldenburg mit andern Französischen employés nach Westerstede und zog etwa 100 Mann Douaniers und Gensd'armes an sich. Hier wurden sie von den Kosacken, welche am 5. Nov. nach Oldenburg kamen, nach kurzem Widerstande aufgehoben und nach Bremen
25. Nov.	geführt. Später ward auch die Batterie zu Blexen den

Russischen Truppen durch Capitulation übergeben und solchergestalt das Land vom Französischen Joche befreiet.

Dritter Zeitraum,
bis zum Tode des Herzogs Peter Friedrich Ludwig 1829.

§. 111. Rückkehr des Herzogs Administrators. Uebernahme der Administration von Jever.

Der Herzog hatte sich bei seiner Abreise von Oldenburg mit dem Erbprinzen nach Berlin gewandt und war von dort der Einladung des Chefs seiner Familie nach Rußland gefolgt, wo sein zweiter Sohn, Prinz Georg, seit 1809 mit der Großfürstin Katharina vermählt und zum Kaiserlichen Prinzen erklärt, dem Gouvernement von Nowogrod, Twer und Jaroslaw und der Direction der Wassercommunication im Russischen Reiche vorstand. Beide Prinzen nahmen thätigen Antheil an dem ausgebrochenen Kriege; der Erbprinz erwarb sich in der Schlacht von Borodino (an der Moscwa) einen Ehrendegen für Tapferkeit und in der Schlacht bei Terutina den St. Georgsorden; der Prinz Georg ward ein tiefbetrauertes Opfer der menschenfreundlichsten Sorgfalt für den Dienst in den Hospitälern. Der Herzog aber widmete sich der Organisation und Direction einer Russisch=Deutschen Legion und sobald die siegreichen Waffen der verbündeten Mächte das Herzogthum von der fremden Zwingherrschaft befreit hatten, kehrte er nach Oldenburg zurück und übernahm kraft angestammten Rechtes wieder die Landesadministration und Regierung des Herzogthums, auch in besonderem Auftrag des Kaisers von Rußland die Verwal=

1812.
7. Sept.

27. Dec.

1813
27. Nov.
1. Dec.

28. Dec. tung und Benutzung der Herrschaft Jever mit der auf derselben haftenden Pension an die vorige Fürstin Administratorin (§. 100). Diese, in dem Frieden von Tilsit (§. 100) an Holland abgetretene Herrschaft war, sammt der seit 1807 (§. 103) darin begriffenen Herrlichkeit Kniphausen, durch Napoleons Decret vom 9. Juli 1810, mit dem Königreiche Holland, dem Französischen Kaiserreiche einverleibt worden und hatte, in Verbindung mit einigen benachbarten Ostfriesischen Aemtern, das Arrondissement Jever im Departement der Ost-Ems gebildet. Bei dem nunmehrigen Umsturz der Französischen Herrschaft in Deutschland, waren Jever und Kniphausen von dem Russischen
25. Nov. General Winzingerode in Besitz genommen; und die Reclamation des Grafen Bentink in Ansehung der letzteren Herrlichkeit zur Entscheidung an den Congreß zu Wien verwiesen worden.

Das Fürstenthum Lübeck war dem Herzog in dieser Zeit erhalten, aber es war nicht frei geblieben von großem Druck durch Einquartirung, Naturallieferung und Contributionen, welche das Ländchen mit einer großen Schuldenlast beschwerten.

Der Zustand des Herzogthums war der verwirrteste, der sich denken läßt. Alles aus den alten Fugen gerissen und in neue noch wenig bekannte Formen gezwängt, — die Cassen leer, — die Kräfte des Landes erschöpft, — das alte Dienstpersonale zerstreut oder anders angewandt. Unter solchen Umständen trat der Herzog wieder an die Spitze der Geschäfte, selbst ohne den Beistand eines Cabinetsministeriums, welches erst 7 Jahre später von neuem eingesetzt wurde.

§. 112. Landesbewaffnung. Erster Pariser Friede.

Das dringendste Geschäft war die **Landesbewaff**=**nung**, „um des eigenen Heerdes Glück, des Einzelnen Wohl und Eigenthum, um die Sache Deutschlands und der Menschheit gegen die Anmaßungen eines Feindes zu sichern, dessen Verfahrungsweise drei kummervolle Jahre kennen ge= lehrt hatten." Dazu rief eine Verordnung auf, wodurch alle männliche Unterthanen vom vollendeten 17. bis zum zurückgelegten 40. Jahre für wehrpflichtig erklärt wurden. Aus dieser Masse des **Landsturms** sollte die erforderliche **Landwehr** und daraus das **Contingent** oder die regu= laire Miliz mittelst Losung nach Kirchspielen gezogen wer= den, wobei, unter Berücksichtigung billiger Befreiungsgründe, mit denen, die im 25. Jahre stehen, der Anfang gemacht und zu den jüngeren Classen zurückgegangen wurde. Die Dienstzeit wurde auf sechs Jahre in der Landwehr oder drei Jahre im Contingent bestimmt, worauf der Wehrpflich= tige in den Landsturm zurücktritt. Zum Contingent wur= den sofort 800 Mann ausgehoben und geübt; aber der Mangel an Officieren und an Waffen, welche letztere erst am 28. März aus England ankamen, machte seine active Theilnahme an dem Kriege unmöglich, der durch Einzug der Verbündeten in Paris, durch Napoleons Abdankung 31. März. und den darauf folgenden **ersten Pariser Frieden** 31. Mai. beendigt wurde.

§. 113. Provisorische Civileinrichtungen.

Die bestehenden Französischen Gesetze und Behörden wurden einstweilen beibehalten und für die obere Leitung aller Geschäftszweige und Vorbereitung einer Reorganisa= tion, unter dem Vorsitze des Landesherrn eine **proviso**=

sorische Regierungscommission eingesetzt. Von den Französischen Steuern blieben nur die directen für das Jahr 1814 unverändert beibehalten, die droits réunis wurden gleich abgeschafft und das enregistrement wurde so be-

11. Dec. schränkt und gemildert, daß es auf keine Weise drückend empfunden werden konnte. Die verbindliche Kraft aller während der Französischen Occupation des Herzogthums von

9. Dec. den Gerichten ausgesprochenen Erkenntnisse ward anerkannt, das Tribunal in Oldenburg stärker besetzt, sein Gerichtssprengel über die zu andern Arrondissements gelegt gewesenen Theile des Herzogthums und seine Zuständigkeit auf die nach Französischer Verfassung vor die Assisenhöfe gehörigen Criminalsachen, mit Aufhebung des Instituts der Ge-

1814
10. Janr. schworenen, erstreckt; endlich durch seine Theilung in zwei Kammern zugleich für die Förderung des Justizganges und für eine zweite Instanz gesorgt, welche die eine Cammer mit Zuziehung zweier Appellationsräthe für die Aussprüche

11. Febr. der anderen ausmachte. Auch ward den Armen wieder die Möglichkeit der Rechtsverfolgung durch Wiederherstellung des in der Französischen Verfassung unbekannten Creditrechts eröffnet. Noch während des provisorischen Bestandes der Französischen Gesetze wurde der nach denselben gestatte-

13. Janr. ten Freiheit der Zerstückelung der Landgüter und dem will-
14. Janr. kührlichen Hauen des Holzes aus Privat-Holzungen Einhalt gethan, auch die Lehn- und gutsherrlichen Verhältnisse und für künftige Erbfälle die besonderen Erbfolgerechte und die

14. März. Civiluntheilbarkeit der Bauergüter wurden wiederhergestellt. Doch blieb die Eigenbehörigkeit mit den daraus unmittelbar fließenden Rechten, zu deren Aufhebung schon vor der Französischen Occupation vorbereitende Schritte geschehen waren, abgeschafft, mit Vorbehalt einer Entschädigung für die daraus fließenden nutzbaren Rechte und die Eigenbe-

hörigen im Münsterschen Landestheile wurden in freie Erbpächter verwandelt. Suspendirt blieb vorerst noch die Wiederherstellung der Bann- und Zwangsrechte. — Aufgehoben wurde auch nach gerichtlicher Revision der Untersuchung das Document des Justizmordes von Bergers und von Fincks (§. 110.) und dem Andenken der beiden unschuldig geopferten edlen Männer ein Monument über ihren dem vaterländischen Boden zurückgegebenen Leichen vom Fürsten im Namen des Vaterlandes gesetzt. *10. April.*

§. 114. Reorganisation. Neue Gesetze.

Mit dem 1. October 1814 wurden im Herzogthum und in der Herrschaft Jever die alten durch die Französische Occupation verdrängten Rechte und Staatsverwaltungsformen, jedoch unter zeitgemäßen Modificationen, wiederhergestellt, der Uebergang aber aus dem Zustande der Französischen Civilgesetze im Allgemeinen nach dem Grundsatze bestimmt: daß alle aus Handlungen, die während des Bestandes dieser Gesetze, nach Bestimmungen derselben vorgegangen sind, entstandene Privatrechte Jedem auch in Zukunft gesichert bleiben sollen. Unter den bei dieser Gelegenheit gemachten neuen civilrechtlichen Bestimmungen sind die wichtigsten: die Feststellung der Volljährigkeit, mit Aufhebung aller statutarischen Verschiedenheiten, auf das vollendete 24. Jahr; — die Aufhebung des Näherrechts (Retracts) aus Nachbarschaft und Blutsverwandtschaft; — und das Verbot der Errichtung von Familien-Fideicommissen ohne besondere landesherrliche Erlaubniß. Für das Hypotheken-, (Ingrossations-), Concurs- und Vergantungswesen ward eine besondere, schon 1792 vorbereitete Verordnung erlassen, wonach Ingrossationen, mit wenigen Ausnahmen, nur mit Ein- *1814.*

25. Juli.

11. Oct.

willigung des Schuldners und nur auf bestimmte Summen geschehen können, aber auch in den ausgenommenen Fällen, z. B. der vormundschaftlichen Verwaltung, die Ingrossation zu Erhaltung einer Hypothek nothwendig und wodurch, statt der Löse, der öffentliche Verkauf des Concursguts vorge-

<small>1825
15. Nov.</small>
schrieben ist. Sie hat später einige Modificationen und genauere Bestimmungen zu Beschleunigung des Verfahrens, Verminderung der Kosten und Sicherung des Credits er-

<small>1814
10. Sept.</small>
halten. Ein neues Strafgesetzbuch endlich, auf die Grundlage des 1813 im Königreiche Bayern promulgirten bearbeitet, trat an die Stelle der älteren Criminalgesetze und einer schwankenden Praxis. Die persönliche Freiheit ist darin durch die Vorschrift gesichert: daß jeder von der Polizei Verhaftete innerhalb 24 Stunden dem ordentlichen Richter übergeben und verhört werden soll. Die Strafen der Confiscation des gesammten Vermögens und der Landesverweisung gegen Unterthanen finden nicht Statt.

§. 115. **Veränderung in der Landeseintheilung des Herzogthums und in der Administration.**

<small>1814
15. Sept.</small>
Eben so bedeutend waren die Veränderungen in den Formen der Staatsverwaltung. Eine Eintheilung des Herzogthums in sechs Kreise, wozu als siebenter die Herrschaft Jever kam, deren jeder drei bis fünf Aemter mit ein bis acht Kirchspielen befaßt, wurde im Ganzen zwar auf die Grenzen der vorigen Landgerichtsdistricte, Aemter und Vogteien gegründet, aber mit Veränderungen, wie sie für die Verwaltung und die Eingesessenen bequemer gefunden waren. Eine neue obere Verwaltungsbehörde, die Regierung, erhielt (in einem für sie und das Landesarchiv neuerbauten Locale) aus dem Geschäftskreise der vorigen Regierungscanzlei die Hoheits- und Lehns-

sachen, aus dem der Cammer die Geschäfte der höheren Landespolizei, und zugleich die Oberaufsicht über den gesammten Staatsdienst durch Einziehung von Geschäftstabellen, Aussendung von Visitations=Commissionen, zwiefache Prüfung der Candidaten zum Staatsdienst, Versetzung eines Staatsdieners in den Anklagestand und Entscheidung von Ressortstreitigkeiten. Auch wurde unter ihrer Aufsicht eine fortlaufende vollständige Gesetzsammlung angelegt und ein an die früheren Sammlungen (§. 90.) sich anschließendes Verzeichniß des summarischen Inhalts der Verordnungen von 1802 bis 1811 verfertigt. Eine Beamten=Instruction beschreibt ausführlich, in gerichtlichen wie in administrativen Sachen, den Wirkungskreis des Amtmanns, welcher jetzt auch, statt der bisher bezogenen Sporteln, den andern Landesbedienten gleich (§. 78.), auf festes Gehalt gesetzt wurde. 1825. 1814 26. Sept.

Unter dem Vorsitze des Amtmanns sollten die Bauerschafts=, Kirchspiels= und Amts=Versammlungen der Eingesessenen gehalten werden, um über gemeinsame Angelegenheiten zu berathen und Beschlüsse zu fassen, es sei auf Veranlassung der Obrigkeit oder auf den Antrag der Eingesessenen, dessen Gewährung der Amtmann nicht verweigern darf. Von den Kirchspielsversammlungen wird alle zwei Jahre von neuem der Ausschuß gewählt, welcher jedes Kirchspiel repräsentirt und insbesondere bei Examination der Communalrechnungen desselben (wie bei Deich=, Siel= und Schlengenrechnungen ein Ausschuß der Interessenten) zugezogen werden muß. Hierdurch ward zu einer zeitgemäßen Wiederherstellung der in Westphalen seit den ältesten Zeiten gegründeten Gemeindeverfassung (§. 7.) der Grund gelegt.

§. 116. **Rechtspflege.**

In Ansehung der Rechtspflege wurde der privilegirte Gerichtsstand der Freien und Geistlichen aufgehoben und nur den Militairpersonen vor der Militaircommission und den Patrimonialgerichtsherren vor der Justizcanzlei in erster Instanz erhalten. Für alle bürgerliche Rechtssachen, die nicht executiver Natur sind, ward ein vorläufiger Sühneversuch durch das Amt geboten, dem die Entscheidung in Sachen bis zu 25 Rthlr. an Werth, desgleichen in Polizeistraffachen zukommt, vorbehältlich der Berufung an das Landgericht, welches dann in letzter Instanz erkennt. Ueber Streitsachen, welche die Amtscompetenz übersteigen, und über Vergehen, mit Gefängnißstrafe bis zu zwei Jahren bedroht, entscheidet das Landgericht des Kreises (oder das Stadt- oder Patrimonialgericht gleicher Ordnung) in erster Instanz, von welchem die Rechtsmittel der Appellation in Civilsachen und der weiteren Vertheidigung in Straffachen an die Justizcanzlei gehen. Die Justizcanzlei — zugleich, wie vormals die Regierungscanzlei, nächste Dienstbehörde für die Untergerichte und durch ein
1817. späteres Reglement für einen Theil ihrer Geschäfte in zwei Senate getheilt — erkennt in letzter Instanz über Civilsachen bis zu 100 Rthlr. sowie über Vergehen; als Criminalgericht in erster Instanz über Verbrechen, mit ein Jahr Arbeitshaus bis zur Todesstrafe, auf die von den Landgerichten geführte Untersuchung. Für die Appellation in ihren Civilerkenntnissen in Sachen über 100 Rthlr. an Werth und für die Revision von Criminalurtheilen ward ein Oberappellationsgericht niedergesetzt und damit das Rechtsmittel der Revision mit Actenversendung zum Spruch aufgehoben. Die Aufnahme der Urkunden in

öffentlich glaubhafter Form ward den Aemtern übertragen. Das Vormundschafts- und Depositenwesen und die Auctionsverwaltung blieb den Landgerichten untergeordnet und für das Hypothekenwesen ward vorläufig eine Centralbehörde in Oldenburg, unter Aufsicht der Justizcanzlei, beibehalten mit Nebenbehörden in Vechta, Jever und im Lande Wührden.

Nach diesen Ressortbestimmungen wurde nachmals auch das Proceßreglement neu bearbeitet und auch im Materiellen seinem Zweck, der Abkürzung und Verbesserung des civilgerichtlichen Verfahrens, näher gebracht, die Oberappellationssumme aber für den Fall übereinstimmender Urtheile beider früheren Instanzen auf 300 Rthlr. erhöht. Dem Consistorium blieb Gerichtsbarkeit nur in eigentlichen Ehesachen; und für die Herrschaft Jever wurde eine Consistorial-Deputation und Special-Superintendentur eingesetzt. 1824.

1826.

§. 117. **Patrimonialgerichtsbarkeit. Varel und Kniphausen.**

In Betreff der Patrimonialgerichtsbarkeiten ging man von dem Grundsatze aus, daß sie nur in so weit wieder hergestellt werden könnten, als die Gerichtsherren die nach der neuen Justizorganisation eingerichteten Behörden niederzusetzen vermöchten. Die kleineren Gerechtsame dieser Art wurden hiernach theils stillschweigend aufgegeben, theils der Landesherrschaft vertragsmäßig — definitiv oder provisorisch — überlassen. Wegen der edlen Herrschaft Varel konnte mit dem Grafen Bentinck das Nöthige darüber nicht regulirt werden, weil er seine Unterthanenpflichten nicht gehörig anerkennen wollte; daher wurde landesherrlicher Seits provisorisch ein Amtmann in Varel ernannt, die landgerichtliche Function in der Herrschaft Varel aber

1814
29. Sept.

anfangs dem nahen Landgerichte in Neuenburg übertragen und in der Folge dazu ein provisorisches Gericht in Varel niedergesetzt. Die Einkünfte des Grafen Bentinck, welche von dem Französischen Gouvernement sequestrirt waren, wurden von einer auf Antrag seiner Gläubiger zuerst landesherrlich, nachher von ihm selbst niedergesetzten Debitcommission erhoben und davon (außer dem tractatmäßigen Contributionsbeitrage [§. 77.]) nur die Kosten der provisorischen Gerichtsverwaltung in Anspruch genommen. Ebenso ward auch in Ansehung der, mit der Herrschaft Jever unter die Verwaltung des Herzogs gestellten Gräflich Bentinckschen Herrlichkeit Kniphausen verfahren, bis der Kaiser von Rußland und dessen Verbündete wegen der Reclamation der Souverainetät über dieselbe, welche auf dem Congreß zu Wien ihre Erledigung nicht fand, entschieden haben würden. Sie blieb im Kreise Jever, anfangs unter das Amt Tettens, nachher unter das Amt Minsen gestellt.

1818
22. Aug.

1818
5. Sept.

§. 118. Abgabenwesen.

1815
1. Janr.
Wiederhergestellt wurden, bis es an der Zeit sein würde, ein neuausgearbeitetes Abgabesystem einzuführen, die vor der Französischen Occupation bestandenen Abgaben, mit allen rechtsbegründeten Befreiungen von denselben. Da aber die Bedürfnisse des Staats, besonders durch die Nothwendigkeit der Aufstellung eines beträchtlichen Militairs, ungleich größer geworden, so wurde im ganzen Herzogthume (auch in der Herrschaft Varel) nach den schon im Jahre 1810 bestimmten Grundsätzen (§. 104.) eine additionelle Contribution oder Schatzung (welche in den ältern Theilen des Herzogthums und im Amte Wildeshausen die Hälfte der ordentlichen Contribution, in den Kreisen Vechta

und Cloppenburg 4½ Monate der Schatzung, in Varel aber 2800 Rthlr. beträgt) und eine Abgabe vom Brandcassentaxatum der Gebäude (11 Grote von jede Hundert Rthlr.) — beides über pflichtige sowohl als freie Grundstücke (mit alleiniger Exemtion der Domainen, deren sämmtliche Einkünfte ohnehin in die Cammercasse fließen) — in der Herrschaft Jever aber eine Summe von 6000 Rthlr. auf den Fuß der additionellen Contribution, ausgeschrieben. Zu gleichem Behufe ward eine Consumtionssteuer oder Accise von starken Getränken und einigen andern nicht zu den ersten Bedürfnissen gehörigen Waarenartikeln, eingeführt, die jedoch, weil man der redlichen Angabe der accisbaren Waaren zu viel vertrauete, immer weniger einbrachte. Die Hebung aller Abgaben geschah fortan in monatlichen Raten durch einen für jedes Amt angestellten Einnehmer. Statt der verschiedenen aus alten Zeiten herrührenden inländischen Zölle, welche auf den inneren Verkehr nachtheilig wirkten, ward an den Grenzen des Herzogthums ein Ein- und Ausgangs-Zoll nach einem gleichförmigen Tarif eingeführt und darin ebenfalls die Herrschaft Jever eingeschlossen.

1815
27. Febr.
1817
14. Jan.

§. 119. Deutsche Bundes- und Wiener Congreßacte.

Die äußeren Staatsverhältnisse des Herzogthums wurden durch die Deutsche Bundesacte und die Wiener Congreßacte bestimmt. Im Deutschen Bunde erhielt Oldenburg im Plenum eine Stimme, in der engeren Bundesversammlung gemeinschaftlich mit den drei Anhaltschen und zwei Schwarzburgischen Häusern die fünfzehnte Stimme, in welcher Oldenburgs Antheil zu vier Neuntheilen vereinbart ist. Es blieb ihm nach der im Art. 12. §. 2. der Bundesacte bestimmten Ausnahme sein

1815
8. Juni.
9. Juni.

alleiniges Oberappellationsgericht und durch den Art. 13. wurde die Aussicht auf eine landständische Verfassung eröffnet, welche in dem alten Herzogthum nie (§. 31.), in dem Münsterschen Landestheile seit 1803 nicht mehr (§. 94.) Statt gefunden hatte. In der Wiener Congreßacte (Art. 34.) wurde dem Herzoge der Großherzogliche Titel bestimmt (von welchem Gebrauch zu machen er aus individuellen Gründen zwar Anstand nahm, dadurch aber seinem Nachfolger nichts vergeben zu wollen, ausdrücklich erklärte); von Hannover die Abtretung eines Districts von 5000 Seelen an Oldenburg, zu besserer Rundung des Landes, zugesagt (Art. 33.); und dem Herzoge vom ehemaligen Französischen Saardepartement ein District von 20,000 Seelen zugesichert, mit dem Versprechen, daß ihm dadurch, sobald die Umstände es erlauben würden, mittelst Austausch oder auf sonstige Weise, eine gelegenere Gebietserweiterung verschafft werden solle (Art. 49. und 50.)

§. 120. **Neuer Feldzug gegen Frankreich; Theilnahme des Oldenburgischen Truppencorps daran. Zweiter Pariser Friede.**

Die Rückkehr Napoleons von der Insel Elba nach Frankreich war es, was den Abschluß der Wiener Congreßtractaten beschleunigte und noch einmal Europa gegen den Mann des Schicksals in Bewegung setzte. Zur Theilnahme an dem Kampf zog auch das Oldenburgische Regiment, 1500 Mann stark, in zwei Bataillons (Contingent und Landwehr) aus, um in der Gegend von Trier zu dem Armeecorps des Preußischen Generals Kleist von Nollendorf zu stoßen. Es besetzte die Stadt Sedan, nahm Theil an den Belagerungen der Festungen Mezieres und Montmedy und nachdem diese sich ergeben hat-

1815
18. Mai.

ten und die Beachtung anderer Festungen bei dem zweiten Pariser Frieden überflüssig geworden, brach das Regiment in die Heimath auf und traf nach siebenmonatlicher Abwesenheit wieder in Oldenburg ein, belohnt von Seiten des Preußischen Gouvernements durch einen Verdienstorden und drei Verdienstmedaillen, durch zwei Preußische Kanonen, die es während des Feldzugs geführt hatte, und andere Beweise von Zufriedenheit. Der Herzog verlieh Jedem, der sich im feindlichen Feuer befunden hatte, eine für diesen Feldzug gestiftete Ehren-Medaille. Das Regiment hatte an Todten vor dem Feinde und durch Krankheiten 32 Mann verloren. Frauenvereine in Oldenburg, Jever und andern Orten des Herzogthums übernahmen Sammlungen und Versendungen für die Hospitäler der Norddeutschen Armeen.

20. Nov.
7. Dec.

§. 121. Territorial-Ausgleichungs-Vertrag mit Hannover. Fürstenthum Birkenfeld.

Die in der Wiener Congreßacte von Hannover versprochene Abtretung eines Districts von 5000 Seelen wurde zugleich benutzt, um verwickelte Hoheitsstreitigkeiten auszugleichen, welche seit Jahrhunderten die Bisthümer Münster und Osnabrück über die Kirchspiele Damme und Neuenkirchen, so wie Münster und Hannover über die Kirchspiele Goldenstedt und Twistringen entzweit hatten und die mit dem Münsterschen Amte Vechta an Oldenburg übergegangen waren. Durch einen in Quackenbrück unterhandelten und in Bremen vollzogenen Tractat kamen die Kirchdörfer Damme und Neuenkirchen mit dem größten Theil der Kirchspiele und das Kirchspiel Goldenstedt diesseits der Hunte unter alleinige Oldenburgische, die Absplisse davon aber so wie das vom Hannovrischen Gebiete ganz umschlossene Kirchspiel Twistringen

1817
4. Febr.

unter alleinige Hannovrische Hoheit. Nach vollzogener Be-
5. Mai. sitznahme ward Goldenstedt zum Amte Vechta gelegt, aus den
1827. Kirchspielen Damme, dem später davon getrennten Holdorf,
und Neuenkirchen aber ein besonderes Amt unter dem Namen
Damme gebildet. Vorbehalten blieb noch weitere Gränz=
berichtigung mit dem Königreiche Hannover, wel=
ches durch den ihm in der Wiener Congreßacte zugesicher=
ten Besitz von Ostfriesland und Meppen, außer der freien
Hansestadt Bremen, nun alleiniger Gränznachbar des Her=
zogthums geworden war. In den abgetretenen Districten
wurden alle die Privatrechte betreffenden besonderen Gesetze
und Gewohnheiten, bis auf wenige Ausnahmen, aufrecht
erhalten (und damit die große Verschiedenheit sta=
tutarischer Rechte wieder vermehrt), in Ansehung aller
Gegenstände, welche dem öffentlichen Rechte angehören, aber
die Oldenburgischen gesetzlichen Vorschriften anwendbar erklärt.

Auch der durch die Wiener Congreßacte dem Herzoge
bestimmte Theil des Saardepartements, welcher bis=
her noch, bei dem wiederausgebrochenen Kriege und der
Aussicht auf die Möglichkeit eines Umtausches, unter Preu=
ßischer Administration geblieben war, wurde, nach einem
9. April. mit diesem Gouvernement geschlossenen Vertrage übergeben
1817 und unter dem Namen des Fürstenthums Birkenfeld
16. April. in Besitz genommen. Bestehend aus einem Theile der früher
einer Linie von Pfalz=Zweibrücken gehörigen Grafschaft Spon=
heim, aus der den Grafen von Limburg=Styrum ehemals
gehörigen Herrschaft Oberstein und Stücken anderer Länder,
welche vor 30 Jahren sieben verschiedenen Herren gehorch=
ten, — etwa 9 Quadratmeilen groß mit etwa 20,000 Ein=
2. Sept. wohnern — erhielt es eine von dem Herzogthum Oldenburg
ganz getrennte Administration und von den Landesbehörden
des Herzogthums ward nur der Wirkungskreis des Oberappel-

lationsgerichts und der Prüfungsbehörde über dasselbe, so wie über das Fürstenthum Lübeck, erstreckt.

In eben diesem Jahre trat der Herzog auf Einladung des Kaisers von Rußland der heiligen Allianz bei.

1817
1. Mai.

§. 122. Liquidation und Tilgung der Schulden des Herzogthums und seiner einzelnen Theile.

Zu der Hinterlassenschaft des Französischen Gouvernements, in welche das Oldenburgische einzutreten nicht umhin konnte, gehörte eine Menge unerfüllter Communen-, Cantons- und Arrondissements-Verbindlichkeiten aus jener drangvollen Zeit, deren Liquidirung und die Erledigung des damit zusammenhängenden Commune-Rechnungswesens eine besondere Behörde unter dem Namen des Obergemeinderaths lange Zeit beschäftigte. Aber auch die Verbindlichkeiten der im Jahre 1808 errichteten Steuercasse (§. 101) waren, bei der Unterbrechung dieses Instituts durch die Französische Occupation, großentheils unerfüllt geblieben; und auf einer aus ähnlicher Veranlassung in der Herrschaft Jever errichteten Kriegscasse hafteten ebenfalls noch Schulden. Endlich waren die Kosten der Durchmärsche alliirter Truppen in den Kriegsjahren 1813 und 1815 auszugleichen. Auch mit diesen Liquidationen wurden unter Aufsicht der Regierung besondere Commissionen beauftragt. Die Mittel zur prompten Auszahlung der Forderungen, wie sie nach und nach liquidirt wurden, wies der Herzog vorerst in einem Vorschusse aus seinem Privatvermögen von 100,000 Rthlr. an. Zur definitiven Tilgung der für das Land oder einzelne Theile desselben aus allen jenen Verhältnissen gefundenen Schuldenlast von mehr als 1,200,000 Rthlr. wurde, sobald der Zustand der Unterthanen es gestattete,

1815
18. Aug.

eine Kriegs- und Ausgleichungs-Abgabe vom Vermögen und Einkommen ausgeschrieben und, mit einigen temporairen Aussetzungen, bis zu Ende des Jahres 1818 erhoben. Mittelst dieser Steuer ist etwas mehr als die Hälfte jener Schuldenlast getilgt. Die übrigen Mittel fand man: in Rückständen von der im Jahre 1808 ausgeschriebenen Vermögensteuer und von Französischen Communalbeiträgen, — in den Entschädigungsgeldern auswärtiger Gouvernements wegen Truppenverpflegung, — in einem Theile der Englischen Subsidien- und Französischen Contributionsgelder (woraus zunächst die Ausrüstungs- und Erhaltungskosten des Regiments im Felde bestritten worden waren) — und in den auf den Grund der Pariser Friedensschlüsse für die Communen reclamirten Forderungen an das Französische Gouvernement. So wurde das Land mit seinen einzelnen Theilen aus sehr verwickelten Verhältnissen in den schuldenfreien Zustand zurückgeführt, worin es sich vor der Holländischen und Französischen Occupation befunden hatte; (nur auf den Münsterschen Aemtern Vechta und Cloppenburg hafteten noch $^{11}/_{100}$ von der Totalität der Münsterschen Landesschuld, auf dem von Hannover abgetretenen Theile von Osnabrück mit 5000 Seelen ein verhältnißmäßiger Theil der dortigen Landesschulden und auf dem Amte Wildeshausen die 1802 darauf radicirt befundenen Hannoverischen Cammerschulden). Freilich geschah dieses mit nicht geringen Anstrengungen; aber, da nur inländische Gläubiger zu befriedigen waren, zugleich zu großer Beförderung des Geldumlaufs, Verkehrs und Credits. Ueber die Einnahme und Ausgabe der von der Cammercasse auch in der Verwaltung ganz getrennt gehaltenen Kriegs- und Ausgleichungs-Casse ist dem Lande öffentlich Rechenschaft abgelegt; eine allgemeine Ausgleichung der Commünen gegen einander, — im Verhältniß der von den Mitgliedern einer jeden geleisteten Steuerbeiträge zu der Summe ihrer Communalverbindlichkeiten — wurde noch vorbehalten.

§. 123. **Forderungen an das französische Gouvernement.**

Gleich wohlthätige Folgen hatte die schleunige Realisirung der Forderungen von Individuen, Gemeinden und öffentlichen Anstalten an das Französische Gouvernement, deren Bezahlung in dem Art. 19 des ersten Pariser Friedens und unter genaueren Bestimmungen in einer dem zweiten Frieden angehängten Convention zugesichert war. Der zu Liquidirung dieser Forderungen vorgeschriebene Weg in Paris machte die Sache sehr weitaussehend; aber die Bemühungen des Herzogs von Wellington brachten es dahin, daß für die interessirten Länder Aversional-Summen bestimmt und auf den Betrag derselben Inscriptionen auf das große Buch der Französischen Staatsschuld ertheilt wurden. Freilich blieb die für das Herzogthum Oldenburg, die Herrschaft Jever und das Fürstenthum Lübeck bestimmte Aversional-Summe schon in ihrem Nennwerthe und noch mehr durch den Verlust beim Verkaufe der Inscriptionen, wodurch nur etwa 2,150,000 Franken gelöset wurden, weit zurück hinter dem Belaufe der gemachten Reclamationen von etwa 8 Millionen Franken. Aber die Arbeiten der Commission, welche zu Liquidirung dieser Forderungen, unter der höheren Instanz der Regierung, niedergesetzt wurde, ergaben das unerwartete Resultat: daß alle nach den Grundsätzen der Pariser Convention statthaft zu erkennende Reclamationen, nach dem darin zugesicherten Tarif, bezahlt, — daß noch manche nach dem Buchstaben der Convention unstatthafte aus Grün-

1815
20. Nov.

1818
8. April.

1818
5. Dec.

ben der Billigkeit berücksichtigt werden konnten, — und daß dennoch eine nicht unbedeutende Summe zur Verwendung für gemeinnützige Zwecke übrig blieb.

§. 124. Strafanstalten.

Die Französischen Contributionsgelder gaben auch die Mittel zu Einrichtung der Strafanstalten, welche das neue Strafgesetzbuch für Verbrecher erforderte. Das Franziskaner-Kloster zu Vechta, aus welchem die Mönche unter Französischer Herrschaft mit Pensionen entlassen waren, wurde zum Strafarbeitshause, das Zeughaus daselbst (§. 93.) zum Zuchthause eingerichtet. Der Zustand der Untersuchungs- und Civilstrafgefängnisse an den Landgerichtsorten wurde wesentlich verbessert; in Jever, Delmenhorst und Ovelgönne sind neue erbauet und in Jever ist außerdem ein allgemeines Civilstrafgefängniß eingerichtet. Für die Sicherheit und Beförderung der Criminaljustiz ward ferner durch Conventionen über die gegenseitige Auslieferung der Verbrecher mit den Nachbarstaaten, Hannover, der Stadt Bremen, Holstein-Lauenburg und Mecklenburg-Schwerin gesorgt. Durch siebenjährige Anwendung des Strafgesetzbuchs waren Erfahrungen gewonnen, die zu neuen gesetzlichen Bestimmungen führten, wodurch hauptsächlich das richterliche Ermessen in Verminderung des Strafmaßes und im Beweise durch Anzeigungen erweitert worden ist. Für Personen, die eines Verbrechens wegen in Specialuntersuchung gezogen und obgleich sie von der Instanz entlassen sind oder die gesetzliche Strafe ausgehalten haben, doch wegen besonderer Gefährlichkeit für die öffentliche Sicherheit unter eine andere als die gewöhnliche Polizeiaufsicht gesetzt werden müssen, — sowie für Individuen, welche sich einem

1821 11. Oct.

schlechten Leben überlassen und durch wiederholte polizeiliche Strafen nicht haben gebessert werden können, — wurde eine Zwangsarbeitsanstalt neben der Strafanstalt in Vechta eingerichtet und deren Zweck, sowie das Verfahren bei Verweisung in dieselbe durch eine Verordnung bestimmt. 1821
24. Mai.

§. 125. **Bildungs- und Unterrichtsanstalten.**

Das bisherige Zuchthaus in Oldenburg ward vorläufig zur Aufnahme der (einer drohenden Gefahr Französischer Sequestration (§. 107.) nicht ohne allen Verlust entzogenen) öffentlichen Bibliothek eingerichtet, deren Bücherzahl sich seit dem ersten Ankauf (§. 90.) verdoppelt hatte. Dotirt wurde die Bibliothek mit den Einkünsten von den Oldenburgischen wöchentlichen Anzeigen (zugleich Regierungsblatt), der politischen Zeitung, des Staatskalenders und der Oldenburgischen Blätter (eines Magazins vermischter vaterländisch-gemeinnütziger Aufsätze) — deren Redaction unter das Bundes-Preßgesetz gestellt ist, durch welches die Censurfreiheit (§. 78.) modificirt war. Ein Nebengebäude ward zu Aufstellung einer Sammlung Gypsabgüsse von den berühmtesten antiken Statuen und der Gemäldesammlung (§. 90.) in Stand gesetzt. Gemälde von Meistern jetziger Zeit, besonders von Wilhelm Tischbein, der damals in Eutin lebte, und Ludwig Strack, schmücken Säle des Schlosses in Oldenburg, welches wieder in wohnbaren Stand gesetzt wurde nach einem Plane, der eine künftige Erweiterung des Gebäudes ankündigt, in welchen der künftige Abbruch der vor demselben stehenden Canzlei (§. 71.) gehört und welcher durch Aufführung und Einrichtung neuer Collegiengebäude, der St. Lambertikirche gegenüber, vorbereitet wurde. Das Schloß war allmälig bleibende Residenz geworden, so wie die Begebenheiten und Geschäfte den

Regenten in Oldenburg immer mehr fest hielten und an dem sonst regelmäßigen Sommeraufenthalt in Eutin hinderten; der dortige schöne Schloßgarten diente zum Vorbild einer ähnlichen, aber freilich ungleich weniger durch die Natur begünstigten, Kunstanlage vor dem Everften-Thore in Oldenburg.

Auch dem Gymnasium in Oldenburg schenkte der Herzog ein neues, schönes Local, den ehemaligen Hof des Grafen Christoph von Oldenburg, welches bei der ersten Jahresfeier der Völkerschlacht bei Leipzig dazu eingeweiht wurde. Der Salarienfond des Gymnasiums wurde durch einen neuen Zuschuß aus der Cammercasse und durch Erhöhung des Schulgeldes verbessert. Die lateinische Schule zu Jever ward ebenfalls mit einem geräumigen herrschaftlichen Hause zum Unterricht und zur Wohnung des Rectors begabt; ein anderes Haus wurde daselbst für die Vorschule der Knaben angewiesen und der Bau und die Einrichtung einer Mädchenschule durch Vorschüsse und Geschenke aus herrschaftlicher Casse erleichtert.

1814
18. Oct.

1821.

Eine Lehr- und Erziehungsanstalt für Taubstumme, fundirt durch 8000 Rthlr. aus herrschaftlicher Casse und 3—4000 Rthlr. in sonstigen Beiträgen, erhielt ihren Sitz in Wildeshausen, wo ihr später auch ein herrschaftliches Haus mit Garten eingeräumt ist.

1819
16. Mai.

1824.

§. 126. **Reformationsjubiläum.**

Das dritte hundertjährige Jubelfest der von Luther angefangenen Kirchen-Reformation wurde in allen protestantischen Gemeinden des Herzogthums und der Herrschaft Jever durch feierlichen Gottesdienst, in den Gymnasien durch Reden, in den Schulen durch Unterricht der Jugend über die Geschichte der Reformation und ihre Folgen, auch mancher Orten durch Stiftung eines bleibenden

1817
31. Oct.

Andenkens, begangen, angekündigt mit der Aufforderung 17. Sept.
an die Gemeinden, diesem Feste der Wiedergeburt der evan=
gelischen Kirche bleibende Wirkung auf äußere Kirchenzucht
und Reinheit der Sitten zu geben.

§. 127. Veränderung in der Militaireinrichtung.

In der ersten Militair=Einrichtung mußte, nach
der Rückkehr des Regiments aus dem Felde, in Erwartung
einer vollendeten Kriegsverfassung des Deutschen Bundes,
Manches provisorisch geändert werden. Die Einrichtung des 1817
Landsturms (§. 111.) war gar nicht zur Ausführung ge= 1. Mai.
kommen; die beiden Bataillons des Regiments (bis=
her Contingent und Landwehr genannt) wurden einander
gleichgestellt und die Dienstzeit (außer dem ersten Reserve=
jahr) für beide auf vier Jahre bestimmt; der Abgang jähr=
lich aus der dienstfähigen 21jährigen Mannschaft durch
Loosung nach Aemtern ersetzt; die Gründe, welche gänzliche
Befreiung vom Dienste oder nur Zurückstellung zur Reserve
bewirken, genauer festgesetzt und der Stellvertretung, doch
nur mittelst eines Tausches der bei der Loosung gezogenen
Nummern, gegen mäßige Vergütung und eine Abgabe da=
von zu 5 Procent in den Invalidenfond, unter Genehmi=
gung der Militaircommission, Statt gegeben. Nach geen=
digter Exercierzeit ward, so viel von der Mannschaft nicht
zum Dienst im Frieden nöthig, beurlaubt. Die Quartier=
last des nicht beurlaubten Theils vom ersten Bataillon,
welches seinen Stand in der Stadt Oldenburg erhielt,
mußten verfassungsmäßig die bürgerlichen, von Bürgern
bewohnten Häuser tragen, bis das Militair eine Caserne
beziehen konnte, welche die Stadt, durch die aus dem Ver= 1820
laufe eines Theils ihrer uncultivirten Gemeinheit gewonne= 7. Sept.
nen Mittel, mit Beihülfe eines Dritttheils der Kosten aus

herrschaftlicher Casse, erbauete und durch ein statt der Naturaleinquartierung von den pflichtigen Häusern erhobenes Quartier- und Service-Geld unterhält. Die vier Compagnien des zweiten Bataillons bekamen ihre Standquartiere in Jever und Vechta, Varel und Delmenhorst. Die schon 1814 errichtete Militairschule erhielt ein zweckmäßiges Local in einem Militairhause und innere Ausbildung.

1822. Die Schlußacte der Militaircommission des Deutschen Bundes bestimmte das Oldenburgische Contingent zur Bundesarmee im Friedensfuß auf 1723 Mann Infanterie, zwei Schwadronen leichter Cavallerie mit 311 Mann und eine Batterie Fußartillerie von 4 Stück Geschütz jedes mit 36 Mann — im Ganzen 2800 Mann ohne die Reserve — und legte es als eine Halbbrigade zur zweiten Division des zehnten Armeecorps. Die weitere Organisation des Oldenburgischen Truppencorps nach diesen Anforderungen des Bundes wurde aber noch verschoben.

Unter die Dienstaufsicht des obersten Militaircommandos wurde auch das, für die Handhabung der öffentlichen Sicherheits- und Ordnungs-Polizei errichtete und in diesem Zweck von der Regierung abhängige Landdragonercorps gestellt.

1817
22. Oct.

§. 128. Einstellung der Weserzollhebung. Strompolizei. Weserschifffahrtsacte.

In der Erhebung des Weserzolles hatte sich der Herzog, auch nach Ablauf der für die Dauer derselben bestimmten zehn Jahre (§. 92.), gegen die Einsprache der freien Hansestadt Bremen erhalten, weil ihm durch das Continentalsystem und die Französische Occupation des Herzogthums der Genuß des Zolles und die darin zugedachte

Peter Friedrich Ludwig.

Entschädigungsergänzung äußerst verkürzt worden war. Auf einen Bremischen Antrag am Deutschen Bundestage ernannte dieser eine Commission, welche das Aufhören der Zollerhebung mit dem 7. Mai 1820 vermittelte. Die Vollziehung dieses Vergleichs ward unter die Garantie des Bundes gesetzt und mit dem gesetzten Termin die Erhebung des 1623 vom Deutschen Kaiser bewilligten Weserzolls, wovon die Einnahme in den letzten Jahren durchschnitttlich fast 100,000 ℳ jährlich betrug, eingestellt.
1819
26. Aug.

1820
7. Mai.

Dennoch wurde fortdauernd für die Beförderung und Sicherung der Schifffahrt und des Handels auf dem Weserstrome gesorgt: durch Anstellung eines Wasserschouts und eines Schiffs- und Waarenmaklers zu Brake, — durch Erweiterung der dortigen Hafenanstalt zu einem sichern Liegeplatz für 36 Schiffe von 50 bis 180 Lasten, — und durch Auslegen des Wachtschiffs bei Nachrichten von dem Ausbruche pestartiger Krankheiten, — so wie durch Erneuerung und Handhabung sonstiger Strompolizei-Anordnungen. Im Auslande erhielt der Oldenburgische Handel durch vermehrte Anstellung von Consuln Schutz.
1815.
1819.

1820.

Nun traten auch, zu Anwendung der in der Wiener Congreßacte Art. 108—116. ausgesprochenen Grundsätze auf die Schifffahrt des Weserstroms, Commissarien der Deutschen Staaten, welche derselbe in seinem Laufe berührt (Preußen, Hannover, Hessen, Oldenburg, Braunschweig, Lippe und Bremen) in Minden zusammen, deren Unterhandlungen zu einer Weserflußschifffahrtsacte führten, wodurch die Schifffahrt in Bezug auf den Handel völlig frei, jede ausschließliche Berechtigung, namentlich die Stapel-, Zwangs- und Umschlagsrechte zu Bremen, Minden und Münden für aufgehoben erklärt
1821
5. Febr.

1823
10. Sept.

und alle bis dahin bestandenen verschiedenartigen Abgaben auf der Weser von ihrem Ursprunge bis Bremen einschließlich zu einer allgemeinen Schifffahrtsabgabe, unter dem Namen Weserzoll, auf höchstens 315 Pfennige Conv.-Münze von jedem Schiffspfunde, fixirt wurden, deren Erhebung auf eine die Schifffahrt wenig störende Weise eingerichtet werden soll. Die Ratificationen sind am 15. Januar 1824 ausgewechselt und schon im folgenden Jahre ermäßigende und berichtigende Bestimmungen vereinbart. Alle Beschränkungen, welche bisher einer unmittelbaren Verbindung der Plätze an der unteren mit denen an der oberen Weser und umgekehrt entgegenstanden, sind dadurch völlig beseitigt und der Industrie und Gewerbthätigkeit ist alle Gelegenheit zu einem vortheilhaften directen Verkehr zwischen beiden auf die vortheilhafteste Weise eröffnet.

Um endlich eine gründliche Untersuchung der Zweifel gegen die Ansteckungsfähigkeit des gelben Fiebers (§. 96.) zu veranlassen, setzte der Herzog einen Preis von 200 Ducaten aus, welcher von der medicinischen Facultät zu Berlin einer Abhandlung des Hofmedicus Matthäi in Verden zuerkannt ist, wodurch die ansteckende Kraft außer Zweifel gesetzt wird.

1822
16. Nov.

§. 129. Gesundheitspolizeiliche Einrichtungen.

Zu Verbesserung der Medicinalpflege im Innern wurde in jedem Kreise ein Physicus, zugleich als Gerichtsarzt, angestellt, in Oldenburg ein Collegium medicum für die Prüfung angehender Aerzte, Wundärzte, Apotheker, Hebammen und Thierärzte und Erstattung der über Gegenstände der polizeilichen und gerichtlichen Arzneiwissenschaft erforderlichen Gutachten eingerichtet und die Hannoverische Pharmacopöe eingeführt. Das Hebammen-

1818
14. Sept.

Institut wurde mit einem Entbindungshause in Verbindung gebracht, die Schutzblatternimpfung allgemein geboten und die Ausführung dieses Gebots durch die Kreisphysici controlirt, für die Aufnahme der Seebade- anstalt auf der Insel Wangeroog durch Gebäude und zweckmäßige öconomische und polizeiliche Anordnungen gesorgt. Der Gesundheits-Zustand insbesondere der Marschbewohner hatte sich in den letzten zehn Jahren auffallend gebessert und die Sterblichkeit, nach den jährlich bekannt gemachten Listen, gemindert; wozu unter andern die Austrocknung und Begrüppung der Watten, sowie die Abhelfung des Mangels an süßem Wassers durch bessere Zuwässerung des Butjadingerlandes aus dem Abbehauser und Stollhammer, vorzüglich aber aus dem neuen Fedderwarder Siel und glückliche vermehrte Versuche in Anlegung öffentlicher Brunnen und Filtriranstalten beitrugen. 1819 17. April. 1818. 1823.

§. 130. Einrichtungen zur Verbesserung der Landwirthschaft.

Auf der Geest war die Bevölkerung schon lange im Zunehmen, so wie sich die Ausweisung und der Anbau der uncultivirten Haiden mehr und mehr verbreitete und mit den Theilungen der Gemeinheiten fortgeschritten wurde; denn dadurch hauptsächlich ist das Verhältniß der Einwohnerzahl (nach der Zählung vom 3. December 1852 227,934) zum Flächeninhalt (98,45 Quadratmeilen), welches im Jahre 1773 in den Grafschaften Oldenburg und Delmenhorst nur 1736 Einwohner auf die Quadratmeile betrug, bis auf 2313 gestiegen. Die Grundsätze, welche für die Betreibung dieser wichtigen Gemeinheitstheilungen — nicht im gerichtlichen Processwege, sondern unter Leitung der Cammer durch Gemeinheitscommissaire — im älteren Theile des Herzogthums schon lange bestanden, wurden nun auch allmälig auf die Marken in den neuen Landestheilen angewandt und die dem Landesherrn zur Verfügung vorbehaltenen Theile wurden zu Einweisungen an neue Anbauer, besonders aus der Classe der Heuerleute, benutzt. Der Flächeninhalt der seit 1805 bis Ende 1828 zur Theilung gebrachten 133 Gemeinheiten ist zu 105,219 Jück vermessen und zu 1,477,328 Rthlr. geschätzt.

Die Gemeinheits- und Markentheilungen gaben zugleich ein Mittel zu Verbesserung der Landschulen, indem durch die für diesen Zweck vorbehaltenen Landtheile (Zuschläge) nicht nur der Platz zu Erbauung neuer Schulhäuser (wobei die bedürftigen Schulachten aus herrschaftlicher Casse Unterstützung erhielten) sondern auch nutzbares Land für den Unterhalt der Schullehrer gewonnen wurde.

Zu Beförderung der Landwirthschaft und der dahin einschlagenden Gewerbe im Herzogthum, durch Austausch von Einsichten und Kenntnissen und durch Anregung der Aufmerksamkeit des landwirthschaftlichen Publikums auf erprobte, im hiesigen Lande noch nicht genugsam beachtete Entdeckungen, vereinigte sich eine Gesellschaft, welche
<small>1818 20. Juni</small> Landesherrlich autorisirt und in ihrem Zweck durch Stiftung einer Medaille zu Prämien und durch einen Jahresbeitrag zu den Gesellschaftskosten unterstützt wurde. Für die Aufnahme eines der von jeher wichtigsten Gegenstände landwirthschaftlicher Cultur und Handels im Oldenburgischen — der Pferdezucht — ward gesorgt: durch Anord-
<small>1819 20. Dec.</small> nung jährlicher Köhrung der zum Beschälen bestimmten Hengste und Aussetzung von Prämien für die drei vorzüglichsten nach dem Urtheile von Commissionen, die aus Officialen und kundigen das Zutrauen des Publikums besitzenden Eingesessenen zusammengesetzt sind.

§. 131. Deichwesen. Eindeichungen.

Im Deichwesen der Marschen war während der Französischen Occupation glücklicher Weise weder in Ansehung des kunstmäßigen Betriebes, noch in der politischen Verfassung und Verwaltung etwas Wesentliches verändert, nur die Beiträge, insbesondere zu den Schlengenkosten, waren nicht ordentlich ausgeschrieben worden, deren nothwendige Nachzahlung für die Pflichtigen nun eine bedeutende Last wurde. Die im Herzogthume mit so großem Nutzen eingeführte Art des Uferbaues durch ablaufende Werke (Schlengen), wurde nun auch an den Jeverschen Küsten mit auffallendem Vortheile angewandt. Von dem immer zunehmenden Anwuchse des Vorlandes am Jader Meerbusen konnten wieder zwei Groden eingedeicht werden: der Adelheids- und Katharinengroden und der 1821. Neuwapelergroden. Seit dem Jahre 1511 ist an der 1822. linken Weserseite und der Jade ein Flächeninhalt von mehr als sechs Quadratmeilen gewonnen, während eine Quadratmeile ungefähr verloren ist. Im Butjadingerlande ward durch Erbauung eines neuen Fedderwarder Siels, statt dreier alter Siele, für die Festigkeit der Deiche und den Anwuchs des Vorlandes und durch dessen Sieltief, welches als Hauptcanal das ganze Butjadingerland durchschneidet, für bessere Ab- und Zuwässerung sowie für leichtere Communication im Innern viel gewonnen.

§. 132. Wegeverbesserung.

Die bedeutendsten Fortschritte aber machte der Wegbau. Die Landstraßen in den Geestdistricten des Herzogthums wurden überall wesentlich verbessert, neue abgekürzte Poststraßen, von Oldenburg über Zwischenahn nach

Ostfriesland, von Damme nach Hunteburg, von Oldenburg auf die Station Sandersfelde nach Delmenhorst angelegt: von Delmenhorst bis an die Stadt-Bremische Grenze aber ein gepflasterter Steinweg geführt, demnächst (1826—1830) auch jene neue Poststraße von Oldenburg nach Delmenhorst, mit einem Kostenaufwande von 43088 Rthlr. in eine Steinschlagchaussee verwandelt. Vor dem Eversten-, Damm- und Heiligengeistthore der Stadt Oldenburg erhoben sich in den verbesserten baumbepflanzten Wegen, durch den zunehmenden Anbau neuer Häuser, freundliche Vorstädte; die Verbesserung des Straßen-

1817. pflasters in der Stadt aber wurde, mit Aufhebung der bisherigen Einrichtung pfandweiser Reparation, nach einem bestimmten Plane, mittelst Errichtung einer allgemeinen Straßenpflasterungscasse begonnen und zu den Kosten der Gassenerleuchtung eine Recognition von fremden Kaufleuten, welche die hiesigen Jahrmärkte beziehen, und ein Spielkartenstempel angewandt.

§. 133. Commissionen für Regulirung des Mühlenbannes, der gutsherrlichen Rechte und der Aufhebung des Lehnverbandes.

Unter den Bann- und Zwangsrechten, deren Wiederherstellung ausgesetzt geblieben war (§. 113.), fanden sich besonders in Ansehung der während der Französischen Occupation neuerbauten oder erweiterten Mühlen sehr wi-

1819. derstreitende Interessen zu vereinigen. Durch Commissionen
7. April. wurden die den Besitzern der letzteren zuzugestehenden Befugnisse — die den alten Bannmüllern für Aufopferung oder Beeinträchtigung ihrer Berechtigungen zuzubilligende Entschädigung — mit Rücksicht auf das Bedürfniß und den Vortheil der Mahlgäste — untersucht und durch gütliche Vereinbarung, wo aber dieses nicht gelang, durch Commissionsschlüsse, vorbehältlich des Recurses an die Re-

gierung, regulirt. Auf diesem Wege wurde auch die Regulirung der Entschädigung eingeleitet, welche den Gutsherren für die Aufhebung der aus der Leibeigenschaft fließenden Rechte vorbehalten war (§. 112.), und wobei noch weitere zweckmäßige Modificationen der gutsherrlichen Verhältnisse in Erwägung kommen mußten. Endlich wurde den Vasallen der Landesherrschaft die Aufhebung der Lehnsverbindung gegen eine runde Summe oder einen zu 3 Procent ablösbaren Canon im Wege freiwilliger Uebereinkunft angeboten, die jedoch auf die Rechtsverhältnisse der Lehnsagnaten unter sich keinen Einfluß haben sollte. Die Ablösungsgelder sind zu Erwerbung von Grundstücken oder nutzbaren Rechten bestimmt. Diese Maßregel ist auch auf einige von Preußen und Lippe-Detmold relevirende Lehne im Herzogthum angewandt, über welche die Lehnsherrlichkeit in Folge der in dem Rheinischen Bunde angenommenen Grundsätze als auf den Landesherrn übergegangen erkannt wurde.

1820. 26. Sept.

1822. 3. Oct.

§. 134. **Zunftwesen. Städteordnungen.**

Die Wiederherstellung der Zünfte und Innungen und die damit in Verbindung stehenden Bannrechte, unter Aufhebung eingeschlichener Mißbräuche und zeitgemäßer Abänderungen, blieb bis nach vollendeter Einrichtung des Städtischen Gemeinwesens ausgesetzt, für welches eine dreifache Ordnung angenommen wurde. Die Stadt Oldenburg war gleich bei der Reorganisation in ihre alten Verwaltungsformen und in die gerichtliche Competenz eines Amtes und eines Landgerichts über Bürger und alle auf Stadtgründen wohnende Personen eingesetzt und jene dem Syndicus, diese einem Stadtgericht, bestehend aus dem ersten Bürgermeister, zwei Rathsherren und dem Syndicus übergeben, welche Officialen für dasmal landesherrlich er-

nannt wurden. Zu Tilgung der Schulden der Lamberti=
Kirche (§. 90) und zu anderen Communalzwecken wurde
1825 eine Consumtionsabgabe von dem in die Stadt ein=
geführten Schlachtvieh und Brennmaterial angeordnet und
den kirchlichen Angelegenheiten der Stadt und Landgemeinde,
welche früher unter unmittelbarer Leitung des Consistoriums
gestanden hatten, ein Collegium von Kirchenofficialen vor=
gesetzt. In Jever und Delmenhorst, als Städten
zweiter Klasse, behielt der Magistrat nur die Competenz
der Aemter. Beide hatten zwar früher eine den Gegen=
ständen nach unbeschränkte Gerichtsbarkeit erster Instanz
gehabt, aber die Besoldung des dazu erforderlichen Per=
sonals überstieg ihre Kräfte, weshalb in Delmenhorst schon
seit 1793 das Landgericht dazu committirt war. Die dieser
Stadt jetzt eingeräumte Amtsgerichtsbarkeit wurde, zu Ver=
meidung der Nachtheile eines zwiefachen Gerichtsstandes,
auch über die Stadtgemeinheit und über die freien Häuser
1817
25. Oct. in der Stadt erstreckt und die Verfassung und Verwaltung
1. Nov. ihres Communalwesens vollständig durch eine Stadtord=
nung regulirt. Auf solche Weise wurde auch das Gemein=
wesen für die Städte dritter Classe geordnet, welche
von jeher amtssässig waren und eine bloß administrative
1820 Competenz erhielten: Wildeshausen, Vechta, Clop=
25. Dec. penburg mit dem Flecken Crapendorf und Friesoythe.
In allen Städteordnungen sind: der Gewinn und der
Verlust des Bürgerrechts, — die Wahl des aus dem Bür=
germeister, den Rathmännern, dem Stadtschreiber und
Stadtcämmerer bestehenden Stadtmagistrats durch die Ge=
sammtheit der Bürgerschaft, — die Dienstobliegenheiten und
Emolumente des Magistrats, — und die Mitwirkung des
Ausschusses und der Gesammtheit der Bürgerschaft — ge=
nau bestimmt.

§. 135. **Erwerb und Verlust der Unterthaneneigenschaft.**

Ueber den Erwerb und Verlust der Eigenschaft eines Unterthans wurden genaue Bestimmungen nothwendig, theils wegen der allgemeinen Militairpflichtigkeit, welche die Befugniß des freien Wegziehens aus einem Deutschen Bundesstaat in den andern beschränkt, theils um die Armencassen, bei der festgestellten Zwangspflicht eines jeden Kirchspiels, gegen Belästigung durch fremde Einwanderer zu sichern, endlich weil nur gegen Fremde, aber nicht gegen Unterthanen, selbst nicht zur Strafe eines Verbrechens, Landesverweisung zulässig ist. In aller dieser Hinsicht wurde für die von fremden Eltern Geborenen der Erwerb der Unterthanenrechte von einer ausdrücklichen Aufnahme mit Genehmigung der Regierung abhängig gemacht; doch ist für Ausländerinnen die Heirath mit einem Unterthan und für Ausländer die Anstellung im unmittelbaren Civilstaatsdienst oder im Officiercorps ein Erwerbtitel. Für die stillschweigende Aufgebung der Unterthanenrechte wurde eine Vermuthung aus dreijähriger Abwesenheit, ohne Nachweisung besonderer, mit Beibehaltung derselben vereinbarlicher Zwecke, festgestellt. Das Abzugsrecht ist nicht nur in Folge der Deutschen Bundesacte gegen alle Bundeslande abgeschafft, sondern auch vermöge besonderer Conventionen gegen sämmtliche Königlich Preußische, Dänische, Schwedische, Niederländische und Russische Staaten völlig oder theilweise aufgehoben.

1820
10. Juli.

§. 136. **Geld= und Creditmangel im Lande.**

Aber Alles, was von Seiten der Regierung für die Beförderung des Wohlstandes der Unterthanen geschah, schützte nicht gegen den zunehmenden Mangel an Geld und Credit und die Folgen desselben, häufige Auspfändungen und Concurse. Denn die Ursachen davon waren weder allein örtlich für unser Vaterland, noch der Art, daß sie durch Regierungsmaßregeln gehoben werden konnten. Einer durch Kriege gewaltsam bewegten Zeit sind ähnliche Folgen immer und überall nachgetreten, bis sich Alles wieder ins Gleichgewicht gesetzt hat, welches jetzt auch vielleicht wegen der in Amerika vorgefallenen Revolutionen nur später als sonst erfolgen konnte. Die Preise der Landesproducte und in deren Folge die Landheuerpreise, durch die Conjuncturen der Kriege zu einer unhaltbaren Höhe gesteigert, waren nach und nach unter das Gewöhnliche herabgesunken und der durch die Englische Kornbill vermehrte Mangel an Absatz hatte die Vorräthe, wo sie nicht aus Noth zu jedem Preise hatten verkauft werden müssen, gehäuft. Bei diesem Mangel baarer Einnahme lasteten freilich die für die neuen Militairbedürfnisse des Staats vermehrten Abgaben, neben den besonders im Butjadingerlande so bedeutenden Ausgaben für Communalbedürfnisse — für Deiche, Siele und Schlengen, Kirchen und Schulen — schwer auf den Pflichtigen; es entstand aber auch durch die vielen Ausgaben zu Befriedigung angewöhnter Bedürfnisse an ausländischen Producten und Fabrikaten, worin man sich wohl mehr hätte beschränken können, ein Nachtheil in der Handelswage, wogegen hauptsächlich nur von dem Geiste innerer Betriebsamkeit und Sparsamkeit Hülfe zu erwarten war.

§. 137. Landesfürstliche Familie.

In der Landesfürstlichen Familie hatten unterdessen erfreuliche und traurige Ereignisse gewechselt. Der Erbprinz kehrte aus seinem Gouvernement zu Reval, — wo er durch seine Verwaltung besonders durch Vorbereitung

Peter Friedrich Ludwig.

einer allmäligen Aufhebung der Leibeigenschaft sich ein segensvolles Andenken gestiftet hatte, — ins Vaterland zurück und vermählte sich mit der Prinzessin Adelheid von Anhalt-Bernburg-Schaumburg, deren Einzug Oldenburg mit der lebhaftesten Freude, — deren früher Tod, nach drei Jahren des reinsten ehelichen Glücks, das Fürstliche Haus, wie das Land, mit der tiefsten Trauer erfüllte. Wie die beiden in dieser Ehe geborenen Prinzessinnen, so verloren auch die beiden Söhne des verstorbenen Prinzen Georg ihre Mutter, in zweiter Ehe an den König von Würtemberg vermählt, und kamen letztere nun von Stuttgard nach Oldenburg, um ihre Erziehung, unter den Augen ihres Großvaters und Vormundes, zu erhalten. Endlich starb auch der angeborene Herzog Peter Friedrich Wilhelm im 69. Jahre seines Alters.

1816
6. Juli.
1817
24. Juli.
15. Nov.
1820
13. Sept.

1819
9. Jan.
1820
19. Sept.

1823
2. Juli.

§. 138. Regierungsantritt des Herzogs Peter Friedrich Ludwig in eigenem Namen.

In Folge dieses Todesfalles trat der Herzog-Landesadministrator, als nächster Agnat, die Regierung des Herzogthums Oldenburg in eigenem Namen an, unter dem Titel: Herzog zu Oldenburg, Erbe zu Norwegen, Herzog zu Schleswig, Holstein, Stormarn und der Dithmarschen, Fürst zu Lübeck und Birkenfeld, Herr zu Jever und Kniphausen. Die seit 1814 seiner Verwaltung untergebene Herrschaft Jever war indessen vom Kaiser von Rußland, durch ein Cessions-Instrument vom 18. April 1818 (welchem der Kaiser Nicolaus I. und der Großfürst Michael später beigetreten sind) mit allem Rechte der Oberherrlichkeit und des Eigenthums (wozu auch die den Herren von Jever

5. Juli.

1826
26. März.

vorbehaltene Anwartschaft auf die Herrlichkeit Kniphausen [§. 44.] gehört) dergestalt völlig abgetreten: daß sie mit dem Herzogthum Oldenburg unter einer Regierung wieder vereinigt werden und der eventuellen Absicht und Verordnung Anton Günthers (§. 45) gemäß so lange vereinigt bleiben solle, als Regenten aus dem gemeinschaftlichen Stamme entsprossen vorhanden sein würden. Unter Bekanntmachung des Kaiserlichen Patents von demselben Datum, wodurch die Einwohner dieser Herrschaft von ihren Eidespflichten gegen den Kaiser und das ganze Kaiserliche Haus entlassen und an den Herzog von Oldenburg und dessen Nachfolger in der Regierung überwiesen werden, wurde Namens desselben von den dazu ernannten Commissarien in Jever feierlich Besitz ergriffen und die Erbhuldigung eingenommen. Eine Erneuerung der vorlängst von den Unterthanen im Herzogthum Oldenburg geleisteten Erbhuldigung erklärte der Herzog in dem Regierungs-Antrittspatente vom 5. Julius für nicht nöthig — in huldvoller Erinnerung an die ihm fortwährend und unter den schwierigsten Umständen gegebenen redendsten Beweise der Liebe und Anhänglichkeit; aber er wiederholte bei dieser Veranlassung die Versicherung: daß sein Bestreben ferner dahin gerichtet sein werde, auf alle mögliche Weise die Wohlfahrt seiner Unterthanen zu befördern und die dazu dienenden Mittel und Wege mit landesväterlicher Sorgfalt aufzusuchen und in Anwendung bringen zu lassen. In diesem durch den Rückblick auf ein halbes Jahrhundert bestätigten Vertrauen vereinigten sich alle Oldenburger zur Feier des **Jubelfestes der Uebertragung der Landesregierung an die jüngere Linie des Holstein-Gottorpschen Hauses.**

1823.
6. Aug.

7. Aug.

14. Dec.

§. 139. Große Wasserfluth.

Bald nahm eine große Landescalamität die landesväterliche

Sorge in der That sehr in Anspruch. Was man bei dem guten Zustande der Uferwerke kaum möglich gehalten hatte, geschah am 4. und 5. Febr. 1825; es brachen die Sturmfluthen, 4 Fuß höher als die von 1717 (§. 66) in Oldenburg und Jeverland ein, überschwemmten acht Quadratmeilen und verursachten große Deichbrüche und Deichschäden, den bedeutendsten durch Wegreißen des Zeteler Siels im Amte Bockhorn, wo das Seewasser eine Bracke von 300 Fuß breit und 60 Fuß tief zurückließ. Bei diesen Ueberschwemmungen verloren 86 Menschen das Leben; der Schaden an weggerissenen (39) und beschädigten (326) Gebäuden, an Vieh und Eingut und verwüsteten Ländereien ist auf 134,108 Rthlr. geschätzt. Zur ersten Hülfe wurde jedem der betroffenen Aemter eine Summe aus herrschaftlicher Casse angewiesen. Alsbald aber bildeten sich Hülfsvereine in Oldenburg und Jever, welche durch wohlthätige Beiträge aus dem Inlande und Auslande (besonders aus der Hansestadt Bremen) sich in Stand gesetzt sahen, eine Summe von 45006 Rthlr. zur theilweisen Entschädigung der Bedürftigen, mittelst Herstellung der Gebäude und Anschaffung des nöthigsten Viehs und Einguts, zu verwenden, während der Verlust an Lebensmitteln und Kleidung vollständig durch Naturalbeiträge ersetzt werden konnte. Außerdem sind aus der herrschaftlichen Casse ansehnliche Unterstützungen an Geld und Materialien, besonders zu Wiederherstellung zertrümmerter Wohnungen und Aufhelfung des gesunkenen Zustandes der Unglücklichen verwandt.

§. 140. Wiederherstellung der Deiche.

Glücklicher wie im Jahre 1717 gelang unter günstiger Witterung die baldige Wiederherstellung der Deiche. Sie geschah im Altoldenburgischen größtentheils durch Na=

turalarbeit der Interessenten nach Wüppen; im Jeverschen, nach dem dortigen Herkommen für Geld in Verding und Tagelohn, unter gesetzlicher Anwendung der Oldenburgischen Grundsätze in Ansehung der Beihülfe, zu welchem Zweck die Herrschaft in zwei Deichbände, den Wangerländischen (Amt Tettens und Minsen) und den Rustringischen (Amt Jever) getheilt wurde. Im Stad= und Butjadingerlande wurden die Deichfreien für schuldig erkannt einen 10fachen Beitrag des Deichfreiengeldes (§. 63) zu den außerordent= lichen Deicharbeiten von 1825—28 zu entrichten. Außer= dem erhielten die Pflichtigen später noch eine Beihülfe von 16000 Rthlr. aus der Landescasse. Die Schaudeiche in einer Strecke von 34½ geograph Meilen wurden überall erhöhet, an der Nord= und Nordostküste hie und da bis auf 19 Fuß über ordinaire Fluth. Eine Umlegung des Deichs wurde nur durch den Zeteler Schleußenbruch nothwendig. Der gesammte Kostenaufwand in Oldenburg und Jeverland (Kniphausen ausgeschlossen) ist zu 628,268 Rthlr. berechnet und der darunter begriffene Bedarf an Erde würde eine Pyramide bilden mit einer Länge und Breite von 556¾ Fuß der Grundfläche und einer Höhe von 1670¼ Fuß. Zu Erleichterung der bei solchem Kostenaufwande nothwendigen Anleihen für Deichgenossenschaften oder Individuen wurde der Vorzug der Deichschuld vor älteren Hypotheken gesetz= lich bestimmt.

§. 141. Ueberschwemmungen durch Binnenwasser.

War nun auf diese Weise erhöhete Sicherheit wider die Meeresfluthen gegeben, so nahm dagegen von Jahr zu Jahr der Zufluß des Binnenwassers durch die ver= mehrte Cultur des Bodens (§. 130) und anhaltende nasse Witterung in dem Maaße zu, daß die anschwellenden Canäle und Flüsse, durch wiederkehrende ungewöhnlich hohe See-Fluthen gehemmt, die Gewässer nicht gehörig abführen konnten. So litten auf einer andern Seite die Niederungen durch öftere und anhaltende Ueberschwemmungen, welche die durch bessere Preise der Landesproducte belebte Hoffnung des Landmanns wieder zerstörten und die Nothwendigkeit besserer Entwässerungsanstalten vor Augen legten.

§. 142. Krankheiten.

Eine Folge jener Ueberschwemmungen des Seewassers, deren Opfer weit mehrere Menschen wurden, als in den Fluthen den Tod gefunden hatten, war die Ausartung des gewöhnlichen Marschfiebers in eine bösartige Krankheit, welche sich an den Küsten der Nordsee von Jütland bis zur Schelde verbreitete und die Sterblichkeit, namentlich in der Erbherrschaft Jever auf das Siebenfache der gewöhnlichen, vermehrte.

1826
Juni.
Sept.

§. 143. Armenwesen.

Auch mußten durch alle diese Landescalamitäten mittelbar noch zwei andere staatsbürgerliche Lasten in manchen Gegenden mehr als sonst drückend werden: die häufigen Vormundschaften mit ihren Hypotheken auf unbestimmte Summen und die Armentaxen. Die letzteren hatten sich durch eine 40jährige Erfahrung auch als ein Mittel die Armen und ihre Ansprüche zu vermehren gezeigt, dem nur durch große Sparsamkeit und Versorgung der Armen mit Arbeit entgegenzuwirken ist. Zu dem Ende erbauete die Special-Direction der Stadt Oldenburg, unterstützt durch die Freigebigkeit des Herzogs, ein Armenhaus und begründete in demselben eine Anstalt, wo arbeitsfähige Arme Verdienst und Unterhalt, Hungernde Speisung und Kinder der

154 Herzogliche Regierung.

in Arbeit Ausgehenden Pflege finden. Zu einem General=
Armenfond für die Herrschaft Jever wurde durch eine
1827. testamentarische Stiftung der ehemaligen Fürstin Admini=
stratorin (§. 100) von 6000 Rthlr. der Grund gelegt.

§. 144. Abkommen wegen Kniphausen.

Die Verhältnisse der Herrlichkeit Kniphausen
(§. 116) wurden endlich unter Vermittlung des Kaiserlich
1825 Oesterreichischen und Russischen und des Königlich Preußi=
8. Juni. schen Hofes zu Berlin durch ein Abkommen bestimmt,
wonach der Graf von Bentinck für sich und seine Familie
in Beziehung auf jene Herrschaft in den Besitz und Genuß
der Landeshoheit und der persönlichen Rechte und Vorzüge
wieder eintrat, wie ihm dieselben vor Auflösung der Deut=
schen Reichsverfassung zustanden; die Oberhoheit über die=
selbe und deren Besitzer aber, so wie sie vorhin bei Kaiser
und Reich gewesen, auf den Regenten von Oldenburg über=
ging und Kniphausen in dieser Unterordnung den Deutschen
Bundeslanden zugelegt ward. Die von der Seelenzahl (2859)
verhältnißmäßig zu stellende Mannschaft zum Bundesheere
wurde dem Oldenburgischen Contingent einverleibt. Das Ol=
denburgische Oberappellationsgericht trat an die Stelle der
ehemaligen Reichsgerichte, ein Oldenburgischer Official an
die des ehemaligen Reichsfiscals. In Folge dieses unter
die Garantie des Deutschen Bundes gestellten Abkommens,
wodurch in dem nördlichsten Winkel Deutschlands des ehe=
maligen Reichsstaatsrechts practisches Ansehen wieder her=
1826 gestellt war, wurde der Graf von Bentink in den Besitz der
31. Juli. Landeshoheitlichen Rechte wieder eingesetzt.

Die Verhältnisse der Herrschaft Varel waren kein
Gegenstand dieses Abkommens.

§. 145. **Abkommen wegen der Herrlichkeit Dinklage.**

Dagegen überließ der größte Gutsbesitzer im Kreise Vechta, der Graf von Galen auf Dinklage, seine vom Bischof von Münster, Christoph Bernhard von Galen, begründeten Herrlichkeitsrechte der Gerichtsbarkeit, Polizei und Accise an die Landesherrschaft für eine Summe Geldes; die Markalgerichtsbarkeit und das Patronatrecht blieb ihm mit den gutsherrlichen Rechten vorbehalten. Die Herrlichkeit Dinklage ist dem Districte des Amtes Steinfeld zugelegt.

1820
17. März.

1826
27. März.

1827
1. Jan.

§. 146. **Leggeanstalten.**

In eben diesem Kreise wurden zu Damme und Neuenkirchen die früher bestandenen Leggeanstalten wieder eingeführt, auf welchen das dort in nicht unbedeutender Menge verfertigte Leinen zur Schau gelegt, gemessen und nach der Qualität bezeichnet wird.

1826
18. März.

§. 147. **Gesindeordnung. Judenordnung.**

Allgemeinen Bedürfnissen half die Gesetzgebung ab: in einer Gesindeordnung, welche die Rechtsverhältnisse der Dienstherrschaft und des Gesindes aus dem Miethvertrag, modificirt durch die der Natur der Sache und Deutscher Sitte angemessene Gewalt der Hausherrschaft, feststellt; und in einer Verordnung, welche verschiedene bürgerliche Verhältnisse der Jüdischen Glaubensgenossen bestimmt. Sie blieben danach Schutzgenossen und der Schutzbrief, als Recht zu einem selbständigen Etablissement, geht nur auf einen Abkömmling über; doch kann zu Betreibung einer Fabrik, eines Handwerks oder einer Landwirthschaft, ausnahmsweise ein neuer Schutzbrief ertheilt werden. Die Schul- und Religions-Verfassung ist unter einem Landrab-

1826
17. Febr.

1827
14. Aug.

biner geordnet, zu dessen Besoldung die bisher in die Cammercasse geflossenen Schutzgelder überwiesen sind. Der Gebrauch der Deutschen Sprache und christlichen Zeitrechnung in Documenten und Handelsbüchern und erblicher Familiennamen ist den Juden zur Pflicht gemacht.

§. 148. Verbot der Veränderung der Familiennamen.

Schwieriger war es der auch unter den christlichen Einwohnern in manchen Gegenden des Landes herrschenden Gewohnheit willkührlicher Veränderung der Familiennamen zu begegnen, vermöge deren hier der Taufname des Vaters, dort der Name einer erworbenen Hofstelle angenommen wird, woraus mannigfaltige Verwirrung und Unsicherheit der Rechtsverhältnisse entsteht. Die dagegen erlassene Verordnung hat über diese tiefeingewurzelte Volkssitte noch nicht überall Herr werden können.

1826 28. Aug.

§. 149. Casseler Verein zu freierem Handelsverkehr.

In auswärtigen Verhältnissen schloß sich Oldenburg einem Vereine von vierzehn Bundesstaaten des mittleren Deutschlands zu Cassel an, dessen Zweck es war, im Sinne des Art. 19. der Bundesacte einen möglichst freien Verkehr und ausgebreiteten Handel, sowohl im Innern unter den Vereinsstaaten selbst, als nach außen zu befördern, auch die Vortheile, welche in dieser Hinsicht einem einzelnen Staate durch seine geographische Lage und sonst gewährt sind, möglichst auf das Ganze zu übertragen und sicher zu stellen. Die nothwendigsten Lebensbedürfnisse und einige andere Gegenstände blieben frei von jeder Eingangs= und Ausgangs=Abgabe und vom Durchgangszoll, wenn sie ohne das Ausland zu berühren von einem Vereinslande in das andere gebracht wurden; im Uebrigen

1828 24. Sept.

machten sich die Vereinsstaaten verbindlich, die in ihren Landen dermalen bestehenden Transitabgaben einseitig nicht zu erhöhen. Die Dauer dieses Vereins ging vorerst bis zum 31. December 1834.

§. 150. **Verein mit Hannover zu demselben Zweck.**

Für diese Dauer wurde dann zwischen Oldenburg und Hannover zu gleichem Zweck eine besondere Vereinbarung geschlossen, wodurch Oldenburg zu Gunsten Hannovrischer Unterthanen eine Ermäßigung seines Transitzolles, Hannover den Oldenburgern die Freiheit von einer 1823 eingeführten Viehsteuer für den Durchgang, sowie manche im Casseler Verein nicht befaßte Begünstigungen in den Durch= und Eingangs=Abgaben auf Torf und andere Producte, zugestand.

1829
10. Jan.

§. 151. **Landesfürstliche Familie. Tod des Herzogs Peter.**

An diesen Regierungsgeschäften hatte der Erbprinz seit 1821 im Cabinet thätigen Antheil genommen. Er vermählte sich zum zweitenmale mit der jüngsten Schwester seiner verstorbenen Gemahlin, der Prinzessin **Ida** von Anhalt=Bernburg=Schaumburg, welche, nachdem sie dem Fürstlichen Hause und dem Lande einen Erben, den Prinzen Nicolaus Friedrich Peter, geschenkt hatte, ebenfalls ein frühes tiefbetrauertes Opfer des Todes ward.

1825
24. Juni.
1827
6. Juli.
1828
31. März.

So sah der Herzog noch als Greis mit den Blüthen seiner Familie die stille Gruft sich füllen, in der er neben seiner früh verstorbenen Gemahlin sich die letzte Ruhestätte bereitet hatte (§. 90.) und von St. Petersburg wurde ihr der Sarg des Sohnes zugeführt, des Prinzen Georg (§. 111.), welchem seine Wittwe, die Königin von Würtemberg (§. 137.) hier ein Denkmal gewidmet hatte, dessen Ausführung auch sie nicht erlebte.

Der Herzog selbst fühlte die Last der Jahre unter deren Druck die Kräfte dem Willen gewohnter rastloser, in das kleinste Detail der Regierungsgeschäfte eindringender Selbstthätigkeit nicht mehr genügen wollten. Mehrmals suchte und fand er Stärkung in den Heilquellen zu Wiesbaden. Im Jahre 1829 drängte ihn das Gefühl zunehmender Schwäche früh zur Reise dahin, von welcher er nicht zurückkehren sollte. Ein schneller sanfter Tod endete dort sein Leben, welches stets dem selbstständigen treuen Wirken in dem ihm von Gott gegebenen hohen Berufe gewidmet war. Die irdischen Reste des Verewigten langten, nach einer gefahrvollen Seefahrt, an eben dem Tage auf vaterländischem Boden an, an welchem er vor 44 Jahren die Regierung angetreten hatte; sie wurden, nach seiner Anordnung ohne alles Gepränge in der Stille der Nacht in der Familiengruft *) beigesetzt und am folgenden Tage sein Andenken durch ein Gebet vor seinem Sarkophage gefeiert, welcher die in der Brust jedes Oldenburgers wiederhallende Inschrift führt: „Vater dem Lande zu sein war ihm höchster Beruf."

---

*) In das Innere derselben gab die Schlußvignette der 2. Ausgabe einen Blick.

Vierter Abschnitt.
Großherzogliche Regierung. 1829 folg.

Erster Zeitraum,
bis zum Beginn einer constitutionellen Regierungsform.
1829 bis 1848.

§. 152. Regierungsantritt des Großherzogs Paul Friedrich August. Landesfürstliche Familie. Landescalamitäten. Bauten. Orden. Oeffentliches Leben.

Nach dem Tode des Herzogs Peter trat sein am 13. Juli 1783 geborener ältester Sohn Paul Friedrich August die Regierung an, indem er zugleich den im Art. 34. der Wiener Congreßacte (§. 119.) für das Herzogliche Haus anerkannten Großherzoglichen Titel annahm, so daß sämmtliche Oldenburgische Lande — das Herzogthum Oldenburg, das Fürstenthum Lübeck und das Fürstenthum Birkenfeld — von nun an unter der Benennung des Großherzogthums Oldenburg begriffen wurden, womit denn auch eine Erweiterung des Landeswappens und eine Veränderung in den Titeln der Staatsbehörden veranlaßt war.

1829
Mai 28.

Der Großherzog vermählte sich zum drittenmale mit der Prinzessin Cäcilie von Schweden, geb. 22. Juni 1807, aus welcher Ehe zwei Söhne schon im zartesten Kindesalter wieder starben, ein dritter Sohn, Herzog Elimar, geb. Januar 23. 1844, aber die Mutter überlebte, welche selbst an den Folgen der Entbindung starb. Die älteste Tochter des Großherzogs, Herzogin Amalie, hatte sich inzwischen mit dem König Otto von Griechenland vermählt; von den Neffen des Großherzogs (§. 137.) war der älteste, Prinz Alexander, als ein Jüngling von 19 Jahren gestorben; der zweite, Prinz Peter, hatte sich mit der Prinzessin Therese von Nassau vermählt und sich in Petersburg niedergelassen. Der Großherzog mußte daher den ihn aufs Schmerzlichste betrübenden Verlust einer ausgezeichneten Frau ziemlich einsam tragen; doch wurde ihm dies erleichtert durch die liebevollste Pflege Seitens seiner zweiten Tochter, der Herzogin Friederike, und das hoffnungsvolle Heranwachsen seiner Söhne, des Erbgroßherzogs Peter (§. 151.) und des Herzogs Elimar. Bei den Unterthanen blieben die gestorbenen Glieder der fürstlichen Familie durch viele wohlthätige Stiftungen und die in der Ferne lebenden durch oft wiederholte Besuche und mannigfache Beweise der Anhänglichkeit an die Heimath, im besten Andenken.

Dem Regierungsantritte des Großherzogs folgte bald eine Zeit, da sich in manchen Gegenden des gemeinsamen deutschen Vaterlandes ein Geist der Unruhe regte. Die Pariser Julirevolution des Jahres 1830 und die dann folgende Belgische und Polnische Revolution fanden in Deutschland vielfachen Anklang; an manchen Orten kam es zu drohenden Volksbewegungen und selbst argen Excessen. In Oldenburg blieb Alles in gewohnter Ordnung und Ruhe;

doch hielt der Großherzog es für landesherrliche Pflicht, „auf die Gefahren einer solchen aufgeregten Zeit aufmerksam zu machen und väterlich zu warnen: weder Einflüsterungen von Außen Gehör zu geben, noch sich von einer gewissen Ungeduld bemeistern zu lassen, welche schleunige und daher übereilte Abhülfe aller Mängel — die auch in einzelnen Theilen der hiesigen Staatsverwaltung sich zeigen mögten — verlangt, uneingedenk, daß gründliche Verbesserungen und wahrhaft wohlthätige Einrichtungen nicht in Zeiten der Aufregung und Unruhe gedeihen können, sondern mit Bedacht und Muße überlegt und eingeleitet sein wollen." Es wurde die zuversichtliche Erwartung ausgesprochen: „die Unterthanen würden das Vertrauen zum Großherzoge hegen, daß er Alles, was durch die Bundesverfassung zugesichert sei, auch gewissenhaft erfüllen werde, wie derselbe besonders darin selbst eine Beruhigung zu finden erklärte, bei einer etwaigen Veränderung des Steuer= und Abgabesystems zuvor die Wünsche der Unterthanen darüber zu vernehmen. Zunächst wurde aber aufgefordert, vereint mit dem Fürsten dem Nothstande nach Kräften zu wehren, welcher der ärmern Classe in Folge mißrathener Erndten zu drohen schien; dem gemeinschaftlichen Streben werde es dann gelingen in Ruhe, Ordnung und gesetzmäßiger Haltung jeder Gefahr vorzubeugen und manches Uebel zu lindern, so daß in einer minder bewegten Zeit die etwa erforderlichen Verbesserungen der Staatseinrichtungen eintreten könnten."

1830
Oct. 5.

Die Maßregeln des deutschen Bundes in dieser Zeit gegen die Tagesblätter, demagogische Umtriebe der Burschenschaft und politische Vereine wurden zwar auch in Oldenburg publicirt und hatten Verbote von Zeitschriften, des Studirens auf gewissen Universitäten, eine polizeiliche Controle der Reisenden, der Handwerksgesellen, besondere

Bestimmungen über die Untersuchung und Beurtheilung der Verbrechen und Vergehen wegen politischer Umtriebe und dergl. m. zur Folge; doch wurde das Land von dem Allen wenig berührt. Auch von der **Cholerakrankheit**, welche sich von Asien her über Europa und nun besonders über 1831. Deutschland auszubreiten begann und an manchen Orten zu unruhigen Auftritten führte, weil man in dieser bisher unbekannten Krankheit eine Folge von Vergiftung der Brunnen oder Lebensmittel erblickte, blieb Oldenburg ziemlich verschont, wozu freilich die auch hier ergriffenen, überall bald als nutzlos erkannten Sicherungsmaßregeln gegen das Einbringen dieser gefährlichen Krankheit wenig beitrugen. Mehr hatte das Land durch **Ueberschwemmungen** (1830, 1841, 1845), **Viehseuchen** (1842) und **Mißwachs** (1846) zu leiden; die Sturmfluthen im Herbst 1845, welche der vom Jahre 1825 (§. 139.) fast gleich kamen, beschädigten die immer sehr gefährdeten Eckwarder Deiche so, daß ihre Instandsetzung auf 145,000 ℛ︁ℳ︁ veranschlagt ward, aber schon 1847 verursachte wieder eine Sturmfluth neue kostspielige Beschädigungen. Indeß wurden auch diese Calamitäten durch die bereitwilligste Unterstützung der unmittelbar davon Betroffenen, durch die ergriffenen oberlichen Maßregeln und Beihülfe aus der Landescasse überwunden.

So konnte der Großherzog sich ungestört den Geschäften der Regierung hingeben und vielfache Verbesserungen in der Staatsverwaltung eintreten lassen, oder die Vorbereitung zu umfassenderen Aenderungen treffen, wobei ihm die treuesten und umsichtigsten Diener in den Staatsministern v. Brandenstein und v. Berg und in den Präsidenten Mentz, Runde, Mutzenbecher u. a. m. zur Seite standen.

Die Wohlthat einer gerechten und weisen Regierung durch ein dem Volke angehöriges Fürstenhaus wurde mit

Dank gegen Gott und in treuer Anhänglichkeit an den Regenten besonders erkannt, als der Tag gefeiert ward, an welchem vor einem Viertel=Jahrhundert (§. 111.) der in den Herzen seiner Unterthanen fortlebende Herzog Peter, nach völliger Befreiung des Landes von dem Drucke der Fremdherrschaft, in seine Staaten zurückkehrte. Der Großherzog feierte diesen Tag auch dadurch, daß er, eingedenk der schon früher gehegten Absicht seines Vaters, zum fortdauernden Andenken an den wichtigen Zeitabschnitt und zur dankbaren Erinnerung an die vielfachen Verdienste des Herzogs Peter um die seiner Obhut anvertraut gewesenen Lande den Haus= und Verdienstorden des Herzogs Peter Friedrich Ludwig stiftete, dessen Ordensdevise der Wahlspruch des Herzogs ist: Ein Gott, ein Recht und eine Wahrheit.

1838
Nov. 27.

Wie bei dieser Gelegenheit der Grundstein gelegt ward zu einem der Stadt Oldenburg zur Zierde gereichenden Gebäude — dem Peter Friedrich Ludwig=Hospital (§. 161.) an der neu angelegten Peterstraße — so sicherte der Großherzog sein Andenken auch durch andere Bauten und Verschönerungen in der Stadt Oldenburg; dahin gehören ein neues Bibliothekgebäude, ein Schullehrerseminar, neue Casernen, Militairhäuser und Wachen, die Einrichtung eines Museums und der Bau eines Theaters, welchem der Großherzog ein lebhaftes Interesse schenkte und durch dessen in anerkannt tüchtigen Händen befindliche Leitung, besonders seit der Dichter Mosen als Dramaturg daran wirkte, verhältnißmäßig viel geleistet wurde. Dies erweckte auch zuerst eine größere Regsamkeit in der periodischen Presse, die sich unter dem Einfluß der wachsenden Theilnahme an den öffentlichen Angelegenheiten bis zu Ende dieses Zeitraums sehr ausdehnte. Die Zahl der Flugschriften über wichtige Tagesfragen vermehrte sich mit jedem Jahr. Neben den Oldenburgischen Blättern (§. 125), die im Jahre 1846 aufhörten, traten „Neue Blätter für Stadt und Land" seit 1843 auf, ferner die „Mittheilungen," der „Volksbote," „Beobachter," „humoristische Blätter" des Dichters v. Kobbe († 1845), ein Archiv für die Praxis des in Oldenburg geltenden Rechts, ein Kirchen= und Schulblatt u. a. m. Die Oldenburgische Zeitung hörte 1842 auf, ein Organ der Regierung zu sein; auch in den kleineren Städten des Landes fing man an, Localblätter herauszugeben, welche alle für die vaterländische Geschichte von Interesse sind, wenn sie sich auch größtentheils nur auf öffentliche Ankündigungen und Auszüge aus andern Tagesblättern beschränkten.

Eine Menge von Vereinen zu wissenschaftlichen, philanthropischen und gemeinnützigen Zwecken, welche sich besonders in der Stadt Oldenburg bildeten, trug nicht wenig dazu bei, ein politisches Leben zu erzeugen und zu erhalten; unter ihnen gewann ein Handels= und Gewerbeverein und ein Kunstverein wohl die dauerndste Bedeutung.

§. 153. **Herzogthum Oldenburg. Staatsverwaltung. Behörden und Beamte. Gesetzblatt. Bundesgesetze.**

Die Einrichtung der Staatsverwaltung des Herzogthums Oldenburg, welche 1814 ihre Grundlage erhalten hatte (§. 115.), wurde durch vollständige Uebertragung der Regierungs= und Polizeisachen auf das Regierungscollegium, während die Cammer die Finanzsachen behielt, weiter ausgebildet; dagegen wurde die Regierung der Controle und der Aufsicht über den gesammten Dienst enthoben. Die Führung dieser Aufsicht von Seiten des Staats= und Cabinetsministeriums, die Visitationen der untern Behörden, die Disciplinarbefugniß der Vorstände, Ur-

1830 März 15.

1830 März 19.

laubsertheilungen, das Verfahren bei Dienstverbrechen und Vergehen vor den obern Gerichten, und bei gemeinen Verbrechen und Vergehen der Staatsdiener, so wie die Entscheidung von Ressortstreitigkeiten wurden genau bestimmt; auch zur Untersuchung und Begutachtung (die **Entscheidung** blieb höchster Entschließung vorbehalten) der Fälle, wenn aus andern Gründen ein Staatsbeamter vom Dienst zu entlassen oder zu suspendiren sei, ein **Dienstgericht**, bestehend aus den Mitgliedern des Staatsministeriums und den Vorständen der höheren Landescollegien niedergesetzt. Die Verpflichtung der Angestellten zum Einsatz in die Wittwencasse (§. 84.) wurde dahin modificirt, daß nur ein Diensteinkommen von 200 ℛ℔ zum Beitritt verbindlich mache; auch wurde diese Verpflichtung in Beziehung auf die Berechnung des Diensteinkommens und der Rabattvergütungen der Pflichtportionen und ferner rücksichtlich des Zeitpunkts des Beginnes der Mitgliedschaft näher bestimmt. 1830 April 5. 1841 Juli 26. 1837 Dec. 22. 1841 Juli 23. 1844 Dec. 9.

Die Einrichtung der Prüfung der Rechtscandidaten erhielt durch Einsetzung einer eigenen **Prüfungscommission** eine wesentliche Verbesserung und wurde danach auch die Prüfung der Mediciner, deren Studienzeit vier Jahr betragen sollte, der Mathematiker und Forstcandidaten neu regulirt; nach der später verfügten neuen Einrichtung des Forstdienstes mit Rücksicht auf die Trennung des Forstschutzes von der Forstverwaltung wurden noch speciellere Vorschriften wegen der für den Eintritt in den Forstdienst zu liefernden Nachweisungen erlassen. 1830 März 20. 1831 April 30. 1836 Jan. 26. 1846 Mai 6.

Die Eintheilung des Herzogthums (§. 115.) und die Competenz der Behörden blieb im Uebrigen die bisherige, nur wurde die des Amts Wildeshausen etwas erweitert, das Kirchspiel Hatten zum Amte und Kreise Oldenburg, das Kirchspiel St. Joost zum Amte Minsen und das Kirch- 1830 Jan. 19. 1845 Jan. 3.

spiel Westrum zum Amte Jever gelegt. Einige andere Veränderungen in der Competenz der Militairbehörden, der Steuerbehörden, des Consistoriums, des Collegium medicum und der Gerichte werden weiter unten bei den bezüglichen Gegenständen besonders erwähnt werden müssen.

Ueber die Formen öffentlicher Bekanntmachungen und deren Nothwendigkeit und Zulässigkeit wurden neue Bestimmungen erlassen, wonach besonders das Verlesen in den Kirchen nur noch bei Amtssachen der Geistlichen gestattet und statt dessen der Anschlag in einem Gitterkasten an der Kirche vorgeschrieben ward. Von 1845 an ward ein unter Aufsicht der Regierung stehendes besonderes Gesetzblatt gegründet, in welchem, wie bisher in den Oldenburgischen Anzeigen, alle Landesherrliche Verordnungen und alle Erlasse der Behörden, welchen Gesetzeskraft beiwohnt, bekannt gemacht und mit den jetzt dreimal wöchentlich erscheinenden Anzeigen ausgegeben werden sollten. Die bisherige Gesetzsammlung (§. 115.) schloß hiernach mit dem zehnten Bande und es begann mit dem eilften Bande die Vereinigung je einer angemessenen Anzahl der einzelnen Stücke des Gesetzblatts. Eine im Jahre 1845 niedergesetzte temporäre Gesetzcommission hatte die Bestimmung, mehrere besonders umfangreiche Gesetze auszuarbeiten, blieb aber seitdem immer als eine dem Staatsministerium beigeordnete ständige Commission bestehen.

Die Grundgesetze und Beschlüsse des deutschen Bundes, welche als Landesgesetze gelten sollten, waren anfangs weder vollständig noch gleichförmig in der gesetzmäßigen Weise bekannt gemacht. Im Jahre 1835 wurde eine Sammlung derselben veranstaltet; von da an aber das Weitere sogleich in die Gesetzsammlung aufgenommen. Dies beschränkte sich übrigens auf einige Bundesbeschlüsse wegen eines allgemeinen Verbots des Nachdrucks, der unbefugten Aufführung und Darstellung musikalischer Compositionen und dramatischer Werke, in welcher Beziehung Oldenburg auch einen zwischen Hannover und England abgeschlossenen Verträge beitrat, und auf die Unterdrückung des Negerhandels. 1835 Juni 29. 1837 Dec. 14. 1841 Aug. 2. 1848. 1845 Juli 24.

Wichtiger war die Ausdehnung der für die Unterthanen der deutschen Bundesstaaten bestimmten Freiheit von allen Nachsteuern auf die außerdeutschen österreichischen Provinzen, wie denn auch mit Großbritannien, der Schweiz, Belgien und Brasilien Verträge wegen wechselseitiger allgemeiner Freizügigkeit und Aufhebung der Nachsteuer abgeschlossen wurden. 1844 Mai 6. 1830 April 3. 1838 April 10. 1844 Mai 20. 1846 Dec. 19.

§. 154. Handel und Verkehr.

Hatten solche Verträge überhaupt einen günstigen Einfluß auf den freien Verkehr und den Handel, so wurde auch in anderer Beziehung besonders auf Erleichterung desselben hingewirkt. Zu dem Casseler Vertrag (§. 149.) wurde eine additionelle Vereinbarung abgeschlossen, wodurch derselbe bis 1841 verlängert ward; der Transitzoll auf gewissen Straßen und der Grenzzoll von Schwedischem Stangeneisen wurde herabgesetzt, wogegen freilich der immer fortschreitenden Verminderung der Einnahme von der Consumtionssteuer (§. 118.), deren Ausfälle die Landescasse nicht entbehren konnte, durch Anwendung strengerer Controlemaßregeln begegnet werden mußte. Im J. 1836 aber schloß Oldenburg mit Hannover und Braunschweig zunächst bis 1841 einen Vertrag (dem später auch Schaumburg-Lippe beitrat und der 1841 zuerst noch auf ein Jahr und dann auf unbestimmte Zeit, jedoch ohne Braunschweig, welches zum Preußischen Zollverein trat, verlängert wurde), über 1829 Oct. 20. 1831 Juni 16. 1833 Aug. 24. Mai 7. 1837 Nov. 11.

die Annahme eines gleichmäßigen und gemeinschaftlichen Systems der indirecten Steuern (Steuerverein), auf dessen Grund dann Gesetze über die Eingangs=, Durchgangs= und Ausgangsabgaben, über die Besteuerung des inländi= schen Branntweins, über Destilliranstalten, den Salzdebit und die zu erhebende Nachsteuer, den Verkehr mit Spiel= karten u. a. m. erlassen und viele Anordnungen zur Aus= führung dieses Vertrags und der bezüglichen Gesetze erlassen werden mußten. Die Cammer erhielt eine besondere Ab= theilung — Departement der indirecten Steuern — als Centralsteuerbehörde; unter ihr wurde eine Direction der indirecten Steuern, und an den Grenzen, wie im Innern des Landes, eine große Zahl Haupt= und Nebensteuerämter eingesetzt.

<small>1836 Juli 18.
1837 März 16.22.
1838 Febr. 16.
1845 April 10.</small>

Durch die damit bis zu 140,000 ℛ erwartete Erhö= hung des Ertrags der indirecten Steuern sah sich der Groß= herzog zugleich in den Stand gesetzt, die bereits 1833 in Aussicht gestellte Erleichterung der Grundsteuerpflichtigen eintreten zu lassen und den dritten Theil der ordinairen und additionellen Contribution, der Schatzung und der Ab= gabe vom Brandcassentaxat (in der Herrschaft Jever in Betracht der dortigen besondern Verhältnisse noch etwas mehr) für die Dauer des Steuervertrages zu erlassen. Eine richtigere Vertheilung der Grundsteuern war nämlich immer fühlbarer geworden; sie hatte sich besonders in den Mün= sterschen Landestheilen als nothwendig gezeigt; da aber dazu vor Allem ein vollständiger Grundkataster erforderlich war, so konnte zunächst nichts weiter geschehen; es wurde dort aber eine specielle Vermessung nach bestimmten Vorschriften begonnen und nach Vollendung derselben in den übrigen Kreisen des Landes fortgesetzt.

<small>1836.
1838.</small>

Zur sicheren Ausführung des für den Steuerverein

Paul Friedrich August. 169

gemeinschaftlichen Abgabensystems und zur Verhütung des Schleichhandels mußte nun auch ein besonderer Steuer- und Zollcartell-Vertrag zwischen Hannover, Braunschweig und Oldenburg abgeschlossen werden. Zur Beförderung der gegenseitigen Verkehrsverhältnisse mit den zum Preußischen Zollverein gehörenden Staaten wurde ein Vertrag zuerst bis 1842 abgeschlossen und dann erst 1845 wieder erneuert, desgleichen ein Vertrag mit der Stadt Bremen, wovon denn auch gleichmäßige Vorschriften für die Stromschifffahrt auf der untern Weser Folge waren. 1836 Sept. 29. 1837 Nov. 1. Oct. 16. 1847 Sept. 13. 1848 Febr. 1.

Für die Erhebung der indirecten Abgaben war das Cölnische Gewicht eingeführt und dadurch die mannigfache Verschiedenheit des in den einzelnen Gegenden des Landes gesetzlichen und üblichen Handelsgewichts nur noch vermehrt; auf vielseitig ausgesprochenen Wunsch wurde zur Abstellung der damit verbundenen Nachtheile und Unzuträglichkeiten das Cölnische Gewicht als allgemeines **Handelsgewicht** beim Verkehr eingeführt. 1838 Dec. 13.

War auf diese Weise der Verkehr mit den deutschen Nachbarstaaten besonders erleichtert, so trat Oldenburg auch immer mehr beim Weltverkehr in die Stelle, welche ihm durch seine Lage am Meere und der Weser gebührt. Es wurden Handels- und Schifffahrts-Reciprocitätsverträge geschlossen mit Dänemark (1841), Griechenland (1842), Schweden und Norwegen (1843), Großbritannien (1844), Portugal (1845), Sardinien (1846) und den vereinigten Staaten von Nordamerika. Auf die Gleichstellung Oldenburgischer Schiffe mit den einheimischen in Nordamerikanischen und Preußischen Häfen, war schon früher hingewirkt; dasselbe geschah nun rücksichtlich der Englischen (1831), Niederländischen (1835), Brasilianischen (1845) und Oesterreichischen (1846) Häfen. Oesterreichischer Schutz ward auch allen Oldenburgi- 1821. 1830.

schen Unterthanen in den Ländern und Gewässern des Mittel=
ländischen Meeres und der Levante zugesichert (1844); mit
der Preußischen Regierung wurde eine Vereinbarung wegen
der durch die beiderseitigen Consuln zu bewirkenden Verhaftung
und Auslieferung der von den Schiffen ihrer Nation deser=
tirten Matrosen (1845) abgeschlossen.

Dieser erweiterte Verkehr veranlaßte nun auch die An=
stellung einer größern Anzahl von Handelsconsuln in allen
Ländern, mit denen Oldenburg in Berührung trat. Es
stieg die Zahl der Oldenburgischen Consuln im Auslande
(§. 128) während dieses Zeitraums von 20 auf 70 und die
Zahl der in Oldenburg accreditirten auswärtigen Consuln
1843 von 6 auf 12. Eine neue Instruction für die Oldenburgi=
Dec. 31. schen Consuln setzte deren Bestimmung, Competenz, Pflichten
und Rechte genau fest.

§. 155. Schifffahrt.

Für die Schifffahrt insbesondere wurde durch Er=
1830. bauung eines neuen Leuchtthurms auf der Insel Wangerooge
gesorgt, welcher ein Lampenlicht oder s. g. Blickfeuer an die
Stelle des nach dem Untergange des alten Leuchtthurms
(§. 57) zuletzt unterhaltenen Steinkohlenfeuers erhielt. In
1832. Elsfleth wurde eine Navigationsschule errichtet, der Hafen
1846. von Brake zum Freihafen, dessen Hafengeld später neu re=
1834 gulirt ward, erklärt; wogegen die Bewohner des Freihafens
Nov. 28. statt des Zolls und der Accise eine jährliche Aversionalsumme
1838. geben mußten. Am Fedderwardersiel wurde eine neue Hafen=
anlage erbaut, am Vareler Siel eine Schleuße, deren Kosten
zum Theil durch Einführung eines Lastgeldes für Schiffe
1847 und Waaren und eine Gewerbesteuer in der Herrschaft
Jan. 30. Varel gedeckt werden sollte; letztere betrug jährlich 300 Thlr.
bis zur Tilgung einer Anleihe von 8000 Thlr. Zu Hook=

fiel wurde für die Herrschaft Jever ein Schiffs- und Waa- 1835.
renmäkler angestellt. Im Interesse der Schifffahrt war auch
die Ermächtigung des Amts Brake an Bord der auf der
Weser außerhalb seiner Amtsgrenzen liegenden Schiffe Acte 1836
der freiwilligen Gerichtsbarkeit vorzunehmen, — ferner die März 29.
Anordnung einer Nummerflagge für die unter Oldenburgischer 1840
Flagge fahrenden Schiffe, wie dies mehrere Schiffsrheder Jan. 2.
und Seefahrer sehr gewünscht hatten, — sodann die Errichtung einer Schifffahrtscommission in Brake (bestehend 1842
aus den Amtmännern von Brake, Elsfleth, Berne und sach- April 7.
kundigen Männern aus dem Stande der Schiffer, Rheder
und Kaufleute), welche unter Aufsicht und Leitung der Regierung die gleichförmige Anwendung der rücksichtlich der
Schifffahrt bestehenden Vorschriften überwachen, die Interessen der Schifffahrt und der ihr verwandten Erwerbszweige
und die zu ihrer Förderung dienlichen Einrichtungen
ermitteln, berathen und die dazu erforderlichen Verfügungen beantragen, endlich auch über Gegenstände der
Schifffahrt officielle Erklärungen, Gutachten und Bescheini- 1840
gungen ausstellen sollte. Die Weserschifffahrtsacte (§. 128) April 28.
erhielt mehrere ergänzende Bestimmungen, für die Schiff- 1842
fahrt auf der untern Hunte und für eine neue Betonnung Juli 25.
des Fahrwassers in der Jade wurden Regulative erlassen. 1843.
1844.

Die alten Strandungsordnungen (§. 86) entsprachen
nicht mehr den Verhältnissen der Gegenwart; die Erfahrung
hatte das Bedürfniß ergänzender und anderer Bestimmungen
ergeben und wurde deshalb eine neue Strandungsord- 1845
nung publicirt. Juli 25.

Auf der Hunte und Weser wurde eine regelmäßige
Dampfschifffahrt eingerichtet und eine Actiengesellschaft ge- 1846.
bildet, welche mit drei Dampfschiffen eine Verbindung der
Städte Bremen und Oldenburg mit den Haupthafenplätzen

der untern Weser herstellte. Die Verbesserung des Fahrwassers auf der Hunte, dieser für den Handel der Stadt Oldenburg so wichtigen Wasserstraße, wurde vom Staate, der Stadt und Privaten bedeutend gefördert, besonders durch Begradigung des Flusses und Durchstechung mehrerer sehr hinderlichen Krümmungen desselben.

Die Oldenburgische Rhederei hob sich in diesem Zeitraum von Jahr zu Jahr; 1829 zählte man nur 356 Schiffe mit einer Tragfähigkeit von 6427 Lasten, 1848 schon 487 Schiffe mit einer Tragfähigkeit von 13810 Lasten.

§. 156. Sonstige Erwerbszweige.

Wie an den ausgedehnten Küstenstrecken des Landes die Schifffahrt und die zu derselben in nächster Beziehung stehenden Gewerbe eine besondere Förderung verlangten, so wurden auch die Interessen der wichtigsten Erwerbsquellen im Innern des Landes nicht versäumt. Viele Orte erhielten die Erlaubniß zur Abhaltung von Vieh- und Krammärkten; viele Erfindungspatente wurden ertheilt. Bei der Zubereitung und dem Verkaufe des Hanfes, wovon hier besondere Vortheile zu erwarten waren, fanden Mißbräuche und Unzuträglichkeiten Statt, welche dem Absatze schadeten; sie wurden abgestellt; ebenso die durch die Verschiedenheit des Gewichts der Flachsbündel bestehende Unzuträglichkeit im Flachshandel durch Festsetzung eines bestimmten Gewichts desselben von 2½ ℔. Aehnlich wie in Damme (§. 146) wurde eine Legge für das Amt Bockhorn, dessen Linnenhandel zu Zetel sich immer mehr ausbreitete, errichtet und für die Herrschaft Jever eine besondere Verordnung über die Beschaffenheit und Eichung der Butterfässer und den Handel mit Butter zur Vorbeugung von Betrügereien erlassen.

Marginalien:
1829 Nov. 30.
1844 Aug. 2.
1847 Jun. 14.
Jan. 21.

Für die im Oldenburgischen so wichtige Pferdezucht war die Erhöhung der Prämien für Hengste und die Errichtung einer Revisionscommission zur Entscheidung der gegen die Beschlüsse der Körungscommission (§. 130) erhobenen Beschwerden von Bedeutung, nicht minder die Aussetzung von Prämien für besonders qualificirte Zuchtstuten. Auf die Hebung der Viehzucht überhaupt wirkten die nach und nach in allen Kreisen durch Vereine ins Leben gerufenen Thierschauen vortheilhaft ein.

1833 Juli 6.
1840 Juli 1.
1844 Oct. 1.

Durch die französische Occupation war die Zunftverfassung (§. 134) aufgehoben und nicht wieder hergestellt; eine geordnete Einrichtung des Handwerkerwesens schien wieder eingeführt werden zu müssen, durch welche einerseits die gehörige Ausbildung der Handwerksgenossen, so wie die Vervollkommnung der Gewerbe herbeigeführt, andererseits aber, so viel damit vereinbarlich, eine geregelte Freiheit des Gewerbebetriebs begründet werden könne. Dies bezweckte eine neue Verordnung über die Handwerksverfassung, wonach in den Städten und Flecken wenigstens 5 ansässige Meister desselben Gewerbes einen freien nicht geschlossenen Gewerksverein (Gilde, Innung) bilden durften, denen sich Handwerker auf dem Lande anschließen können und in gewisser Hinsicht anschließen müssen; bei offenbarer Uebersetzung des Gewerbes an einem Orte sollte nur die Obrigkeit die Aufnahme neuer Meister verweigern. Die Organisation der Gilden, ihre Rechte und Pflichten, die Erlangung des Meisterrechts, die Verhältnisse der Gesellen und Lehrlinge wurden genau bestimmt, dann aber auch das Einwandern fremder Handwerksgesellen, welches sehr überhand genommen und mancherlei Belästigungen der Eingesessenen herbeigeführt hatte, beschränkt; anderntheils jungen Leuten, die sich einem Gewerbe widmen wollen,

1830 Jan. 28.

1831 Febr. 18.

die Gelegenheit zur Erlangung der nöthigen Kenntnisse zum verständigen Betriebe desselben durch Errichtung einer Gewerbeschule (eine Handwerkerfortbildungsschule, welche schon seit 1836 ohne Schulzwang bestand) in der Stadt Oldenburg gegeben. Mehrere in Oldenburg veranstalteten Industrie- und Gewerbeausstellungen bewiesen die hiebei gemachten Fortschritte. Auch der Fabrikbetrieb, welcher bisher wenig Boden im Lande gewonnen hatte, gelangte nach und nach zur Entwicklung, besonders in der Stadt Oldenburg, in Varel und Lohne durch Tabacks-, Cigarren-, Schreibfeder-, Spinnfabriken, Eisengießereien u. d. m.

1848 Febr. 25.

Die früher noch vorbehaltenen weiteren Modificationen der gutsherrlich-bäuerlichen Verhältnisse in den Kreisen Cloppenburg und Vechta (§. 133) konnten endlich nach Beendigung umfassender Vorarbeiten eintreten. Außer den bereits aufgehobenen aus der Leibeigenschaft fließenden Rechten, wurden noch einige Verpflichtungen aufgehoben und diejenigen bezeichnet, von deren Aufhebung die Gutsherren einen wirklichen Verlust hätten, für welche allein Entschädigung gegeben werden sollte. Die Ausmittlung und Festtellung dieser Entschädigung wurde einer besondern Commission übertragen, welche auch die Aufgabe hatte, die Fixirung und die auf freiwilliger Vereinbarung beruhende Ablösung der noch beibehaltenen gutsherrlichen Rechte zu befördern. Zugleich wurden einige zweifelhafte Punkte über die Succession in die Colonate und über die Prästationen der Hofhörigen durch das Gesetz beseitigt. Zur Sicherung dieser und ähnlicher Entschädigungs- und Ablösungs-Capitalien wurden später noch genauere Bestimmungen erlassen, wie auch die in Lehns- und Fideikommißverhältnissen begründeten Rechte Dritter an solchen gutsherrlichen Berechtigungen näher festgestellt wurden.

1830 Aug. 2.

1837 April 12.

1846 Jan. 20.

§. 157. Straßenbau. Posten. Münze.

Der Verkehr im Innern wurde auf vielseitigen Wunsch durch Einführung einer im ganzen Lande gleichmäßigen Wagenspur nach der im Hannovrischen geltenden, erleichtert, was aber vollständig erst 1840 gelang, besonders indeß durch Anlegung vieler Chausseen mit Steinschlag auf dem Wege von Oldenburg nach Jever — 1831 bis Raborst, 1835 bis Raftede, 1838 bis Varel, 1839 bis Jever, wobei hier zuerst ein Versuch mit einer Ziegelsteinstraße (Klinkerchaussee) gemacht ward — ferner auf dem Wege nach Osnabrück 1835 bis Sage, 1836 bis Ahlhorn, 1837 bis Damme — von Delmenhorst nach Wildeshausen 1838, nach Syke 1839, von Ahlhorn nach Cloppenburg 1841, nach Löningen 1843. Auch andere Straßen wurden verbessert, so die s. g. hölzerne Straße zwischen Oldenburg und Elsfleth durch Legung eines Steinpflasters 1830, die Straße von Oldenburg über Edewecht nach Friesoythe 1840; besonders aber ward die Verbindung der Ortschaften in den Marschen durch Anlegung von Stein- und Sandfußpfäden wesentlich erleichtert. Rücksichtlich des für die Benutzung der Chausseen zu zahlenden Weggeldes wurden allgemeine Bestimmungen erlassen, desgleichen Vorschriften hinsichtlich der Belastung und Einrichtung der Fuhrwerke, welche die Kunststraßen befahren.

<small>1830 Febr. 9.</small>

<small>1841 Juli 16.</small>
<small>Juli 23.</small>

Damit war denn auch eine Verbesserung des Postverkehrs möglich gemacht. Neue Postcourse wurden eingerichtet, besonders für Schnellposten. Eine neue Posttaxe kam zur Anwendung, das Porto nach England wurde durch eine mit diesem Staate geschlossene Uebereinkunft bedeutend herabgesetzt.

<small>1836</small>
<small>1831</small>
<small>1843</small>

Dem im Verkehrsleben bemerkbar gewordenen Mangel an Scheidemünze wurde abgeholfen durch Ausprägung

<small>1836</small>

einer Summe von 5000 Thlr. in einzelnen Groten und von 40,000 Thlr. in 3= und 4=Grotenstücken. Eine zweckmäßig befundene Uebereinstimmung der Münzverhältnisse mit dem in den meisten norddeutschen Staaten geltenden Münzfuße veranlaßte aber die Einführung des 14=Thlr. Fußes als Landesmünzfuß, wodurch denn eine Umsetzung aller Taxen, der Versicherungen und Zahlungen bei der Wittwencasse und eine Aenderung der damit zusammenhängenden Vorschriften über die Geldsätze, welche die Zuständigkeit der Gerichte und die Strafbarkeit unerlaubter Handlungen bestimmen, nöthig wurde.

§. 158. Deich= und Sielangelegenheiten.

Die Deich= und Sielangelegenheiten mußten die Aufmerksamkeit der Landesregierung fortwährend besonders in Anspruch nehmen. Die bisherige Instruction der Sielgeschwornen im alten Herzogthum war zu kurz und unvollständig, um diese Officialen über die Obliegenheit ihres Amts so zu belehren, wie es dessen Wichtigkeit für die Sicherheit und den Wohlstand der Marschgegenden erforderte, stimmte auch in wesentlichen Stücken nicht mit der schon eingeführten Verbesserung des Deichwesens überein; die Deich= und Sielrichter in Jever hatten gar keine Instruction; es wurden daher neue Instructionen für diese und andere Deich= und Sielofficialen erlassen, die dabei bestimmten Gebühren der Jeverschen Deich= und Sielrichter später aber auch noch genauer festgesetzt.

Die schon im J. 1806 angeordnete Untersuchung der von den deichpflichtigen Eingesessenen des Stad= und Butjabingerlandes und der vier Marschvogteien nachgesuchten Erhöhung der Beiträge von den deichfreien Ländereien zu den Deichlasten wurde wieder aufgenommen und führte dahin, daß nach der bereits 1681 Mai 6. (§. 63) ausgesprochenen Aufhebung sämmtlicher Deichfreiheiten eine völlige Gleichstellung der Deichfreien mit den Deichpflichtigen zwar rechtlich zulässig, aber augenblicklich factisch noch nicht ausführbar sei; daß dagegen unzweifelhaft die regelmäßige, zur Zeit auf die Verpflichtung zur Zahlung des s. g. Deichfreiengeldes beschränkte, Deichlast der Deichfreien in den wichtigsten Deichbänden in keinem angemessenen Verhältniß zur Deichlast der Pflichtigen stehe, auch eine anderweitige Regulirung der bestehenden Verhältnisse der Deichfreien zur Ausgleichung der erst im Laufe der Zeit entstandenen Ueberlastung der Deichpflichtigen gegen die Deichfreien rechtlich zulässig sei. In Beziehung auf den Beitrag der Deichfreien zu den ordinären Deichlasten der Deichpflichtigen sollte es hiernach bei dem Bisherigen verbleiben, in Beziehung auf die Werke gegen den Abbruch sollten die Deichfreien nachbargleich herangezogen werden; in Betreff der Concurrenz zu den außerordentlichen Deichbeihülfsfällen bedurfte es keiner Ausgleichung, indem es in dieser Hinsicht bei den früheren Bestimmungen von 1683 und 1685 verbleiben sollte nur mit dem Zusatze, daß nicht allein der Statt gehabte, sondern auch der zu besorgende Einbruch des Wassers als ein die Concurrenz begründender Beihülfsfall anzusehen sei. — Nach diesen Grundsätzen wurden für die verschiedenen Deichbände des alten Herzogthums die speciellen Bestimmungen erlassen. Die allgemeine Deichcasse (§. 63) deren Hauptzweck damit immer mehr beseitigt war, wurde aufgehoben und deren Ausgaben und Einnahmen, theils der Landescasse, theils den einzelnen Deichbänden überwiesen.

1839 Nov. 5.

1844 Dec. 6.

In der Herrschaft Jever wurde die dort noch bestehende Pfanddeichung abgeschafft und die Communiondeichung eingeführt, zugleich auch nach genauer Untersuchung der bisherigen Freiheiten die Aufbringung der ordentlichen und außerordentlichen Deichlast, so wie die Kosten der Uferbauwerke über alle im Schutze des Deichs liegende Ländereien einfach regulirt.

Eine ähnliche Untersuchung wurde auch in Betreff der bestehenden Sielfreiheiten im ganzen Herzogthum angeordnet.

Die anerkannte Wichtigkeit größerer Wasserschöpfmühlen (§ 141) für die Entwässerung der niedrigeren Ländereien, deren Anlage bisher mancherlei Schwierigkeiten fand, veranlaßte ein Gesetz über die Bildung und die Rechte eigener Mühlenachten und Verlath-Commünen, deren Interessenten, gleich den Interessenten der Sielachten, die Kosten solcher Anlagen aufzubringen haben, nachdem ihre Concurrenzpflichtigkeit obrigkeitlich regulirt und entschieden ist.

Die ungewöhnlich nassen Jahre 1829 und 1830 gaben Veranlassung zur Anlegung des Stedinger-Kanals, wodurch ein großer Theil des Stedingerlandes gegen das von der Geest herabfließende Wasser gesichert und die Möglichkeit geschaffen wurde, Wasserschöpfmühlen zu erbauen, die hier in großer Anzahl entstanden; — ferner zur Anlegung des Hammelsbäcker Kanals zum Schutz der am rechten Ufer der untern Hunte liegenden Ländereien gegen Ueberschwemmungen; endlich zur Anlegung des Moorriemer Kanals, welcher durch einen großen Siel unterhalb Elsfleth in die Weser geleitet wurde und den Kostenaufwand von 78,135 ℳ Gold durch Begründung eines dauernden Wohlstandes des von demselben befaßten großen Districts rechtfertigte. Nach angestellten Berechnungen über die dadurch verminderten Kosten und den vermehrten Ertrag der Ländereien verzinste sich das Anlagecapital mit 8—9 Procent und ist auf die Weise seitdem längst ersetzt, wie auch die dazu gemachten

Anleihen schon wieder abgetragen sind. Zur besseren Ab=
wässerung an der Hunte dienten auch die bereits erwähnten
(§. 155) Durchstiche, so wie die Vereinigung und Umlegung
des Ohmsteder Moorwegs und Wolfsdeichs als
Hauptdeich, welche circa 36,000 ℳ kostete und wozu aus
der Landescasse eine Beihülfe von 2000 ℳ bewilligt ward.

1847 folg.

§. 159. Militairwesen.

Die im J. 1830 in Deutschland drohenden Kriegsaus=
sichten machten es nothwendig, daß der Großherzog die ihm
als Mitglied des deutschen Bundes obliegende Verpflichtung,
rücksichtlich des Beitrags zu der bewaffneten Macht desselben,
in ihrem ganzen Umfange erfülle; es wurde daher den Be=
stimmungen des Bundes gemäß eine neue Formation des
Oldenburgischen Truppencorps in zwei Infanterieregimenter
und eine Fußbatterie verfügt. Damit die Militairlasten der
Unterthanen dadurch nicht vermehrt, vielmehr die Lasten
der Wehrpflichtigen weniger beschwerlich gemacht würden,
mußte die Wehrpflichtigkeit gleichmäßiger vertheilt, der in=
nere Dienst unter Aufhebung der Garnison in den kleinen
Städten (§. 127) besser organisirt werden und eine Heran=
ziehung der bisher ganz verschont gebliebenen Fürstenthümer
Lübeck und Birkenfeld erfolgen. Ein neues Gesetz hob die
frühere Einrichtung (§. 127) auf und setzte die Dienstzeit
auf 6 Jahre fest, theilte die Bewaffnung des Landes in
Contingent und Reserve und bestimmte die Präsenzzeit bei
der Fahne — abgesehen von einer jährlichen Uebungszeit
— für das Contingent auf 1½ Jahr, für die Reserve auf
6 Wochen (in den Fürstenthümern, die nur Reserve stellten,
7 Monate), indem die Wehrpflichtigkeit, Befreiung vom
Dienst, Versetzung zur Reserve (z. B. der Schiffscapitäne,
Steuermänner und Matrosen), Losung, Nummertausch und

1831 Febr. 1.

1832 Febr. 13.

1834 März.15.	Stellvertretung anderweit genau regulirt ward — Bestimmungen, welche aber schon bald in Folge gemachter Erfahrungen in vielen Beziehungen ergänzt und geändert werden mußten, namentlich auch in Beziehung auf die Befreiungs- und Reservegründe und das Verfahren gegen widerspenstige Wehrpflichtige. An die Stelle der Reserve trat die Depotmannschaft, welche in der Regel nur beeidigt und enrollirt, dann aber sofort wieder auf Urlaub entlassen werden sollte bis zu einer Mobilmachung oder größeren Zusammenziehung des Truppencorps; nur bei der Artillerie blieb ein Reservecontingent mit einjährigem effectiven Dienst.
1837 Juli 19.	
1838 Nov.13.	
1843 April 15.	
1841 Dec. 17.	Die Aushebung einiger Wehrpflichtigen zum Train war früher schon angeordnet und wurde beibehalten. Das Heirathen der Militairpersonen von unterm Range wurde, vielleicht zu sehr, erleichtert; zur Completirung der Portepeefähnrichs, welche zu Offiziersstellen befördert werden wollen, wurde die Annahme von Volontairs gestattet. Das Oldenburgische Bundescontingent bildete mit den Contingenten der drei freien und Hansestädte die 3. Brigade der 2. Division des 10. Armeecorps. Wegen Vereinigung derselben unter einem gemeinschaftlichen Commandeur und Stab wurden Conventionen geschlossen, wonach Oldenburg auch die Hanseatische Artilleriequote stellt und dafür, wie für den gemeinschaftlichen Stab und die gemeinschaftliche Militairschule, deren Einrichtung erweitert und 1846 ganz umgestaltet ward, eine Entschädigung von jährlich 25000 ℳ Gold in Friedenszeiten erhielt. Die gesammte hiernach von Oldenburg zu stellende Mannschaft (für jeden Cavalleristen konnten nach Beschluß des Bundes 3 Infanteristen gestellt werden) betrug 5037 Mann, wovon regelmäßig 1036 bei der Fahne waren. Gemeinschaftliche Uebungen der ganzen Brigade fanden bei Fallenburg 1837, 1840 und 1846 und mit dem
1831 April 27.	
Juni. 7.	
1834 Jan. 6.	
1842 Nov.15.	
1830 Dec. 9.	

ganzen 10. Armeecorps 1843 bei Lüneburg Statt; Percussionsgewehre wurden 1841 angeschafft; überhaupt die Ausbildung des Contingents stets sorgfältiger betrieben. Am 24. Dec. 1838 feierte das Oldenburgische Truppencorps den Tag seines 25jährigen Bestandes (§. 112) und wurde bei der Gelegenheit durch Erlaß eines Pensionsreglements und Stiftung eines Ehrenkreuzes für 25 treu geleistete Dienstjahre erfreut.

Die bisherige Militaircommission (§. 116) mußte nach der veränderten Formation des Truppencorps aufgelöst werden; die rein militairischen Geschäfte derselben gingen auf ein **Militaircommando** über, die eigentliche Militairverwaltung und das Recrutirungswesen auf ein **Militaircollegium**, welchem vorläufig auch noch die Gerichtsbarkeit über das Militair verblieb. Erst im J. 1841 ging Mai. 1. letztere auf neueingerichtete Garnisons= resp. Kriegsgerichte und ein Militairobergericht über, indem zugleich ein neues **Militairstrafgesetzbuch**, wovon die Kriegsartikel einen Theil bilden, und ein **Civilrecht** für Militairpersonen publicirt und die Competenz der militairischen Vorgesetzten bei Disciplinarvergehen, der Militairgerichte bei militairischen, der bürgerlichen Gerichte bei nichtmilitairischen Uebertretungen u. a. m. genau bestimmt wurde.

Zwischen den deutschen Bundesstaaten war 1831 eine Febr. 10. Cartellconvention wegen Auslieferung desertirender Militairpersonen abgeschlossen, welche bald nachher in einigen Puncten 1832 erläutert werden mußte. Mai 17.

§. 160. Rechtspflege. Gesetzgebung im bürgerlichen und Straf=Rechte.

Aber auch rücksichtlich des allgemeinen bürgerlichen und Straf=Rechts und der Rechtspflege war die Gesetzgebung nicht unthätig. Die Zahl der „neuen Bestimmungen" zum Straf=

gesetzbuch (§. 124) vermehrte sich immer mehr; besonders hervorzuheben sind davon: ein, die bisherigen oft das Gerechtigkeitsgefühl verletzenden Vorschriften über den Rückfall umgestaltendes Gesetz, ferner die Gesetze über Unterschlagung, Betrug und Amtsuntreue, über Pfandverschleppung, über Verhaftungen und Entlassung aus der Haft gegen Caution, über die Verbrechen und Vergehen in Beziehung auf den Eid, über Bestrafung der von Fremden und von Oldenburgern im Auslande begangenen Verbrechen, über Widersetzung gegen die Obrigkeit, über die Zulässigkeit und die Beweiskraft amtseidlicher Zeugnisse und Gutachten ꝛc. Mit der bestehenden Strafgesetzgebung mußten auch verschiedene ältere Verordnungen wegen Rettung verunglückter Personen in Einklang gebracht werden, daher die von den Unterthanen in dieser Beziehung zu erfüllenden Obliegenheiten durch besondere, von der Regierung erlassene Vorschriften über das dabei anzuwendende Verfahren näher bestimmt und die Nichterfüllung dieser Vorschriften mit Strafe bedroht ward. Wichtig war auch eine feste Bestimmung der den Anwälten für die Vertheidigung von Angeschuldigten gebührenden Vergütung und eventuelle Bezahlung derselben aus der Staatscasse. — In Beziehung auf das Verfahren bei Fortschaffung von Verbrechern schloß man sich den Vorschriften anderer deutschen Bundesstaaten, besonders Hannover, an; mit Frankreich wurde ein Vertrag wegen gegenseitiger Auslieferung der Verbrecher abgeschlossen. Eine Verbesserung der Strafanstalten in Vechta (§. 124) wurde zunächst dadurch eingeleitet, daß sämmtliche Weiber in das Gebäude des bisherigen Zuchthauses versetzt wurden und dem Director gestattet ward, um mehr auf die Besserung der Gefangenen zu wirken, diese nur nach ihrer Individualität und Moralität zu classificiren.

Die am 5. August 1842 bei Friesoythe erfolgte Hinrichtung eines Mörders ist für die Geschichte der Oldenburgischen Strafrechtspflege bemerkenswerth, weil nur in diesem einen Fall während der Regierung des Großherzogs und seines Vorgängers die Todesstrafe vollstreckt ist.

Auf dem Gebiete des eigentlichen **Civilrechts** beschränkte sich die Thätigkeit der Gesetzgebung auf ein, verschiedene ältere Verordnungen zusammenfassendes und revidirendes Gesetz über die kurze Verjährung gewisser, nicht verbriefter, Forderungen und auf ein Gesetz betr die Rechtsverhältnisse Abwesender und Verschollener, insbesondere deren Todeserklärung und die Curatel über das Vermögen Abwesender, während im Uebrigen nur das Eherecht in einigen allerdings wichtigen Beziehungen eine weitere Ausbildung erhielt und zwar das protestantische Eherecht durch genauere Festsetzung der indispensablen und dispensablen Fälle der Eheverbote wegen Verwandschaftsverhältnisse und Freigebung einiger bisher nicht ohne Dispensation erlaubten Fälle, und durch Aenderung der Execution der auf Ehevollzug gerichteten Consistorialurtheile; für alle Confessionen durch Beschränkung des Heirathens junger Mannspersonen vor dem vollendeten 21. Jahr und der aus Armenmitteln unterstützten Personen. Am bedeutendsten war unstreitig die Aenderung der älteren Verordnung über die Gemeinschaft der Güter unter den Ehegatten (§. 75), welche indeß doch auch nur die durch Aufhebung des privilegirten Gerichtsstandes und der städtischen Gerichtsbarkeit, wodurch die Anwendbarkeit des Römischen Rechts und der städtischen Gütergemeinschaft erkennbar gewesen war, eingetretene Ungewißheit aufhob und den Einfluß der Eheverträge, wodurch die gesetzliche Gemeinschaft der Schulden unter Eheleuten geändert werden soll, von deren Bekanntmachung abhängig

(Marginalien: 1841 Juli 26. — 1844 Febr. 16. — 1830 März 8. — Mai 19. — 1833 März 29. — Dec. 23.)

machte, so wie die Folge einer Veränderung des Wohnsitzes in Beziehung auf das Güterverhältniß festsetzte. In Beziehung auf die in Wildeshausen hergebrachte Gütergemein=

<small>1844
Juli 20.</small> schaft wurden die Rechtsverhältnisse der nach Trennung der Ehe durch den Tod des Mannes in ungetheilten Gütern bleibenden Wittwe und Kinder gesetzlich regulirt; für das Stad= und Butjadingerland auch eine sehr drückende Be=

<small>147
Nov. 1.</small> stimmung des dortigen Landrechts wegen des allein durch ein Inventar zulässigen Beweises der Zubringung aufge= hoben. Ueber eine wichtige Aenderung der Gesetzgebung im Vormundschaftswesen wurde in öffentlichen Schriften viel verhandelt, nachdem der amtliche Entwurf eines neuen Vor= mundschaftsgesetzes bekannt gemacht war; zum Abschluß kam die Angelegenheit indeß nicht.

In Beziehung auf das civilgerichtliche Verfahren

<small>1829
Nov. 29.</small> ist die Einführung angemessener Förmlichkeiten bei den Eides=
leistungen Jüdischer Glaubensgenossen und die Gleichstellung
<small>1839
Nov. 5.</small> der vor Gericht auftretenden Jüdischen Gemeinden mit den
<small>1842
Oct. 11.</small> christlichen zu bemerken; ferner die Ermäßigung der Spor=
<small>1830,1831</small> telntaxen, besonders der Insinuationsgebühren, der Kosten
<small>1834</small>
<small>1842</small> der Requisitionen der Untergerichte und Aemter unterein=
<small>1845</small> ander, so wie der Transportkosten der letzteren, die Tren=
<small>1841
Oct. 18.</small> nung der Annotation der Sporteln von ihrer Erhebung
<small>1842
Febr. 25.
April 6.</small> und die Aufhebung der Verpflichtung der Anwälte zur Be=
zahlung derselben für die Partheien; endlich die Erweiterung der Competenz der Untergerichte bei Verhängung von Cu=
<small>1836
Juni 1.</small> ratelen über Verschwender und eine neue Bestimmung über
<small>1840
März 25.</small> Restitutionsgesuche gegen den Ablauf der Appellationsfristen.

Das Depositenwesen wurde durch neue Bestimmun= gen über die Ablieferung der Gelder welche länger als 5 Jahre, ohne daß Verhandlungen darüber Statt gefunden in **deposito**
<small>1840
Jan. 28.</small> gestanden, an die Armencassen und durch neue Deposi=

tenordnungen bei dem Landgerichte zu Ovelgönne, beim Oberappellationsgerichte und bei der Justizcanzlei verbessert. 1841 Juli 1. 1840, 1843

Im Concursprozeß wurden über das Verfahren zur Ermittelung der unbeweglichen Concursgüter und der Ansprüche an dieselben, so wie beim Verkauf derselben genauere Bestimmungen erlassen und in Folge dessen auch umfassendere Formulare der Concursproclamen vorgeschrieben. 1843 Nov. 4. 1846 Sept. 29.

Das Vergantungswesen erhielt eine wesentliche Umgestaltung, weniger durch einige nur die Verminderung der Kosten bei gerichtlichen Verheuerungen und Mobiliarverkäufen bezweckende Abänderung der alten Vergantungsordnung (§. 114), als durch ein gänzliches Verlassen des bisherigen Grundsatzes, daß meistbietende Verkäufe nur durch den Auctionsverwalter vorgenommen werden könnten, und durch die Einführung von Auctionatoren in den einzelnen Aemtern, womit aber dem Publikum nur Personen bezeichnet werden sollten, welche als Bevollmächtigte in solchen Geschäften Vertrauen verdienen, während einem Jeden freigestellt blieb, Verkäufe beweglicher und unbeweglicher Güter an den Meistbietenden selbst oder durch einen andern Bevollmächtigten vorzunehmen. Diese neue Auctionator- und Vergantungsordnung wurde zunächst vorläufig nur in den Kreisen Cloppenburg und Neuenburg (mit Ausnahme von Varel) etwas später auch im Amte Wildeshausen eingeführt, um Erfahrungen über die Zweckmäßigkeit dieser Einrichtung zu machen; dann unter Ausdehnung auf den Kreis Ovelgönne (mit Ausnahme von Land Wührden) in einer neuen, die gemachten Erfahrungen berücksichtigenden Redaction publicirt und in dieser Fassung bald weiter auch auf das Amt Land Wührden, die Kreise Delmenhorst, Vechta und Jever ausgedehnt. 1836 Nov. 11. 1844 Mai 14.

1835 April 22. Jun. 19.

1844 Mai 14.

1846 bis 1848.

§. 161. Polizei.

Für eine bessere Handhabung der öffentlichen Sicherheits= und Ordnungspolizei wurde gesorgt durch eine etwas veränderte Formation des Landdragonercorps (§. 127) und eine dadurch nothwendig gewordene Dienstinstruction für dasselbe, durch neue Bestimmungen über die Bestrafung der Bettelei, durch Abschluß von Conventionen wegen Uebernahme Ausgewiesener mit Preußen (1840) und Hannover (1847), desgleichen mit Baiern wegen gegenseitiger Behandlung und Verpflegung der in den beiderseitigen Staaten erkrankten oder verunglückten Unterthanen (1842); durch neue Bestimmungen über Vorzeigung von Natur= und Kunstseltenheiten und Betreibung des Gewerbes von Schauspielern, Musikanten, Gauklern u. s. w., durch Beschränkung des Collectirens für mildthätige und gemeinnützige Zwecke, der öffentlichen Maskenbälle, besonders aber durch eine neue Verordnung über die Wirthschaftsgewerbe, die polizeiliche Beaufsichtigung der Wirthshäuser und Schenken, Einschränkung des übermäßigen Genusses des Branntweins und anderer geistigen Getränke, in welcher letzteren Beziehung übrigens auch die im ganzen Lande — in den katholischen Theilen auf kirchlichem Boden vorzüglich befördert durch die Bestrebungen des Caplan Seling in Osnabrück — sich ausbreitenden Mäßigkeitsvereine in dieser Zeit ein nicht unbedeutendes Resultat hatten.

Zur sehr nothwendigen Verminderung der überflüssigen Hunde, durch welche oft die Gesundheit und das Leben der Menschen und Thiere in Gefahr gebracht werden, wurde eine Hundesteuer eingeführt, deren Ertrag lediglich den Communen zu Gute kommen und zu deren Besten verwendet werden sollte. Der Betrag der Steuer war $\frac{1}{2}$ ℳ für

einen Hund im Jahr, wurde aber für die Stadt Olden- 1844
burg später etwas erhöht. Jun. 21.

Die in den Brandcassenverordnungen enthaltenen Bestimmungen zu Abstellung feuergefährlicher Be-
dachungen der Gebäude in größeren Orten wurden zweckmäßig abgeändert. Wegen der Befriedigungen der Länder- 1848
eien im Amte Berne wurde ein Polizeireglement erlassen, Jan. 8.
wonach die Unterhaltung und Reinigung der Gräben, der 1835
Hecken, Planken, Zäune u. dergl. fest bestimmt ward; eben Oct. 23.
dasselbe geschah durch ein Polizeireglement wegen der Be- Dec. 29.
friedigungen auf Außendeichsgroben im Amte Varel.

Die Jagd- und Forstpolizei bedurfte besonders wegen der Verschiedenheit und der großen Mängel der Gesetzgebung in den einzelnen Theilen des Herzogthums einer
durchgreifenden Verbesserung. Ueber das gesammte Jagd-
wesen wurde eine sich auf alle Landestheile gleichförmig er- 1839
streckende Jagdordnung erlassen, der sich dann eine den März 30.
Bedürfnissen der Gegenwart entsprechende Forstordnung 1840
anschloß. Sept. 28.

Zur Verbesserung der Medicinalpolizei diente
eine neue Taxe für die Medicinalpersonen, eine neue Arz- 1830
neitaxe, Annahme der **Pharmacopoea Hannoverana nova** als April 14.
hiesige Landespharmacopoe (§. 129), wonach die Arznei- 1832
taxen mehrfach geändert wurden, so daß später der jähr- Dec. 24.
liche Abdruck derselben nach geschehener Revision zweckmäßig 1833
befunden ward. Das dabei zum Grunde liegende Arznei- Juli 2.
gewicht, mußte aber mit dem eingeführten allgemeinen Han- 1840
delsgewicht (§. 154) in Zusammenhang gebracht werden. Dec. 22.
Da die als Heilmittel nützlichen und oft unentbehrlichen 1847
Blutigel durch Ausfuhr sich sehr verminderten, wurde die April 14.
Ausfuhr derselben verboten und zur Sicherung und Wieder- 1831
vermehrung derselben das Fangen in gewissen Jahreszeiten Sept. 27.

1844
April 23.

1832
März 30.

1841
Aug. 23.

1841
Oct. 7.
1846
Jan. 10.
1847
Juli 27.
1841
Dec. 14.

1844

untersagt, auch wurden Blutigelteiche auf öffentliche Kosten angelegt. Das Collegium medicum (§. 129) erhielt als obere Medicinalbehörde eine andere organische Einrichtung und erweiterte Wirksamkeit, blieb aber der Regierung beigeordnet als eine wissenschaftliche und technisch rathgebende Behörde für die Gerichte im Fache der gerichtlichen Medicin. Der schon vom Herzog Peter gefaßte Plan der Errichtung eines allgemeinen Krankenhauses wurde durch Erbauung des Peter=Friedrich=Ludwig=Hospitals in Oldenburg zur Ausführung gebracht, dessen Leitung und Beaufsichtigung einer besondern Commission übertragen ward, unter welcher eine Hospitaldirection die Hospitalangelegenheiten unmittelbar verwaltete. Ueber die Aufnahme der Kranken jeder Art vom Militair= und Civilstande in diese Anstalt wurden dann von der gedachten Commission nähere Bestimmungen getroffen. In den Städten Oldenburg und Delmenhorst wurden Dienstbotenkrankencassen errichtet. Zur Ausübung der bloß äußern Heilkunde sollte keine Erlaubniß mehr ertheilt werden; dennoch mußte gegen den zu großen Andrang zu den medicinischen Studien gewarnt werden.

§. 162. **Verfassung der Landgemeinden und Städte.**

Auf die **Verfassung und Verwaltung der Landgemeinden** (§. 115) wurde um so mehr das Augenmerk gerichtet, als in einer die Theilnahme an den gemeinsamen Angelegenheiten der Staatsbürger belebenden und fördernden Einrichtung derselben eine wesentliche Grundlage der einzuführenden landständischen Verfassung erblickt wurde, für diesen Zweck aber die in den bestehenden Gesetzen enthaltenen Vorschriften einer Erweiterung und Abänderung, so wie ohnehin wegen mancher im Laufe der Zeit bemerkbar gewordenen Lücken und Zweifel näherer Bestimmung beburften. Durch eine besondere Commission wurde zunächst der Entwurf einer umfassenden, jenen Zweck entsprechenden Landgemeindeordnung ausgearbeitet und darüber eine Vernehmung sachkundiger Männer aus allen Kirchspielen des Landes angeordnet. Es wurde beschlossen, dem Grundgesetze über die landständische Verfassung die Gemeindeordnung voran gehen zu lassen, durch welche die Gemeinden in den Stand gesetzt werden sollten, in ihren Angelegenheiten mit freierer Selbstthätigkeit zu wirken und solche durch selbstgewählte Vertreter nach bestimmten ihre Rechte und Interessen schützenden Vorschriften unter der gesetzlichen Oberaufsicht besorgen zu lassen. Der Kirchspielsverband, welcher bereits nicht bloß der kirchlichen, sondern auch der politischen Eintheilung des Landes zum Grunde lag und mit welchem schon viele der wichtigsten Einrichtungen und Interessen verbunden waren, wurde zur Grundlage der weiteren Ausbildung einer die verschiedenen gesellschaftlichen Zwecke der Gemeinden und Corporationen fördernden und sichernden, so wie mit der landständischen Verfassung in enger Verbindung stehenden, mithin auch für die Ausübung der staatsbürgerlichen Rechte in dieser Beziehung wichtigen Gemeindeverfassung, genommen. Dabei wurden denn auch die Mittel geboten, bei Angelegenheiten, welche ein ganzes Amt, oder einen ganzen Kreis betreffen, die Interessen gemeinsam wahrzunehmen und daher über die Amts= und Kreisgemeindeverfassung das Erforderliche aufgenommen Diese Gemeindeordnung, welche am 28. Dec. 1831 publicirt wurde, sollte nach Ablauf von 3 Jahren einer sorgfältigen Revision unterzogen werden; die Revision wurde später zwar auch in Angriff genommen, kam aber nicht zum Abschluß.

Dagegen wurde nach gleichen Grundsätzen zuerst die Verfassung und Verwaltung der Stadt Oldenburg

1833 Aug. 12.	(§. 134) neu geordnet, damit vom 20. Jan. 1834 an die Gerichtsbarkeit des bisherigen Stadtgerichts aufgehoben und diese auf das Landgericht des Kreises Oldenburg unter der Benennung Stadt- und Landgericht übertragen. Ebenso wurde der privilegirte Gerichtsstand der Stadt und der Unterschied zwischen Bürgern und freien oder exemten Personen aufgehoben. Das der Stadt früher verliehene Gewerbsprivilegium war und blieb zwar auch aufgehoben; doch sollten zu einiger Erleichterung der Stadt, diejenigen Personen, welche in der nächsten Umgebung derselben die sonst den Bürgern vorbehaltenen bürgerlichen Gewerbe ausübten, die Einquartirungslast der Stadt mit tragen und
1835 Febr. 28.	zu dem Ende eine Gewerbsrecognition in die Stadtcasse zahlen; auch wurde ein Einzugsgeld für Ausländer, welche nicht Bürger werden wollten, angeordnet und rücksichtlich
1837 Mai 30.	der Consumtionsabgabe für die Stadt (§. 134) eine neue
1843 Dec. 8.	Controle eingeführt. Unter den durch die Stadtordnung eingeführten neuen Organen, dem Magistrate und dem die Vertretung der Bürger bildenden Stadtrathe entwickelte sich bald ein reges öffentliches Leben, welches besonders seinen Ausdruck fand, als die 500jährige Dauer der Bestätigung
1845 Jan. 6.	der Oldenburgischen Municipalverfassung (§. 13) durch ein auch kirchlich begangenes Bürgerfest gefeiert wurde.
1844 Oct. 1.	Eine Stadtordnung, ähnlich der der Stadt Oldenburg erhielt auch die Stadt Jever, welche damit zu einer Stadt erster Classe erhoben ward. (§. 134.)

§. 163. Kirchen-, Schul- und Armenwesen.

Eine Folge dieser Veränderung in der Verfassung und Verwaltung der Communen war, daß auch die Einrichtung des Kirchen-, Schul- und Armenwesens in manchen Beziehungen umgestaltet werden mußte.

In den protestantischen Kirchengemeinden wurde die Anwendung der Gemeindeordnung auf Kirchen- und Schulsachen durch Regulative festgestellt. Von besonderer Wichtigkeit aber war eine veränderte Einrichtung, welche dem Consistorium gegeben wurde, wonach die Gerichtsbarkeit in eigentlichen Ehesachen (§. 116) auf die Justizcanzlei und das Oberappellationsgericht überging und das Verfahren bei Einsagen gegen beabsichtigte Ehen neu regulirt werden mußte. Die Mitglieder des Consistoriums theilten sich in eine weltliche und eine geistliche Bank, auf welcher letzteren der Generalsuperintendent den ersten Platz einnahm. Jetzt wurde auch durch Einsetzung von Specialsuperintendenten ein neues Institut gegründet, welches zur Beförderung des kirchlichen Lebens und des Volksschulwesens, so wie zur Unterstützung der Kirchen- und Schuldiener bei der Erfüllung ihres wichtigen Berufs dienen sollte, indeß im Ganzen wenig Einfluß gewann; eine neue Ordnung für die Prüfung der Candidaten der Theologie versprach durch die größeren Anforderungen, welche an die wissenschaftliche Bildung des geistlichen Standes gemacht wurden, mehr zu wirken.

Im Uebrigen beschränkte sich die Thätigkeit der kirchlichen Gesetzgebung auf Verbesserung der Einrichtungen einzelner Gemeinden z. B. Abschaffung des Beichtgeldes in Delmenhorst, eine neue Begräbnißordnung für das Kirchspiel Oldenburg, eine verbesserte Einrichtung der Delmenhorster Predigerwittwencasse u. a. m., dann auf Errichtung einer Unterstützungsanstalt für die Wittwen und Waisen der Organisten, Küster und Schullehrer, woran sich Vereine zur Entrichtung eines Begräbnißthalers oder Guldens für die selben in den Kreisen Delmenhorst (1838), Oldenburg (1840) und Ovelgönne (1846) anschlossen.

Bedeutender war die Thätigkeit des Consistoriums in Beziehung auf die Verbesserung des Schulwesens. Es wurden Maßregeln zur Sicherung eines regelmäßigen Besuchs der Landschulen ergriffen, eine allgemeine Schulordnung für alle Landschulen, ein vollständiger Unterricht auch während des Sommers eingeführt, alle Schulgebühren wurden regulirt und endlich die Diensteinkünfte der Volksschullehrer wesentlich verbessert, indem das Minimum neben freier Wohnung und Garten auf 100 Thlr. resp. 125 Thlr. in der Marsch, festgesetzt ward. In der Stadt Oldenburg wurde das Schulwesen besonders organisirt unter Einsetzung eines eignen Schulvorstandes und einer Schulcommission. Hier ward auch 1836 eine unter dem Schutz und der Oberleitung der Großherzogin stehende, durch die Munificenz des Prinzen Peter dotirte höhere Töchterschule (Cäcilienschule) und eine bald kräftig aufblühende höhere Bürgerschule zunächst mit drei Classen errichtet und damit eine auch für das Gymnasium bestimmte Vorschule verbunden. Das Gymnasium erhielt neue Gesetze für die Schüler.

Das Jubelfest der Augsburgischen Confession wurde am 27. Juni 1830 von allen evangelischen Gemeinden in den Kirchen und Schulen gefeiert. Ein Erinnerungsfest anderer Art, aber auch gewissermaßen kirchlicher Natur, ward bei Altenesch gefeiert, nemlich die vor 600 Jahren erfolgte Beendigung des selbst in der Kirchengeschichte bekannten Kreuzzuges gegen die Stedinger (§. 10), bei welcher Gelegenheit „den im Kampfe für Freiheit und Glauben gefallenen Stedingern" ein Denkmal errichtet wurde. Zur Theilnahme an den kirchlichen Vereinen der protestantischen Kirche, Missionsverein und Gustav-Adolf-Verein, wurde mehrfach Anregung gegeben; ihre Wirksamkeit blieb indeß noch eine ziemlich unbedeutende.

Eine völlig neue Ordnung der Dinge trat in den Verhältnissen der katholischen Kirche im Herzogthum Oldenburg ein, bisher war ein Theil der katholischen Unterthanen noch mit dem Bisthum Münster verbunden geblieben (§. 95), ein Theil aber mit dem Bisthum Osnabrück und mit der s. g. Nordischen Mission. Schon vom Herzog Peter waren Schritte gethan, um Alle unter einem und demselben geistlichen Oberen zu vereinigen; in den Päpstlichen Circumscriptionsbullen für die Preußischen und Hannovrischen Staaten waren alle katholischen Oldenburger dem Bischofe zu Münster zugewiesen und sodann eine Convention mit dem Päpstlichen Vollzieher dieser Bullen zur Regulirung der Diöcesanverhältnisse abgeschlossen, welche als Fundamentalstatut der katholischen Kirche im Herzogthum Oldenburg angesehen werden sollte. Diese Bestimmungen erhielten nun landesherrliche Bestätigung und wurde danach in der Stadt Vechta in unmittelbarer Stellung unter dem Bischofe von Münster ein **Officialat**, bestehend aus dem vorsitzenden Official und vier Assessoren, nämlich zwei Gottesgelehrten und zwei Rechtsgelehrten, mit der ordentlichen Amtsgewalt des Bischofs, insoweit nicht einige Geschäfte demselben ausdrücklich vorbehalten blieben, auch als Gerichtshof in Beneficial- und Ehesachen so wie für Disciplinarsachen eingesetzt, zur Wahrnehmung des landesherrlichen Majestätsrechts aber ein Normativ erlassen, wonach einer Immediatcommission in Oldenburg die Ausübung dieses Rechts übertragen ward; ein landesherrlicher Bevollmächtigter, der zugleich als Anwalt der geistlichen Güter fungirte, wurde beim Officialate angestellt. Die zu diesen Einrichtungen erforderlichen Kosten gewährte der Großherzog zunächst aus den beim Officialate nach einer bestimmten Taxe erhobenen Sporteln und ferner aus den Aufkünften

1830
Jan. 5.

1831
April 5.

Mai 4.

1836
April 18.

des Alexanderstifts (§. 95), eines heimgefallenen Lehns und des eingezogenen Malthesercommendeguts Bokelesch im Amte Friesoythe; auch wurden zwei Ehrenkanonikate am Domstifte zu Münster zum Besten der Oldenburgischen katholischen Geistlichen gestiftet. Die aus diesem Anschlusse an die Diöcese Münster hervorgehenden staatsrechtlichen Verhältnisse wurden durch einen Staatsvertrag mit Preußen näher bestimmt.

<small>1837 Mai 10.</small>

Auch das katholische Landschulwesen wurde unter die Aufsicht des Officials und der Commission gestellt, zugleich auf Verbesserung des Gymnasiums in Vechta Bedacht genommen und damit eine Normalschule für katholische Schulamtscandidaten verbunden, deren ungenügende Einrichtung indeß nicht geeignet war auf Ausbildung eines tüchtigen jüngeren Lehrerstandes hinzuwirken, zumal viele Stellen, besonders der Nebenlehrer, äußerst schlecht dotirt blieben. Ueber die Anwendung der Gemeindeordnung auf die Kirchen- und Schulsachen der katholischen Gemeinden erließ die erwähnte Commission dann ein besonderes Regulativ und für die Verwalter der katholischen Fonds eine Instruction. Ueber die Zuziehung der Nebenschulachten zu den Bau- und Unterhaltungskosten der Hauptschulen wurden gewisse Bestimmungen mit dem Officialate berathen und genehmigt. In Beziehung auf die kirchlichen Angelegenheiten ist nur eine Todtengräberinstruction für alle katholischen Gemeinden zu bemerken und eine Bischöfliche Verordnung über die Feier der katholischen Festtage, wodurch eine bereits im Preußischen Theile der Diöcese Münster geltende Vorschrift über Verlegung mehrerer Feste auf den nächsten Sonntag ꝛc. auf das Herzogthum Oldenburg ausgedehnt ward.

<small>1833 Aug. 1.</small>
<small>1834 Jan. 6.</small>
<small>1835 Oct. 10.</small>
<small>1835 Nov. 30.</small>
<small>1837 Sept. 7.</small>

Für beide Confessionen wurde eine Einrichtung getroffen, um den Kirchen- und Schulbedienten die Beitrei-

<small>1833 Febr. 11.</small>

bung ihrer Dienstintraden zu erleichtern und den zur Entrichtung derselben Verpflichteten die mit einer gerichtlichen Einklagung verknüpften unverhältnißmäßigen Kosten zu ersparen; auch in Beziehung auf das beim Besuche öffentlicher Schulen zu entrichtende Schulgeld vorgeschrieben, daß von keinem Kinde anderer Confession Schulgeld gefordert werden dürfe, wenn es die Schule nicht besuche. Die während der Geltung des Französischen Rechts in Unordnung gerathenen Heiraths-, Geburts- und Sterberegister wurden, so weit möglich, vollständig wieder hergestellt und wegen ihrer Beweiskraft die nöthigen Bestimmungen erlassen.

1833
Dec. 18.

1839
März. 8.

1839
Oct. 7.

Die bürgerlichen Verhältnisse der Juden (§. 147) wurden dadurch verbessert, daß das bisherige Schutzgeld und der Extrabeitrag zum Gehalte des Landrabbiners aufgehoben und behuf Aufbringung des Gehalts des letzteren, so wie zur Unterstützung jüdischer Religions- und Unterrichtsanstalten eine Vermögens- und Einkommensteuer bei den Juden (damals 695 Seelen) eingeführt ward, deren Gesammtbetrag zunächst 900 ℳ betragen sollte.

1848
Febr. 4.

Im Armenwesen endlich bestimmte auch ein Regulativ näher die Anwendung der Gemeindeordnung auf die Armensachen. In der Herrschaft Jever wurde eine Ersparungskasse errichtet, ähnlich der im alten Herzogthum bestehenden (§. 88), von welcher man sich mit Recht einen wohlthätigen Einfluß auf das Wohl der ärmeren Classe versprechen konnte, zählte doch die Oldenburgische Casse damals schon 971 Einsetzende mit einem Capitalvermögen von 54000 ℳ (bis Ende 1832 hatte sich die Zahl der Einlagen schon auf 5926, das Vermögen auf fast eine halbe Million vermehrt; der Betrag der Einlagen in die Jeversche Casse betrug damals bereits 30507 ℳ 26 ₰). Eine in der Stadt Oldenburg von einigen Kaufleuten errichtete Spar-

1832
Dec. 24.

1833
Oct. 18.

und Leihbank hatte zwar eine umfassendere Bestimmung, konnte aber doch auch zur Verhinderung der Verarmung viel beitragen und wurde deshalb auch durch Freiheiten vom Gebrauch des Stempelpapiers vom Staate unterstützt. Darauf wirkten ebenfalls mehrere Wittwen= und Waisen=Versorgungsanstalten, welche durch verschiedene Societäten im Stedingerlande (1836), in Delmenhorst (1843), Rastede (1844), Brake (1845) und Jeverland (1846) errichtet und in derselben Weise unterstützt wurden.

1845
Febr. 18.

§. 164. Verhältnisse einzelner Landestheile des Herzogthums. — Kniphausen.

In Beziehung auf die Verhältnisse einzelner Landestheile des Herzogthums ist zu bemerken, daß die Bestimmungen, unter welchen die bisher noch suspendirt gewesenen Berechtigungen des Grafen Bentinck, als Besitzer der **Herrschaft Varel** und der Gräflichen Vorwerke im Stad= und Butjadingerlande (§. 144) hergestellt werden sollten, nach darüber gepflogenen Verhandlungen gesetzlich anerkannt wurden. Der Graf Bentinck blieb danach der allgemeinen Gesetzgebung des Landes unterworfen, die Gräflichen Behörden und Beamte traten in dasselbe Verhältniß, wie die landesherrlichen Behörden und mußten von diesen in ihrer Diensteigenschaft **anerkannt** werden. Die landesherrliche Kirchenhoheit blieb unverändert, die Gräflichen Patronatrechte aber wurden dem Grafen vorbehalten, zu deren Ausübung eine eigne Behörde das „geistliche Collegium" in Varel niedergesetzt ward. Ebenso wurde die Gräfliche Gerichtsbarkeit unter der Justizhoheit des Landesherrn, die Polizeiverwaltung, das Abgaben=, Hebungs= und Gemeindewesen mit den landesherrlichen Rechten in Einklang gebracht und die Ausübung der letzteren nach den bestehenden Ge-

1830
Jan. 14.

setzen und Staatseinrichtungen gesichert. Das Hypotheken=
wesen in der Herrschaft Varel bedurfte einer Regulirung
und wurde deshalb eine Erneuerung aller vor 1814 einge=
tragenen Hypotheken angeordnet, wie auch die Verwaltung 1841
des Hypothekenwesens in Beziehung auf die Gräflichen Vor- Jan. 15.
werke im Stad= und Butjadingerlande dem Hypothekenamte 1844
in Varel übertragen ward. Febr. 7.

Für die Herrschaft Kniphausen trat der Graf Ben-
tinck im J. 1834 dem im Herzogthum Oldenburg bestehenden Febr. 28.
System der indirecten Steuern bei; die Erhebung und der
Genuß der gesammten Zoll= und Acciseeinkünfte aus Kniphausen wurde an Oldenburg gegen eine jährliche Baarzah=
lung von 1600 ℳ Gold ohne Abzüge überlassen. Zum
Berliner Abkommen wurde zugleich ein Zusatz vereinbart
rücksichtlich des Verfahrens und der Rechtsmittel bei Streitigkeiten in Beziehung auf die Herrschaft Kniphausen vor
dem Oldenburgischen Oberappellationsgericht, als Surrogat
der ehemaligen Reichsgerichte. Die aus Kniphausen zu
stellende Militairmannschaft wurde gegen Zahlung von
1250 ℳ Gold jährlich dem Oldenburgischen Truppencorps
einverleibt.

Ueber das Münstersche Schulden= und Pensionswe-
sen (§. 122) wurde mit Preußen und Hannover ein Staatsvertrag abgeschlossen auf dessen Grund die von Oldenburg 1839
übernommenen Schulden zum Betrage von 333,548 ℳ ge- Oct. 16.
nau festgestellt wurden. 1840
  März 12.

In der Herrschaft Jever hatte die Herstellung der
älteren Landesabgaben im J. 1814 zu vielen Unzuträglich=
keiten in Ansehung der Verweinkaufungen Anlaß gegeben;
es wurde daher bestimmt, daß bei den Vererbungen wein- 1845.
kaufpflichtiger Güter eine Verweinkaufung nur auf eine März 14.
Person geschehen dürfe.

§. 165. Fürstenthum Lübeck.

Die beiden Fürstenthümer Lübeck und Birkenfeld behielten ihre getrennte Administration (§. 121), indeß brachte es die Vereinigung aller Landestheile zu einem Ganzen (§. 152) mit sich, daß manche Einrichtungen allgemeiner Natur sofort auch auf die Fürstenthümer erstreckt wurden und daß, wo die Verhältnisse es gestatteten, mehr auf eine Gleichförmigkeit der Gesetzgebung und Verwaltung hingewirkt wurde.

Für das Fürstenthum Lübeck war zunächst besonders wichtig die zur Deckung der neuen Militairkosten (§. 152) verfügte Erhebung eines viermonatlichen Betrags der bisherigen Kriegssteuer, an deren Stelle dann wegen der vermehrten Staatsbedürfnisse überhaupt und namentlich wegen der Centrallasten eine Classensteuer trat. Eine erheblichere Vermehrung der Abgaben, wenn auch verbunden mit andern Vortheilen, führte die Vereinigung des Fürstenthums mit dem Herzogthum Holstein zur Annahme eines gleichmäßigen und gemeinschaftlichen Systems der Eingangs-, Durchgangs- und Ausgangsabgaben herbei, wonach auf Grund einer für die Herzogthümer Schleswig und Holstein erlassenen Zollverordnung, ein völlig zollfreier Verkehr zwischen dem Fürstenthum und Holstein, zwischen dem Fürstenthum und Schleswig resp. Dänemark aber derselbe zollfreie Verkehr eintrat, welcher zwischen letzterem und Holstein Statt fand. Eine gemeinsame Zolllinie wurde für das Gebiet der contrahirenden Staaten, wozu später auch die Stadt Lübeck für einige Enclaven ihres Gebiets gehörte, errichtet und zur Verhütung des Schleichhandels ein Cartell abgeschlossen; auch trat Oldenburg einem zur Regulirung der Transitverhältnisse mit den freien Städten Lübeck und Hamburg und mit Mecklenburg von der Krone Dänemark abgeschlosse-

Margin dates:
1831 Sept. 18.
1834 März 15.
1839 Febr. 6.
1843
1840 Oct. 27.

nen Vertrage bei. Von noch größerer Bedeutung war der zu Plön mit Dänemark abgeschlossene **Vertrag** über die Gebietsarrondirung, so wie die Regulirung der Grenzen und der Verkehrsverbindungen zwischen dem Fürstenthum und Holstein und über die Verhältnisse der gegenseitig Eingepfarrten, wodurch Oldenburg einen Theil der Kirchspiele Ratekau und Gleschendorf mit den Kirchen und einige andere Dorfschaften, Holstein dagegen das bisherige Amt Collegiatstift, das Kirchdorf Hamberge und einige andere Dorfschaften erhielt, so, daß das ganze Gebiet des Fürstenthums Lübeck (damals 6,68 ☐Meilen mit 20749 Einw.) in zwei arrondirte, nur durch einen Theil des Holstein'schen Amts Ahrensböck geschiedene, aber durch eine Kunststraße zu verbindende Bezirke (die Aemter Eutin und Schwartau) vereinigt ward. Der Dänischen Postverwaltung wurde auch die Ausübung aller Postgerechtsame im Fürstenthum überlassen, unbeschadet der landesherrlichen Hoheitsrechte, wodurch die den Bedürfnissen entsprechenden Postverbindungen, namentlich nach Kiel und Lübeck, gesichert wurden. Mit der Stadt Lübeck war schon früher ein Vertrag über die Unterthaneneigenschaft und die Verhältnisse der von einem Gebiete in das andere ziehenden Personen geschlossen, desgleichen über das Verfahren beim Transport auswärtiger Verbrecher und Ausgewiesener.

1842
Febr. 14.

1842
Dec. 28.

1846
April 1.

1835
Aug. 25.

1836
Sept. 8.

Die bisher noch der Regierung verbliebenen Justizverwaltungsgegenstände wurden zur völligen Trennung der Justiz von der Administration bei den oberen Behörden der Justizcanzlei übertragen (das im Herzogthum geltende Proceßreglement war mit den nöthigen Modificationen schon 1824 eingeführt); auf dieselbe ging auch vom Consistorium die Ehegerichtsbarkeit über; dann aber wurde das bisherige Consistorium, die Rentekammer und das Generaldirectorium

1835
Dec. 17.

Dec. 13.

1844
Dec. 10.

des Armenwesens aufgehoben und die obere Leitung der ganzen Verwaltung, mit alleiniger Ausnahme der Justiz, der Regierung übertragen, der für die geistlichen und Schulangelegenheiten ein Mitglied vom Fach zutrat. Ueber das Verfahren bei Ressortstreitigkeiten zwischen richterlichen und administrativen Behörden, über die gerichtliche Competenz in Steuersachen und Beitreibung anderer Leistungen der Unterthanen waren gesetzliche Bestimmungen erlassen.

1835
Oct. 7.

Die **Strafrechtspflege** wurde zunächst verbessert durch Zulassung von Rechtsmitteln gegen alle Straferkenntnisse der Justizcanzlei und des Stadtgerichts in Eutin beim Oberappellationsgerichte in Oldenburg, womit die Verschickung der Acten an auswärtige Rechtsgelehrte wegfiel. Bald wurde aber das im Herzogthum Oldenburg seit 1814 (§. 114) geltende Strafgesetzbuch mit allen dasselbe ergänzenden neuen Bestimmungen (§. 160) auch im Fürstenthum Lübeck eingeführt und die Verwaltung der Strafjustiz mit einigen Modificationen danach regulirt.

1835
Jan. 12.

1837
Oct. 18.

Der befreiete Gerichtsstand wurde mit einigen Ausnahmen aufgehoben, eben so das gemeinrechtliche Verbot der Abtretung gewisser Forderungen an Andere, welches auch im Herzogthum Oldenburg 1828 geschehen war. Im Vormundschaftswesen wurden mehrere obwaltende Ungewißheiten und Verschiedenheiten durch die Bestimmung beseitigt, daß die Vormundschaft einer minorennen Frau durch die Heirath mit einem volljährigen Mann beendigt werde und auch nach dem Tode des Mannes nicht wieder anzuordnen sei. Eine neue Vormünderinstruction faßte die bis dahin über die Pflichten und Rechte der Vormünder erlassenen Verordnungen zusammen.

1837
Dec. 19.

1838
Juli 21.

1837
Oct. 18.

1840
Oct. 18.

Im **Kirchen- und Schulwesen** wurden hinsichtlich des Aufgebots, der Dispensionen, Einsagen und der Com-

petenz der Geistlichen zur Vornahme von Trauungen eine
umfassende Ordnung erlassen; das Schleswig=Holsteinische
Gesangbuch wurde beim öffentlichen Gottesdienst in allen
Kirchen eingeführt; zur Verbesserung der Landschulen er=
schien ein Regulativ, welches auch die Diensteinkünfte der
Lehrer fixirte und erhöhte, überall Sommerschule einführte,
mit Zulassung von Dispensationen in gewissen Fällen, und
die Vertheilung der Schullasten besser normirte. Auch das
ganze Schulwesen der Stadt Eutin, namentlich die Bürger=
schule daselbst erhielt eine bessere Einrichtung und erstreckte
sich diese auch auf die selbst im Auslande in gutem Ruf
stehenden Gelehrtenschule, für deren Maturitätsprüfungen
neue Bestimmungen erlassen wurden.

1836 Oct. 4.
1840 Juli 10.
1836 März 3.
1848 Febr. 7.
1836 Aug. 16.
Sept. 17.
1847 Dec. 18.

Für die öffentlichen Wege wurde durch eine Wegeord=
nung gesorgt, welche aber schon bald wieder für unzuläng=
lich erachtet und durch eine neue ersetzt ward. Das Armen=
wesen wurde im Amte Eutin ganz neu regulirt, für das
ganze Fürstenthum eine Gesindeordnung erlassen, allen in
der Stadt Eutin und dem Flecken Schwartau bestehenden
Zünften eine neue Zunftverfassung gegeben und diese dann
durch eine neue Zunftordnung auf das ganze Fürstenthum
ausgedehnt: eine Verordnung über den Hausirhandel suchte
diesen zu beschränken. Die in andern Landestheilen schon
längst allgemein gebotene Schutzblatterimpfung war im
Fürstenthum Lübeck noch vielfach versäumt und wurde jetzt
erst allgemein eingeführt und beordnet. Die im Fürsten=
thum bestehenden Beschränkungen der Holzcultur auf den
im Privatbesitz befindlichen Grundstücken wurden aufgehoben.

1835 Aug. 24.
1846 Jun. 25.
Dec. 7.
1844 März 28.
1846 Jun. 25.
1837 Aug. 17.
1845 Dec. 16.
1843 Febr. 18.
1839 April 26.
1847 Febr. 26.

Ueber den Anfang der Wirksamkeit neuer Gesetze und
der daraus entstehenden rechtlichen Folgen ward das Erfor=
derliche festgesetzt; vom J. 1838 an erschien ein besonderes
Gesetzblatt, während bis dahin die Gesetze nur in den Eutiner

1837 Oct. 4.

wöchentlichen Anzeigen publicirt wurden und in einer Privatsammlung (Handbuch zur Kenntniß der Particulargesetzgebung des Fürstenthums Lübeck 3 Abtheilungen 1622—1837) größtentheils nur auszugsweise zusammengestellt waren.

Wie Manches hiernach auch im Fürstenthum Lübeck während dieses Zeitraums verbessert wurde, so blieb doch zur Beseitigung eingewurzelter Uebel in der Staatsverwaltung hier noch verhältnißmäßig am Meisten zu thun übrig, indem sich durch die besondern Verhältnisse und Beziehungen des Fürstenthums überall mehr Schwierigkeiten geltend machten, als in den übrigen Landestheilen.

§. 166. Fürstenthum Birkenfeld.

Im Fürstenthum Birkenfeld war es von der ersten Besitznahme (§. 121) an leichter gewesen, viele neue, zum Theil aus dem Herzogthum hergenommene, Einrichtungen zu treffen, da man durch bestehende Verhältnisse, welche mit den in den letzten zwanzig Jahren am linken Rheinufer vielfach wechselnden Ereignissen noch nicht allen Boden verloren hatten, wenig gebunden war. Andererseits war der Umfang dessen, was zu einer zweckmäßigen Administration des vom Sitze der Staatsregierung so entfernten und bisher so sehr umhergeworfenen Ländchens nothwendig erschien, recht bedeutend, auch waren die anfangs vorhandenen organisatorischen Kräfte der Aufgabe wohl nicht ganz gewachsen gewesen. Mit dem Beginn der Großherzoglichen Regierung trat darin eine Aenderung ein und wenn auch das Fürstenthum dem Heerde der damaligen politischen Unruhen sehr nahe lag, so blieb es doch, zufrieden mit seinem jetzigen Schicksal, davon unberührt. Durch Theuerung, Viehseuchen und Kartoffelkrankheit hatten die Eingesessenen viel zu leiden; die Regierung aber war eifrigst bemüht, der Noth überall abzuhelfen und hinderte dies auch nicht, im Allgemeinen auf der beschrittenen Bahn der Reformen vorzuschreiten, in welcher Beziehung dann auch bald eine größere und gedeihlichere Thätigkeit entfaltet ward.

Die Lage des Fürstenthums bewog den Großherzog zur Beförderung des Handels und des Verkehrs der Einwohner und zur Vermeidung von Belästigungen derselben, welche auf andere Weise nicht abzuwenden waren, mit dem Könige von Preußen einen Vertrag wegen Vereinigung des Fürstenthums mit den Preußischen westlichen Provinzen zu einem gemeinschaftlichen Zoll- und Verbrauchssteuer-System abzuschließen. 1830 Juli 24. Nov. 17. Die Lasten der Unterthanen wurden dadurch zwar vermehrt, dagegen aber auch zu ihrer Erleichterung bis weiter verschiedene Communallasten auf die Staatscasse übernommen, ferner ein Theil der Staatssteuern — die Personalsteuer — den Gemeinden zur Bestreitung von Gemeindelasten überwiesen. Der anfangs nur auf sechs Jahre abgeschlossene Zollvertrag wurde nach Ablauf derselben erneuert und nahm damit Birkenfeld an allen Einrichtungen und Vortheilen des großen deutschen Zollvereins Theil. 1836 Dec. 31. Diese Verbindung veranlaßte dann auch den Anschluß des Fürstenthums an die in den Preußischen Staaten bestehenden Vorschriften über den Hausirhandel und an das Preußische Maaß- und Gewichtssystem, so wie später die Einführung des 14 Thalerfußes mit der Eintheilung in Thaler, Groschen und Pfennige statt des bisherigen nach der Münzconvention vom 30. Juli 1838 noch beibehaltenen 24½ Guldenfußes. 1839 Jan. 4. 1840 März 6. 1847 April 19. Der schon 1817 mit Thurn und Taxis wegen Ueberlassung des Verwaltungs- und Benutzungsrechts der Posten im Fürstenthum abgeschlossene Vertrag ward zwar noch auf fünf Jahre erneuert und der Postverkehr dadurch vermehrt und erleichtert, dann aber die Ausübung 1832. 1837 Jun. 22.

des Postregals dem K. Preußischen Generalpostamte über-

<small>1847 April 4.</small>
laſſen und damit eine dem Intereſſe des Publikums noch wünſchenswerthere Postverbindung hergestellt. Die mit der Krone Preußen abgeschlossenen Durchmarsch- und Etappen-

<small>1831 Aug. 22.
1845 Nov. 25.</small>
conventionen wurden ebenfalls mehrmals erneuert und modificirt.

Rückſichtlich der Verwaltung der Juſtiz wurde

<small>1831 Oct. 11.</small>
zunächſt das civilgerichtliche Verfahren durch Einführung des auch in den übrigen Landestheilen ſeit 1824 geltenden Procesreglements mit den nöthigen Aenderungen, dem dann

<small>1835 Jan. 9.</small>
auch eine Inſtruction für die Actenprocuratoren beigegeben ward, abgekürzt und verbeſſert. Das als Landesrecht beibehaltene Franzöſiſche Civilgesetzbuch wurde nur in wenigen Puncten — in Betreff der Geburtsanzeigen und einiger

<small>1833 März 14.
1844 Juli 1.
1836 Dec. 14.
1839 Oct. 28.
1847 Juni 8.
1833 Aug. 22.
1836 Dec. 14.</small>
Eheverbote — geändert. Das eingeführte Oldenburgiſche Strafgesetzbuch erhielt Aenderungen dadurch, daß alle Ehrenbeleidigungen und geringe Thätlichkeiten, ſo wie kleine Entwendungen vom Felde und aus Gärten den Polizeiſtrafgerichten überlaſſen wurden. Das Verfahren in Polizeiſtraffachen wurde überhaupt genau geregelt und für eine beſſere Einrichtung der zweiten Inſtanz in Civilstraffachen gesorgt. Eine ſehr mangelhafte Strafanſtalt in Herrſtein wurde aufgehoben, in Birkenfeld ein neues Gefangenhaus gebaut und eine Vereinbarung mit Baiern getroffen, wonach

<small>1840</small>
die Verbrechenſtrafen in der ausgezeichnet guten Strafanſtalt zu Kaiserslautern vollſtreckt werden konnten. Mit Preußen

<small>1834 Mai 13.
1840 Mai 29.</small>
und Heſſen-Homburg wurden Conventionen wegen Bestrafung der Forſtfrevler abgeſchloſſen.

Die in der Beamteninſtruction enthaltenen Vorschriften

<small>1836 Dec. 23.
1839 Oct. 22.</small>
über die Handlungen der freiwilligen Gerichtsbarkeit wurden den Verhältniſſen des Fürſtenthums entſprechend modificirt und näher beſtimmt.

In Hinsicht der Sittenpolizei wurde eine polizeiliche Feiertagsordnung, ferner eine Verordnung über den Besuch der Wirthshäuser und öffentliche Lustbarkeiten erlassen, das Gewerbe der Gast- und Schenkwirthschaften und der Kleinhandel mit Getränken wurde einer, bei der im Fürstenthum bestehenden Gewerbefreiheit, höchst nöthigen polizeilichen Beschränkung unterworfen. Für die Gesundheits-Polizei war von Wichtigkeit eine Instruction für die Amtschirurgen, für die sonst concessionirten Aerzte und Wundärzte und eine bestimmte Taxe für die Medicinalpersonen. Daneben wurde das Hebammenwesen geordnet, besonders der Anspruch der Hebammen auf Gehalt und Pension, und eine neue Preuß. Pharmacopöe eingeführt. Ueber die Blatternimpfung wurde eine ausführliche Verordnung erlassen, auch Verhaltungsmaßregeln bei der Rettung verunglückter Personen wurden vorgeschrieben. Ein besoldeter Landesthierarzt ward angestellt; den Thierärzten überhaupt eine Instruction und Taxe gegeben.

Auf die Wiederbelebung und Hebung des alten berühmten Obersteiner Fabrikwesens (Achatschleifereien und Dosenfabrik) wurde eine große Sorgfalt verwandt; kam auch die angeordnete Errichtung einer Kunstschule nicht zur Ausführung, so wirkte doch ein Reglement über die Prüfung der Fabrikarbeiter und das Etablissement derselben, über die Stempelung gefaßter Fabrikwaaren und über Ertheilung von Erfindungspatenten günstig; ebenso eine Gewerbeschule zu Oberstein, die nur leider bald wieder einging.

Zur Ermunterung der sonstigen Landesindustrie wurde eine Preisvertheilung eingerichtet, zur Beförderung der Pferdezucht eine herrschaftliche Beschälanstalt eröffnet, nach deren Aufhebung aber das Halten von Beschälhengsten besonders normirt und eine Prämie für besonders tüchtige

Hengste ausgesetzt; auch auf die Unterhaltung tüchtiger Zuchtwidder und Zuchtstiere wurde hingewirkt. Die im Lande bestehenden nicht unbedeutenden Viehmärkte hoben sich nach und nach immer mehr.

1847 Febr. 20.

Die Urbarmachung vieler öde liegender Gemeindeländereien wurde durch eigenthümliche und nutznießliche Umtheilungen unter die Gemeindeglieder, so wie durch Veräußerungen derselben gefördert. Der Bergwerksbetrieb wurde durch Ertheilung mehrerer neuer Concessionen für das Aufsuchen von Eisenstein und Steinkohlen erweitert; zur Beförderung eines verbesserten Wiesenbaus durch Einrichtung von Bewässerungen und Entwässerungen trug ein Expropriationsgesetz, welches zu dem Zweck erlassen ward, viel bei.

1830 April 30.

1838 Juni 28.

1844 Aug. 20.

Zur vollständigeren Ordnung der öffentlichen Armenpflege wurde ein Gesetz erlassen, wonach die Bürgermeistereien und einzelne größere Gemeindedistricte Specialarmenverbände bildeten, das ganze Fürstenthum aber einen Generalarmenfond mit einem bestimmten Zuschuß aus der Staatskasse erhielt, aus welchen dann außerordentliche Ausgaben bestritten werden sollten. An diese, im Ganzen der im Herzogthum bestehenden Armenpflege nachgebildeten Einrichtung schloß sich ein Gesetz über Verweisungen in eine Zwangsarbeitsanstalt, in welcher Beziehung das Landarmenhaus in Trier nach einer Vereinbarung mit der Preuß. Regierung daselbst benutzt werden konnte und andererseits zur Beförderung ordentlicher Lebensweise und Verhütung zunehmender Armuth die Errichtung einer Ersparungskasse.

1841 Juni 14.

1844 Mai 30.

1842 Jan. 17.

Bei der Finanzverwaltung war die Erlassung eines Reglements über die Verwendung des Fonds der Unwerthe (Steuerüberschüsse nach französischer Steuereinrichtung) von Wichtigkeit. Zur Regulirung der Grundsteuer wurde zunächst eine neue Verordnung über das Vermessungswesen

1840 Sept. 19.

1842 März 17.

erlassen und nachdem die Parzellarvermessungen beendigt waren, die Abschätzung des Ertrags aller Immobilien und die Vollendung des Grundsteuerkatasters angeordnet. Die Erhebung und Beitreibung der öffentlichen Abgaben wurde geordnet.

<small>1845 Nov. 12.
1835 Aug. 4.</small>

Die Heilkräfte der im Besitze des Staats befindlichen, in älterer Zeit sehr berühmt gewesenen Mineralquellen bei Hambach (der Sauerbrunnen) wurden wieder mehr an's Licht gezogen, aber doch nur sehr wenig benutzt.

<small>1840.</small>

Das für das Fürstenthum so wichtige Forstwesen wurde neu organisirt und dabei die Trennung der Forstverwaltung vom Forstschutz streng durchgeführt. Die Hauungen in den bedeutenden Staats-, Gemeinde- und Kirchenwaldungen wurden regulirt, das Abverdienen der unbeibringlichen Forststrafgelder zugelassen, die Staatswaldungen wurden vermessen und taxirt und zu deren Abgrenzung genaue Bestimmungen erlassen; die früher beschränkte Benutzung und Verfügung über die Privatwaldungen aber den Eigenthümern ganz freigegeben.

<small>1841.
1843 Dec. 7.
1831 Juli 15.
1833 Oct. 28.
1844 Dec. 10.</small>

Die bestehenden Jagdgesetze wurden revidirt und eine neue umfassende Jagdordnung erlassen; das Recht der Fischerei und des Krebsfangs in fließenden Gewässern wurde durch eine Fischereiordnung gegen Eingriffe geschützt, welche auch das Verderben der Fischerei durch Mißbräuche verhinderte.

<small>1843 Aug. 29.
1843 Sept. 18.</small>

Für den Neubau und die Unterhaltung der das Fürstenthum durchschneidenden Hauptverkehrsstraßen geschah recht viel; das Straßen- und Wegbauwesen wurde durch neue Verordnungen regulirt; die Straßenbaubeamte und Straßenwärter bekamen genaue Instructionen.

<small>1838 Aug. 10.
1846 April 6.</small>

In der Gemeindeverwaltung blieb im Ganzen die Französische Gesetzgebung maßgebend, nur wurde das Ge-

1844 Oct. 22.
1846 Febr. 26.
1842 Nov. 17.
meinderechnungswesen mehr geordnet, die bedeutenden Kriegsschulden wurden nach und nach abgetragen; zum Besten der Gemeinden auch eine Hundesteuer eingeführt.

1833 Jan. 11.
1839 Juli 13.
1840 Sept. 28.
Nachdem zu einer geordneten Einrichtung des Landschulwesens zuerst einleitende Vorschriften erlassen und eine eigene obere Behörde für das gesammte Schulwesen eingesetzt war, wurde eine allgemeine Landschulordnung publicirt, wonach jede Gemeinde ihre Schule unterhalten muß, Confessionsschulen nur bei 25 Kindern derselben Confession eingerichtet werden können, für je 80 Kinder ein besonderer Lehrer angestellt werden sollte und die Besoldung der Lehrer je nach der Zahl der Familien in der Gemeinde zwischen 130 und 280 Gulden bestimmt ward. Den zu sehr belasteten Gemeinden wurden dabei Zuschüsse aus öffentlichen Fonds zugesichert. Viele neue Schulhäuser wurden in Folge dessen erbaut. Die, auch zur Ausbildung der Schulamtsaspiranten bestimmte höhere Lehranstalt in

1844 Oct. 6.
Birkenfeld erhielt eine neue Einrichtung als Progymnasium; das Seminar wurde aufgehoben und von den protestantischen Seminaristen der Besuch des Oldenburgischen, von den katholischen der Besuch des Nassauischen katholischen Se-

1844 April 26.
1845 Jan. 9.
Febr. 10.
Juli 31.
1846 April 9.
minars in Idstein verlangt. Durch ein Legat der Großherzogin Cäcilie wurde der Grund zu einem Schullehrerwittwen- und Waisenfond gelegt, für welchen dann bestimmte Statuten gegeben sind; über die Verwaltung der Localschulfonds wurde ein besonderes Reglement erlassen und die Dienstaufsicht über die Lehrer näher bestimmt.

1829 Sept. 8.
1830 Febr. 26.
1840 Dec. 29.
Im Kirchenwesen ist zunächst die Erlassung einer allgemeinen Begräbnißordnung zu bemerken. Im evangelischen Kirchenwesen insbesondere wurde das Rechnungswesen der unter dem Consistorium stehenden geistlichen Fonds regulirt, für die Lehrer als Kirchendiener eine neue In-

struction und wegen der Dienstführung und Bestrafung der evangelischen Kirchendiener ein Gesetz erlassen. Eine neue Epoche trat ein mit der Union der Lutheraner und Reformirten. Nachdem frühere Versuche dazu an der Abneigung der Gemeinden gescheitert waren, wurde auf einer vom Landesherrn zusammenberufenen Synode eine Unionsurkunde berathen und vom Großherzoge sanctionirt, worauf die Feier des Vereinigungsfestes am 23. Juni 1843 Statt fand. Folge davon war eine neue Eintheilung der Gemeinden in vierzehn Kirchspiele und die Einführung des Badischen Catechismus. 1841 Jan. 15.   1841 Febr. 26.   1843 Mai 28.   1844 März 20.   1845 Febr. 13

Ueber die Verwaltung des katholischen Kirchen- und Stiftungsvermögens wurden im Einverständniß mit dem bischöflichen Stuhle in Trier, zu dessen Diöcese Birkenfeld gehört, neue Bestimmungen erlassen. Der Deutsch-Katholicismus fand im Fürstenthume übrigens später auch einigen Anklang. 1840 Mai 4.   1846.

Den gottesdienstlichen Verhältnissen und Unterrichtsanstalten der Juden, welche im Fürstenthum alle bürgerlichen Rechte genossen, wurde eine bessere Einrichtung gegeben, bei Eidesleistungen der jüdischen Glaubensgenossen wurde ein angemesseneres Verfahren eingeführt, der öffentliche Gottesdienst überhaupt nach neuen Vorschriften eingerichtet und die Aufbringung der jüdischen Cultkosten besser regulirt. 1831 Juli 26.   1840 Mai 7.   1843 Febr. 20.   1845 Dec. 5.

Zweiter Zeitraum,

bis zum Tode des Großherzogs Paul Friedrich August.
1848—1853.

§. 167. **Stellung Oldenburgs zu den allgemeinen Verhältnissen Deutschlands.**

Der Einfluß, welchen die französische Revolution vom 24. Febr. 1848 auf die ganze Verfassung Deutschlands hatte, mußte natürlich auch im Großherzogthum Oldenburg bemerklich werden. Oldenburg nahm Theil an der Ausführung eines Bundesbeschlusses vom 10 März, durch welchen die Zuziehung von 17 Vertrauensmännern zur Bearbeitung einer neuen Bundesverfassung bestimmt war, indem es dazu seinerseits den Professor Albrecht, dessen freisinnige staatsrechtlichen Vorlesungen der in Leipzig studirende Erbgroßherzog gehört hatte, auswählte; an den Verhandlungen des sog. Vorparlaments in Frankfurt a./M., März 31., betheiligte sich der Oldenburger Advocat Rüder, der dann auch Mitglied des 50ger Ausschusses wurde. Die Beschlüsse des

1848
März 11. Deutschen Bundes wegen Aufhebung der Censur, wegen
März 29. Erklärung des Reichsadlers und der schwarz-roth-goldenen Farben zu Wappen und Farben des Deutschen Bundes,
April 8. 12. wegen Wahl von Nationalvertretern zur Berathung des Deutschen Verfassungswerks, wegen Aufhebung der sog. Aus-
April 10. nahmegesetze, wurden auch in Oldenburg sofort publicirt. Mitglieder der am 18. Mai eröffneten Frankfurter Nationalversammlung waren für Oldenburg Rüder, v. Buttel, Mölling
Juli 24. und Tappehorn. Der Auflösung des Bundestags und der Wahl des Erzherzogs Johann von Oesterreich als Reichsverweser, stimmte der Großherzog nicht minder bei. Die

dann in der Folge erlassenen Reichsgesetze wurden ohne Weiteres in die Oldenburgischen Gesetzsammlungen aufgenommen und dadurch namentlich die für Oldenburg besonders wichtigen Bestimmungen über die Begründung einer Deutschen Marine, die Deutsche Wechselordnung — eingeführt durch Verordnung vom 31. März 1849, — die Deutschen Grundrechte und die ganze Deutsche Reichsverfassung als Landesgesetze anerkannt. Aber eben diese Deutsche Reichsverfassung kam bekanntlich nicht weiter zur Anwendung, schon bald löste sich die Nationalversammlung auf, Oldenburg trat dem s. g. Drei-Königs- (Preußen, Hannover, Sachsen) oder Berliner Bündniß bei; es wurden die Wahlen zum Erfurter Reichstage angeordnet und diese Versammlung auch von Oldenburgischen Abgeordneten besucht. Doch auch deren Beschlüsse kamen nicht zur Ausführung, als Preußen und Oesterreich eine provisorische Bundescentralgewalt einsetzten, der Erzherzog Reichsverweser von seinem Amte zurücktrat und nach vielen vergeblichen Verhandlungen der alte Bundestag wiederhergestellt wurde, wozu denn endlich auch Oldenburg seinen Vertreter senden mußte. Die Thätigkeit des Bundestags wurde in Oldenburg äußerlich fast nur durch Publication der Bundesbeschlüsse wegen Aufhebung der Grundrechte des Deutschen Volks, und über den militairischen Gerichtsstand in Strafsachen bei den Bundestruppen in Friedenszeiten bekannt, wenn auch die Nachwirkung dieser Wiederherstellung des Bundestags auf die inneren Landesangelegenheiten nicht ausblieb, auf deren Verlauf die Aufmerksamkeit jetzt besonders gerichtet sein muß.

1848
Dec. 29.
1849
März 28.
Mai 26.
Sept. 10.
Dec. 18.
Dec. 20.
1851
Mai.
Dec. 10.

§. 168. **Vereinbarung eines Staatsgrundgesetzes.**

Der Großherzog hatte die Einführung einer landständischen Verfassung (§. 119.) immer im Auge behalten und vorzubereiten gesucht (§. 152. 162.). Die Schwierigkeit, welche dies bei den besondern Verhältnissen des Großherzogthums finden mußte, vielleicht auch die Ueberzeugung von den Vorzügen einer im Bewußtsein der edelsten Absichten geführten patriarchalischen Regierung und die Masse der dringender scheinenden Verbesserungen einzelner Staatseinrichtungen, war indeß der Grund, daß bisher das Werk selbst noch nicht in die Hand genommen war und die nur vereinzelt laut werdenden Wünsche der Unterthanen und Rathschläge treuer Diener noch keine Erfüllung fanden. Endlich schienen die Vorgänge in andern Deutschen Staaten, namentlich Preußen, am Ende des Jahres 1847 eine ernstliche Wiederaufnahme der bezüglichen Berathungen im Staats= und Cabinetsministerium herbeizuführen. Da erregte plötzlich die Pariser Februarrevolution (§. 167.) einen Sturm in ganz Deutschland; überall wurden Wünsche des Volks von Corporationen und in Volksversammlungen berathen und in Petitionen oder von Deputationen den Fürsten vorgetragen. Fast überall war man in den Cabineten rathlos und bewilligte schnell alle Bitten, womit dann nur noch immer weiter gehende Forderungen hervorgerufen wurden. Auch in Oldenburg fehlte es nicht an solchen Demonstrationen. Auf die vorgetragenen Wünsche wegen Erlassung einer Verfassung auf bestimmten Grundlagen wurde anfangs

1848
März 7.
nur eine ganz allgemeine Zusicherung ertheilt; dann aber erklärte der Großherzog der Bitte: daß vor Erlassung eines Grundgesetzes über eine landständische Verfassung der Entwurf desselben kundigen, von den Unterthanen gewählten Männern zur Berathung vorgelegt werden möge — ent-

März 10. sprechen zu wollen. Die Wahl von 34 Abgeordneten wurde zu dem Ende sofort angeordnet; in einer Proclamation

März 18. sprach sich der Großherzog nun auch über die Grundlagen der beabsichtigten Verfassung und über seine Stellung zu den dermaligen Verhältnissen Deutschlands näher aus und schloß dieselbe mit den von einer dankbaren Menge bei einem ihm gebrachten Fackelzuge jubelnd aufgenommenen Worten: Vertrauet Mir, wie ich Euch vertraue; haltet fest an Mir, wie ich an Euch; dann wird aus den Sorgen der Zeit dem Lande eine glückliche Zukunft erblühn!

Der Entwurf eines Grundgesetzes über die landständische Verfassung des Großherzogthums Oldenburg wurde alsbald veröffentlicht. Als aber am 27. April die 34 Abgeordneten auf dem Rathhause in Oldenburg (später bei gestatteter Oeffentlichkeit der Verhandlungen im Orgelsaale des Seminargebäudes) zusammentraten, erklärten die Großherzoglichen Commissarien selbst sofort bei Eröffnung der Versammlung, daß die inzwischen eingetretenen Ereignisse (§. 167.) dem Verfassungswerke eine Grundlage bereiteten, worauf jener Entwurf nicht gebauet und einen Umfang forderten, worauf der Entwurf nicht berechnet sei. Die Versammlung erklärte dann auch sogleich, daß dieser Entwurf zu jeder Berathung untauglich sei. Aber auch die vorgelegten umgearbeiteten Entwürfe, welche nach der Absicht des Großherzogs nur einzelne Abschnitte einer demnächst mit den Ständen zu vereinbarenden, die gesammten Grundlagen des öffentlichen Rechts des Großherzogthums umschließenden, constitutionellen Verfassungsurkunde bilden sollten, wurden von der Versammlung nicht weiter in Berathung gezogen. Es wurde vielmehr eine Zusammenstellung der öffentlich ausgesprochenen Anforderungen an ein Staatsgrundgesetz zur Grundlage der Verhandlungen genommen, damit die allgemeinen Grundsätze einer Verfassung nach Möglichkeit festgestellt würden; sodann eine Wahlordnung für den zu berufenden vereinbarenden Landtag be-

1848
April 5.

rathen und die Versammlung am 13. Mai geschlossen, nachdem Seitens des Großherzogs erklärt war, daß sämmtliche Verhandlungen einer zur Entwerfung des Staatsgrundgesetzes zu ernennenden selbstständigen Commission zur Einsicht und zum gewissenhaften Ermessen übergeben, dann aber nach Beendigung ihrer Arbeit der vereinbarende Landtag einberufen werden sollte. Die Commission wurde bereits am 17. Mai ernannt und vollendete unter dem Vorsitz des Staatsrath Schloifer den Entwurf eines Staatsgrundgesetzes, der am 5. Juli veröffentlicht wurde. Die Kurhessische Verfassung von 1831 diente dabei besonders als Vorbild. Die Berufung des Landtags, der aus 35 Abgeordneten bestehen und nicht nur die künftige Staatsverfassung des Großherzogthums mit dem Großherzoge vereinbaren, sondern auch zur Deckung außerordentlicher Staatsbedürfnisse die Mittel bewilligen sollte, wurde nach einem schon am 26. Juni erlassenen Gesetze, durch Patent vom 16. August einberufen und am 1. September durch den inzwischen an die Spitze eines neuen Ministeriums getretenen Staatsrath Schloifer feierlich eröffnet.

Die Verhandlungen dieses vereinbarenden Landtags dauerten unter dem Präsidium des Abgeordneten Völkers, später bei dessen Krankheit und nach seinem am 15. Januar 1849 erfolgten Tode, unter dem Präsidium des Abgeordneten Pancratz bis zum 14. Febr. 1849 und endigten nach mehr oder weniger heftigen Kämpfen über einzelne Bestimmungen mit dem Abschluß des vereinbarten Verfassungswerks durch die dem Landtage übergebene eidliche Versicherung des Großherzogs: die damit errichtete Verfassung unverbrüchlich aufrecht erhalten zu wollen.

Das Staatsgrundgesetz selbst vom 18. Februar wurde am 1. März publicirt und dieser Tag in Oldenburg durch festliche Umzüge, Reden und öffentliche Lustbarkeiten gefeiert. Der Großherzog begleitete die Publication „mit dem aufrichtigen Wunsche, daß das Staatsgrundgesetz das Wohl des Landes dauernd begründen und die Eintracht zwischen Fürst und Volk befestigen möge," doch erklärte er dasselbe nur für sich und seine Nachkommen für rechtsverbindlich, während er durch dasselbe den etwaigen Rechten der Agnaten des Oldenburgischen Fürstenhauses nicht habe Eintrag thun wollen.

Dieses Staatsgrundgesetz schloß sich zunächst im Wesentlichen an die Beschlüsse der Frankfurter Nationalversammlung über die Grundrechte des Deutschen Volks (§. 167.) an, enthielt aber rücksichtlich mancher particularen Verhältnisse, z. B. Aufhebung der gutsherrlichen Rechte, Abgabenfreiheiten u. a. m., schon sehr eingreifende Bestimmungen, während es in andern Beziehungen sich mehr auf Festsetzung allgemeiner Grundsätze beschränkte, die erst durch die ordentliche Gesetzgebung zur weiteren Ausführung gebracht werden sollten. Ein in einer Kammer vereinigter allgemeiner Landtag bildete die Vertretung des ganzen Großherzogthums; daneben aber bestanden Provinziallandtage für jeden der drei Landestheile (§. 152.). Jener sollte aus 46 durch indirecte Wahlen, nach einem besondern, dem Staatsgrundgesetze angehängten Wahlgesetz gewählten Abgeordneten bestehen und nur in gemeinsamen Angelegenheiten (Beziehungen zum Staatsoberhaupt, zum Deutschen Reiche und zum Auslande, Kriegswesen, sonstige gemeinsame Einrichtungen und Gesetzgebung über dahin gehörige und einige besonders dahin gewiesene Gegenstände) berathen und beschließen. Gesetze sollten nur in Uebereinstimmung mit dem betreffenden Landtage (den Fall der Dringlichkeit ausgenommen, in welchem die Zustimmung doch nachträglich veranlaßt werden muß), erlassen, aufgehoben, geändert und authentisch ausgelegt, ohne Zustimmung des Landtags Steuern nicht erhoben und Schulden nicht gültig gemacht und der Staatshaushaltsbedarf auf jedem ordentlichen Landtage alle drei Jahre durch ein die speciellen Voranschläge umfassendes Finanzgesetz mit Zustimmung des Landtags festgesetzt werden. Ein ständiger Landtagsausschuß war zur Wahrnehmung gewisser Geschäfte während der zwischen zwei Landtagen liegenden Zeit bestimmt. Der **Provinziallandtag** für die besondern Angelegenheiten jedes der drei Landestheile sollte im Herzogthum Oldenburg bestehen aus den 37 für den allgemeinen Landtag gewählten Abgeordneten, im Fürstenthum Lübeck aus 15, im Fürstenthum Birkenfeld aus 20 besonders gewählten. Das **Domanialvermögen** wurde in **Krongut** (zur Sustentation des Großherzoglichen Hauses bestimmte Grundstücke zum Pachtwerthe von jährlich 85000 ℳ, neben welchen der Großherzog noch eine Baarsumme von ebenfalls 85,000 ℳ aus der Staatscasse beziehen sollte) und in **Staatsgut** gesondert. Zu den Gesammtausgaben des Großherzogthums sollten zunächst das Herzogthum 80%, das Fürstenthum Lübeck 11½ %, Fürstenthum Birkenfeld 8½ % beitragen. Ein aus zum Theil durchs Loos aus den höchsten Landesgerichten bestimmten, zum Theil vom Landtage gewählten und zum Theil von der Staatsregierung ernannten Mitgliedern bestehender **Staatsgerichtshof** sollte über Ministeranklagen entscheiden.

§. 169. Kurze Geschichte der ersten Landtage. Revision des Staatsgrundgesetzes.

Dem vereinbarenden Landtage folgten bis zum Ende dieses Zeitraumes rasch auf einander sechs allgemeine

Landtage, während keiner von den erst **nach dem Schlusse eines allgemeinen Landtags zusammentretenden Provinziallandtagen** berufen werden konnte.

Der erste Landtag wurde am 2. August 1849 eröffnet; das Fürstenthum Birkenfeld hatte keine Abgeordnete gewählt, weil es seine staatliche Selbstständigkeit durch das Staatsgrundgesetz verletzt hielt. Den Hauptgegenstand der Verhandlungen bildete der Anschluß Oldenburgs an das Drei-Königs-Bündniß (§. 167.) und da der Landtag mit einer Stimme Majorität beschloß, diesem seine Zustimmung jedenfalls zur Zeit nicht zu geben, so wurde der Landtag bereits am 2. September wieder aufgelöst. Der Landtagsabschied erfolgte Oct. 13.

Der zweite am 6. November eröffnete Landtag hatte dasselbe Schicksal. Auch diesmal waren Abgeordnete aus Birkenfeld nicht erschienen; es wurde über Anträge derselben rücksichtlich der Rechte des Fürstenthums u. a. m. verhandelt; die Hauptsache aber war der Antrag der Staatsregierung, daß der Landtag sich mit dem inzwischen wegen neuer keine Zögerung oder irgend welche bedingende Vorbehalte zulassender Umstände, bereits erfolgtem Beitritt Oldenburgs zum Drei-Königs-Bündniß einverstanden erkläre. Der Landtag enthob zwar das Ministerium der Verantwortlichkeit wegen seines bisherigen Verfahrens in dieser Angelegenheit, wollte die Entscheidung über die Sache selbst aber aussetzen; die Staatsregierung drängte dagegen zu einer Erklärung, die dann mit 22 gegen 19 Stimmen dahin ausfiel, daß der Antrag auf Zustimmung verworfen ward.

Nun reichte das Ministerium seine Entlassung ein, der Landtag wurde zunächst vertagt und bald darauf aufgelöst. 1849 Dec. 4. 16. Der Landtagsabschied erfolgte Februar 2. 1850.

Die Entlassung des Ministeriums Schloifer (§. 168.)

war angenommen und das Ministerium v. Buttel eingetreten. Eine Ansprache desselben über den Beitritt Oldenburgs zum Bündniß vom 26. Mai 1849 erklärte, daß mit der Neubildung des Ministeriums nur ein Personen-, kein Systemwechsel eingetreten sei, daß das jetzige Ministerium den abgeschlossenen Vertrag als eine bindende Thatsache vorgefunden habe und daran zunächst festhalten werde.

1849
Dec. 17.
Der dritte auf Grund eines octroyirten Wahlgesetzes einberufene und am 19. Februar 1850 eröffnete Landtag war zum erstenmale durch die Betheiligung der Abgeordneten aus dem Fürstenthum Birkenfeld vollständig beschickt. Anfangs schien sich, wie über den bisherigen Streitpunct — den Beitritt Oldenburgs zum s. g. Berliner Bündniß — so auch überhaupt, z. B. durch nachträgliche Genehmigung des neuen Wahlgesetzes, ein gutes Einvernehmen dieses Landtags mit der Staatsregierung geltend machen zu wollen. Man einigte sich namentlich in Betreff des Berliner Bündnisses zu einem die Entscheidung aufschiebenden Beschluß. Allein bald entstanden wieder Meinungsverschiedenheiten über die Auslegung und Bedeutung dieses Beschlusses und als nun der Landtag Auskunft über die von der Staatsregierung rücksichtlich des Bündnisses übernommenen Verpflichtungen verlangte, solche aber nicht in genügender Weise erhielt, schien wieder jede Verständigung darüber unmöglich; der Landtag wurde, als er zur Berathung über eine dieserhalb zu beschließende Anklage der Minister übergehen wollte, April 27. 1850 vertagt und dann am 19. October aufgelöst. Der Landtagsabschied erfolgte October 21.

Der vierte Landtag wurde am 20. Decbr. 1850 eröffnet. Das Berliner Bündniß war mittlerweile (§. 167.) schon für unausführbar erklärt und hatte nun für den

Landtag keinen Gegenstand mehr. Um so ungestörter konnte er sich mit den ihm vorgelegten zur Ausführung der wichtigsten staatsgrundgesetzlichen Bestimmungen dienenden Gesetzen und Organisationsplänen, mit der auf dem letzten Landtage unvollendet gebliebenen Ausscheidung des Kronguts und mit dem Budget beschäftigen. Aber eben dieses wurde wieder zum Stein des Anstoßes. Der Landtag hatte sich mit der Staatsregierung bisher über die Nothwendigkeit der Stellung eines Reiterregiments nicht einigen können, wollte indeß jetzt die Nothwendigkeit dahin gestellt sein lassen, wenn mit 60,000 ℳ für die Kosten desselben ausgereicht werde. Das Ministerium erklärte dazu einen Supplementarcredit von 27,000 ℳ zu bedürfen und machte die Bewilligung dieser Summe zur Cabinetsfrage. Der Landtag lehnte die Forderung mit 27 gegen 18 Stimmen ab, worauf derselbe sofort April 4. 1851 vertagt und am 26. September wieder aufgelöst wurde. Der Landtagsabschied erfolgte October 10.

Das Ministerium v. Buttel trat nach diesem Ausfall des Landtags ab und das Ministerium v. Rössing an seine Stelle. Zugleich wurde der November 27. eröffnete **fünfte Landtag** einberufen und zwar mit dem Bemerken, daß — nachdem die Verhältnisse auf der einen Seite bei mehr gesichertem Friedenszustande zwar eine erhebliche Verminderung der Militairkosten möglich machen würden, auf der andern Seite die unabweisbare Nothwendigkeit herbeigeführt hätten, eine Revision des Staatsgrundgesetzes, unbeschadet der in Ausführung derselben bereits erlassenen Landesgesetze auf verfassungsmäßigem Wege anzubahnen — zunächst und vor Allem dem Lande habe Gelegenheit gegeben werden müssen, seine Mitwirkung durch in Hinblick auf den zu erreichenden Zweck vorzunehmende Neuwahlen zu bethätigen. Die Revision des Staatsgrundgesetzes sollte sich nach der Erklärung des Ministeriums nicht nur aus Rücksichten einer verständigen inneren Politik empfehlen, sondern außerdem auf einem Gebote des Bundestags beruhen, bei welchem es nicht mehr in Frage kommen könne, ob ihm Folge zu geben sei. Um aber zunächst die verfassungsmäßige Möglichkeit herzustellen, das Staatsgrundgesetz in derselben Weise, wie es entstanden, also im Wege der einfachen Gesetzgebung wieder abzuändern, wurde nur eine dahin zielende vorübergehende Bestimmung zum Staatsgrundgesetze beantragt und im Uebrigen nur allgemein der Standpunct dargelegt, von dem die Staatsregierung demnächst bei der Revision selbst auszugehen gedenke. Der Landtag erklärte sich damit einverstanden, daß eine Revision vorzunehmen sei, ersuchte aber die Staatsregierung schon jetzt um eine specielle Vorlage zum Zweck dieser Revision, damit die von ihm mit absoluter Stimmenmehrheit über die einzelnen Puncte zu fassenden Beschlüsse einem folgenden Landtage wieder vorgelegt werden könnten, mit welchem dann im einfachen Wege der Gesetzgebung die Revisionsbeschlüsse festgestellt werden sollten. Die Staatsregierung war geneigt, diesem Antrage zu entsprechen; um aber zu den nun nöthigen Vorarbeiten Zeit zu gewinnen, mußte eine Vertagung des Landtags vom 30. December 1851 bis zum 23. Februar 1852 eintreten. Nach Ablauf dieser Zeit wurde der Entwurf eines revidirten Staatsgrundgesetzes vorgelegt, worin das Ministerium nicht einen Rückschritt, sondern einen Fortschritt zum Bessern zu erkennen bat. Zwar hätten nicht alle Bedenken unterdrückt werden können, ob nicht auch dieser Entwurf noch eine allzurasche Entwickelung der öffentlichen Institutionen des Großherzogthums in Vergleich mit dessen politischen Zuständen vor 1848 in sich begreife, um so mehr müsse aber daran festgehalten werden, daß die in dem Entwurfe niedergelegten wesentlichen Garantien, unter denen die Anwendung des constitutionellen Systems auf einen Staat, wie Oldenburg, überall nur als möglich werde gedacht werden können, wenigstens nicht vermindert würden. Die Revisionsarbeiten wurden am 12. Juni 1852 beendigt. Zum ersten Male verlief ein Landtag ohne allen Mißklang und wenn auch manche Vorschläge der Staats= regierung, auf dessen Annahme sie einen erheblichen Werth legte, nicht die Billigung des Landtags gefunden hatten, so wurde doch hervorgehoben, daß sie einen größeren Werth auf eine selbstständige Durchführung der gebotenen Revision im Einklange mit der Volksvertretung lege und zudem hoffe, daß der gesunde Sinn des Oldenburgischen Volks die gehegten Besorgnisse beseitigen werde. Der Landtag erklärte sich mit einer Vertagung bis August 1. einverstanden, damit die dann nöthige Auflösung des dermaligen und Berufung ei= nes neugewählten Revisionslandtags nicht in eine unpas= sende Zeit des Jahres zu fallen brauchte Die Auflösung erfolgte Juli 20. und wurde

der sechste Landtag zugleich auf den 27. Septbr. einberufen. Auf diesem Landtage ward nun zunächst die vorübergehende Bestimmung zum Staatsgrundgesetze ange= nommen, welche die Revision nach den Beschlüssen des vo= rigen Landtags ermöglichte, und dann auch zu der Ge= sammtheit jener Beschlüsse Zustimmung ertheilt. Nachdem ferner noch ein neues Wahlgesetz und ein Gesetz über die Provinzialräthe der Fürstenthümer berathen war, hatte das Revisionswerk damit seinen Abschluß erhalten und hielt man es für wünschenswerth, daß zur Vorbereitung weiterer Vorlagen bis nach Publication des revidirten Staatsgrund= gesetzes eine Vertagung eintrete. Diese erfolgte mit Zu-

1852
Oct. 15.

stimmung des Landtags vom 24. Novbr. 1852 bis Februar 28. 1853; die fernere Thätigkeit desselben fällt in den folgenden Zeitraum.

<small>1852
Nov. 22.</small> Das revidirte Staatsgrundgesetz schließt sich im Ganzen wesentlich an das frühere Staatsgrundgesetz an, hält die bedeutendsten Bestimmungen desselben unverändert aufrecht, brachte aber auch viele tiefeingreifende Veränderungen, insbesondere war an die Stelle der Provinziallandtage für jedes Fürstenthum ein Provinzialrath gesetzt, bestehend aus mindestens neun gewählten Mitgliedern; er sollte berufen sein, der Provinzialregierung Aufklärung über Verhältnisse und Bedürfnisse der Provinz zu geben, dieselbe mit ihrem Beirath zu unterstützen, auch Wünsche und Beschwerden vorzulegen. Das Gutachten der Provinzialräthe sollte eingezogen werden über alle Gesetze und Verträge und die Theile der Voranschläge, welche die Provinz betreffen, bevor sie dem Landtage vorgelegt würden, wie auch die Rechnungen über die ProvinzialAusgaben und Einnahmen ihnen mitgetheilt werden sollten. Den Beitrag zu den allgemeinen Landesausgaben bestimmte das revidirte Staatsgrundgesetz auf 80 % für das Herzogthum, 13 % für das Fürstenthum Lübeck und 7 % für das Fürstenthum Birkenfeld, vorbehältlich einer weiteren Prüfung. Das Wahlgesetz theilte die Urwähler nach dem Vorbilde einer in Preußen getroffenen Einrichtung in drei Classen, so, daß auf jede Classe ein Drittel der Gesammtsumme der von ihnen zu zahlenden Steuern kommt und jede Classe ein Drittheil der Wahlmänner des betreffenden Bezirks wählt.

§. 170. **Krieg mit Dänemark. Militairwesen.**

Der erste Anfang der staatlichen Entwicklung auf einer ungewohnten Grundlage war mit den Kämpfen zusammengefallen, welche die allgemeine Deutsche Verfassungsfrage zu bestehen hatte und dadurch der erste Versuch in constitutioneller Weise zu einem geordneten Staatshaushalt zu gelangen erschwert. Ein ganz besonderes Hinderniß lag aber auch in den zwei Kriegsjahren, durch welche das Großherzogthum Oldenburg mehr als andere Deutsche Staaten belastet wurde. Die Oldenburgischen Truppen mußten nämlich, weil sie zum 10. Armeecorps der Deutschen Bundesmacht gehörten und dieses, nach Beschluß des von der öffentlichen Meinung gedrängten Bundestags, ausersehen war unter dem Oberbefehl Preußens die Selbständigkeit der Herzogthümer Schleswig und Holstein gegen die Dänen zu schützen, nach Schleswig marschiren und blieben daselbst bis nach dem Waffenstillstande von Malmoe. Nur ein Theil der Truppen blieb im Herzogthum zum Schutz der Küsten und in Birkenfeld. Die schleunige Mobilmachung und der Ausmarsch in aufgeregter Zeit hatte wohl einige Schwierigkeiten, indeß machten die Truppen dem Oldenburgischen Namen im Felde Ehre (es zeichnete sich besonders die 3. Compagnie des 1. Regiments unter Hauptmann Schlarbaum aus), während zu Hause für zurückgebliebene Soldatenfamilien eifrig gesorgt wurde, die überall gebildeten Bürgerwehren sich übten, um nöthigenfalls Ordnung und Ruhe im Innern aufrecht zu erhalten oder etwaige Angriffe der Dänen abzuwehren und die den Handel und die Schifffahrt schwer drückende Dänische Blokade der Häfen an der Nordsee mit Geduld ertragen ward. Auch an dem zweiten Feldzuge gegen Dänemark nach Kündigung des Waffenstillstandes zu Malmoe nahmen Oldenburgische Truppen ehrenvollen Antheil, bis die Feindseligkeiten durch Verfügung der Deutschen Centralgewalt eingestellt wurden, in Folge dessen zwischen Preußen, Namens des Deutschen Bundes und Dänemark später endlich

1848 April 12.

Aug. 26.

1849 April 1.

Juli 10.

der Friede abgeschlossen ward. Die Theilnahme an dem Schicksale Schleswig=Holsteins blieb im ganzen Großherzogthum fortwährend rege und bekundete sich in der mannichfachsten Weise.

1850
Juli 2.

Zur Bestreitung der durch den Krieg entstandenen außerordentlichen Militairbedürfnisse mußten mit Zustimmung des Landtags die Mittel durch eine Anleihe von 210,000 ℳ herbeigeschafft werden. Die Kosten des Militairs in den Jahren 1848 und 1849 einschließlich der Kosten der Feldzüge beliefen sich auf circa 1 Million Thaler Zu erwähnen ist hier auch, daß durch Anordnungen der Deutschen Centralgewalt die Kriegsmacht auf 2% der Bevölkerung hatte gebracht und ein Cavallerieregiment von 800 Mann (§ 169) errichtet werden müssen, in Folge dessen auch der Präsenzstand der Infanterie auf 1½ Jahr bestimmt und überhaupt eine neue Formation des Oldenburgischen Truppencorps unter Aufhebung der Depot= und Reservecompagnien, in fünf Linienbataillons, wovon das fünfte leichte oder Jägerbataillon in Birkenfeld war, herbeigeführt ward; auch einige Aenderungen des Militairstrafgesetzbuchs über Desertion und deren Bestrafung hingen damit zusammen.

1849
Jun. 22.

1851
April 5.

1851
Febr. 10.

Die mit den drei Hansestädten geschlossene Brigadeconvention (§. 159) wurde mit dem 1. Mai 1851 aufgelöst, mit Bremen allein aber erneuert. Dies und ein durch die Zeitverhältnisse gestattetes Zurückgehen von der zweiprocentigen Contingentstellung auf die in der Bundeskriegsverfassung nur gebotene geringere Leistung hatte dann wieder eine Reduction in der Artillerie und eine Einschränkung in der Formation der Infanterie und Cavallerie zur Folge.

§. 171. Finanzen. Gerichtswesen. Freizügigkeit.

Unter solchen Umständen konnte für die weitere Entwicklung anderer Zweige der Staatsverwaltung, welche alle in Folge der im Staatsgrundgesetze enthaltenen Grundsätze einer mehr oder weniger durchgreifenden Aenderung entgegengeführt werden mußten, anfangs noch wenig geschehen; doch war die Ausführung einiger Bestimmungen des Staatsgrundgesetzes schon in dieser Periode von der größten Bedeutung.

Im Finanzwesen hätte das Staatsgrundgesetz zunächst eine gänzliche Umgestaltung veranlassen können. Das Budget der Cammercasse des Herzogthums war nach einer den 34 Abgeordneten (§. 168) gemachten Mittheilung für 1848 auf eine Ausgabe von 938,827 Thaler 25 Gr. und eine Einnahme von 900,896 Thlr. festgestellt. Die dabei zum theilweisen Abtrag und zur Verzinsung aufgeführten Schulden der Cammercasse betrugen 447,755 Thlr. 32 Gr., die der Wegbaucasse 763,027 Thlr. 24 Gr. Die jährliche Ausgabe für das Militair in Friedenszeiten, nach 1831 etwa 145,000 Thlr., waren jetzt veranschlagt zu 212,000 Thlr. Den ersten Landtagen wurden auch die Voranschläge der Centralausgaben des Großherzogthums pro 1849 bis 1852 vorgelegt. Nach dem Voranschlage für 1852 sollten die Centralausgaben 385000 Thlr. (daruntrr 246,642 Thlr. 44 Gr. für den Militairetat) betragen. Die Voranschläge der Einnahmen und Ausgaben der einzelnen Landestheile für die Jahre 1849 und 1850 waren zur Vorlage an die Provinziallandtage ebenfalls vorbereitet. Darnach waren für 1850 die Einnahmen des Herzogthums zu 848000 Thlr., des Fürstenthums Lübeck zu 126,600 Thlr., des Fürstenthums Birkenfeld zu 111,300 Thlr., also im Ganzen für das Großherzogthum zu 1,085,900 Thlr. veranschlagt. Die Landesschulden stellten sich für das Herzogthum auf 1,184,395 Thlr., für das Fürstenthum Lübeck auf 112,913 Thlr. Sch. H. C., für Birkenfeld auf 37,053 Thlr. Doch kam es in diesem Zeitraum wegen der steten Differenzen mit dem Landtage (§. 169) noch nicht zur Feststellung eines Finanzgesetzes. Es wurde zur Erhebung und Zahlung der Gesammteinnahmen und Ausgaben des Großherzogthums, getrennt von den Cassen der einzelnen Landestheile, nur eine Centralcasse errichtet; in Betreff der Steuergleichheit im Amte Varel eine Verordnung erlassen und endlich die mit dem 5. Landtage zu Stande gekommene Vereinbarung über die Ausscheidung des Kronguts (§. 168, 169) publicirt. Zu der staatsgrundgesetzlich bestimmten Summe von 85000 Thlr. konnte das Herzogthum Grundstücke zum Ertrage von 72,462 Thlr. 53 Gr., das Fürstenthum Lübeck zum Ertrage von 11899 Thlr. 64 Gr. und das Fürstenthum Birkenfeld zum Ertrage von 637 Thlr. 27 Gr. hergeben, welche Beträge dann auf die Beitragsquoten der verschiedenen Landestheile in Anrechnung gebracht werden sollten. Zur Anbahnung der durch das Staatsgrundgesetz gebotenen neuen Veranlagung der Grundsteuer, zunächst zum Zweck der Ermittlung des Steuercapitals alles im Herzogthum vorhandenen Grundvermögens wurde eine Katasterdirection eingesetzt.

Die Veränderungen im Gerichtswesen, welche das Staatsgrundgesetz durch die Einführung der Oeffentlichkeit und Mündlichkeit, des Anklageprocesses und der Schwurgerichte u. a. m. verlangte, erforderten die umfassendsten Vorarbeiten. Sie wurden in Angriff genommen, schritten aber wegen der Bearbeitung dringenderer Gesetze (§. 172) nur langsam vor. Zu bemerken ist aus dieser Zeit nichts, als daß die Auctionatorordnung (§. 160) auch auf den Kreis Oldenburg ausgedehnt und die Gerichtsbarkeit der Stadt Delmenhorst aufgehoben ward.

Der durch das Staatsgrundgesetz für alle Staatsbürger anerkannte Grundsatz der Freizügigkeit zwischen allen

Gemeinden machte noch vor Erlassung einer neuen Gemeinde=
beordnung vorläufige Bestimmungen über den Erwerb der
Gemeindeangehörigkeit erforderlich. Die häusliche Nieder=
lassung (Umzug) in einer Gemeinde sollte den Erwerb be=
gründen, wenn ein Inländer nachweisen könne, daß er in
den letzten drei Jahren nicht wegen eines entehrenden Ver=
brechens oder Vergehens bestraft worden und keine Unter=
stützung aus Armenmitteln erhalten habe.

1849
Mai 6.

§. 172. **Landesculturverhältnisse. Deiche und Siele.**

Mit den Theilungen der Gemeinheiten und Marken
(§. 130) war unter der Großherzoglichen Regierung eifrig
fortgefahren, so daß am Schlusse dieses Zeitraums (seit
1800 also in etwa 50 Jahren) 220 Gemeinheiten und
Marken von zusammen 171,854 Jück (à 160 ☐Ruthen
à 324 ☐Fuß) getheilt waren; doch blieben noch immer
circa 150 Gemeinheiten mit vielen tausend Jück Landes
ungetheilt. Für den Anbau der zur Verfügung der Staats=
regierung stehenden Gemeinheits= und Markengründe waren
übrigens bestimmte Pläne aufgestellt, indem nur dadurch
den häufig vorgekommenen Klagen, namentlich von Seiten
der Interessenten über unzweckmäßig geschehene Ausweisun=
gen mit Erfolg vorgebeugt werden konnte.

Außerdem wurde immer mehr dahin gestrebt, die gro=
ßen Hochmoorflächen des Landes in umfassender Weise der
Cultur zu eröffnen. Die neuangelegten Colonien Peters=
vehn bei Oldenburg und Augustvehn bei Apen u. a. m.
dienten dazu, und zu einer sehr wichtigen Verbindung der
Hunte und Ems durch einen das Hochmoor in einer Länge
von 5—6 Meilen durchschneidenden Kanal, worauf seit
1844 von Privaten hingewirkt war, geschahen die ersten
Schritte.

Für die Landesculturverhältnisse war die im Staats=
grundgesetz bestimmte Aufhebung der Zwangs= und Bann=
rechte, des gutsherrlichen so wie des Fideicommiß= und Lehn=
verbandes von tief eingreifender Wichtigkeit. Es mußte das
<small>1849
Oct. 14.</small> Erste sein die Rechtsverhältnisse der vom gutsherrlichen Ver=
bande befreiten Stellen und die Entschädigung wegen der
<small>1851
Febr. 3.
Febr. 11.</small> aufgehobenen gutsherrlichen Lasten näher zu bestimmen.
Ein allgemeines Ablösungsgesetz bestimmte dann die
<small>1852
Jan. 16.</small> Art und Weise, wie alle auf Grund und Boden haftende
Lasten, welche nicht steuerlicher Natur sind, auf Antrag des
Verpflichteten abgelöst werden könnten. Die Preise der Na=
turalien und Dienste sollten durch eigene Commissionen er=
<small>1851
Nov. 2.</small> mittelt werden und wurden deren Feststellungen publicirt.
In Beziehung auf die Berechtigungen des Staats setzte ein
<small>1851
März 12.</small> besonderes Gesetz fest, was davon ohne oder mit Entschädi=
gung als aufgehoben, was als ablösbar und unablösbar
anzusehen sei. Auch rücksichtlich der Entschädigung für auf=
gehobene Zwangs= und Bannrechte der Mühlen erfolgte ein
<small>April 8.</small> Gesetz und ebenso wegen der Entschädigung für die durch
das Staatsgrundgesetz aufgehobenen Freiheiten und Begün=
stigungen im Beitrage zu den Staats= und Gemeindelasten,
endlich ward die Aufhebung der Fideicommisse und Lehne
<small>1852
März 28.</small> unter Aufrechthaltung der Erbfolge des zunächst Berechtig=
ten regulirt. Die neu eingesetzten Ablösungsbehörden er=
<small>1851
Aug. 13.</small> hielten eine angemessene Geschäftsordnung, damit sie die
ihnen durch alle diese Gesetze erwachsenen bedeutenden Ar=
beiten zu erledigen im Stande wären.

Das Staatsgrundgesetz hatte das Recht am Holz auf
fremden oder pflichtigen Boden ganz aufgehoben; in Folge
dessen wurden die älteren Bestimmungen über die forstpoli=
zeiliche Aufsicht bei der Bewirthschaftung der Privatholzun=
<small>1849
Mai 19.</small> gen für weggefallen erklärt. Durch die im Staatsgrund=

gesetz auch bestimmte Aufhebung der Jagdhoheit und aller Jagdgesetze wurden einige vorläufige Anordnungen wegen Ausübung des Jagdrechts zum Schutz der Personen und des Eigenthums erforderlich. 1850 Sept. 1.

Die früher schon (§. 158) angeordnete Untersuchung wegen der Sielfreiheiten hatte zu neuen Bestimmungen über die Concurrenz zu den Siellasten im alten Herzogthum, wonach alle bisherigen Sielfreiheiten mit wenigen Ausnahmen wegfielen, Veranlassung gegeben. In Folge der Bestimmung des Staatsgrundgesetzes wegen Aufhebung aller Freiheiten und Begünstigungen wurde dies aber später noch gleichmäßiger durchgeführt, wodurch dann auch die Untersuchung für die Herrschaft Jever überflüssig wurde. Eine umfassende Aenderung der ganzen Deichverfassung und des Deichrechts wurde durch Niedersetzung einer Commission zur Ausarbeitung einer neuen Deichordnung vorbereitet. Rücksichtlich der Enteignung in Deichsachen setzte ein Gesetz fest, daß die zum Deichbau erforderliche Erde vom Eigenthümer der Binnendeichsländereien nur gegen eine gerechte, durch Schätzung zu ermittelnde Entschädigung, hergegeben werden müsse. 1848 Mai 5.
1849
1852 Mai 15.

An neuen Bedeichungen sind in diesem Zeitraum ausgeführt die des Cäciliengrodens im Amte Jever, 242 Jück groß, mit einem Kostenaufwande von 27564 ℛℳ und des Petergrodens im Amte Bockhorn, 327 Jück groß, mit einem Kostenaufwande von 41,653 ℛℳ. Eine große Bedeichung des Seefeld-Stollhammer-Grodens und die Landfestmachung der Oberahnischen Felder (Inseln in der Jade) wurde schlüssig vorbereitet.

Zur Verhütung von Unglücksfällen bei Ueberschwemmungen in den Niederungen zwischen Hunte und Weser wurden bauliche Vorschriften erlassen; die Versicherung be- 1848 April 15.

weglicher Gegenstände gegen Feuersgefahr ward unter ange=
messener Controle bis zum vollen Werth derselben gestattet.
Für die Stadt Oldenburg wurde das Feuerlösch= und Ret=
tungswesen neu organisirt.

1848 März 7.
1851 April 5.
1852 Dec. 14.

§. 173. Handel, Schifffahrt und Verkehr.

Im Interesse des Handels, der Schifffahrt und des
allgemeinen Verkehrs konnte in dieser Zeit nicht viel ge=
schehen, indeß fehlt es doch nicht an einzelnen bemerkens=
werthen Einrichtungen.

Zur bessern Beaufsichtigung der auf Oldenburgischen
Schiffen dienenden Mannschaften wurden Dienstbücher ein=
geführt, zur Förderung des inländischen Schiffbaues die
Eingangs= und Durchgangsabgaben für gewisse Materialien
ermäßigt, auch wegen Gleichstellung der Schiffe rücksichtlich
der Hafenabgaben Verträge mit der Republik Chili und
mit Spanien abgeschlossen.

1848 März 20.
1849 März 23.
Mai.
1851 Aug. 22.
1853 Jan. 24.

Da die Postanstalten nach dem Staatsgrundgesetze nicht
den Zweck haben sollten, eine Quelle der Staatseinkünfte
zu sein, so wurden verschiedene die Benutzung der Postan=
stalten gegen die freie Concurrenz sichernde Bestimmungen
ganz aufgehoben; dagegen trat Oldenburg dem Deutsch=öster=
reichischen Postvertrage bei, in Folge dessen denn auch Franko=
marken eingeführt wurden und ein neues Regulativ für die
Benutzung der inländischen Posten erlassen ward. Der
Deutsch=österreichische Postvereinsvertrag wurde gleich darauf
revidirt und trat mit dem 1. Juli 1852 in Oldenburg in
Kraft. Der Postverkehr vermehrte sich seitdem mit jedem
Jahr in erheblicher Weise.

Jan. 13. 1849
1851 Dec. 15.
1852 Jan. 7.

Behuf Fortsetzung der Chaussirung mehrerer Wege be=
willigte der Landtag eine Anleihe von 19000 ℛℊ; zur Er=
möglichung baldigster Beendigung der wichtigen Chaussee

1849 Febr. 22.

zwischen Oldenburg und Brake wurde ein Expropriations= 1851
April 4.
gesetz erlassen. Die Gesammtlänge der Chausseen im Her=
zogthum betrug am Ende dieses Zeitraums etwa 50 Meilen,
zu deren Herstellung schon bisher Anleihen gemacht waren
(§. 171).

Der bisher noch zwischen Hannover, Schaumburg=Lippe
und Oldenburg bestehende Steuerverein (§. 154) wurde mit
dem **Zollverein** vereinigt und erhielt Oldenburg damit 1853
Febr. 21.
die Zusicherung eines bedeutenden Präcipuums an den
Zollerträgen.

Dem s. g. Gothaer Vertrage wegen gegenseitiger Ueber=
nahme von Ausgewiesenen trat auch Oldenburg bei und 1851
Dec. 14.
dehnte sich dieser Vertrag über immer mehrere deutsche
Staaten aus, so daß es keine Heimathlose in den Ländern
der contrahirenden Staaten geben konnte. Wegen gegen=
seitiger Auslieferung von Verbrechern wurde ein Vertrag
mit Belgien geschlossen. 1852
April 24.

§. 174. Kirchen= und Schulwesen.

Von den eingreifendsten Folgen war unstreitig die
gänzliche Veränderung der Stellung der **evangelischen
Kirche zum Staate**. Schon auf dem das Staatsgrund=
gesetz vereinbarenden Landtage (§. 168) wurden, in Veran=
lassung der Bestimmungen der Deutschen Grundrechte (§. 167)
über die jeder Religionsgesellschaft zustehende selbständige
Ordnung und Verwaltung der eigenen Angelegenheiten,
Beschlüsse über Zusammenberufung einer Synode zur Be=
ordnung der Verhältnisse der evangelischen Kirche des Her=
zogthums gefaßt. Diesem und dem Drängen der Geistlich=
keit selbst wurde nachgegeben und eine Synode, bestehend
aus 14 geistlichen (von den Geistlichen gewählten) und 21 1849
Jan. 31.
weltlichen (von den Gemeinden gewählten) Mitgliedern, be=

1849
April 9.

rufen, welche über die von einer Großherzoglichen Commission entworfene Verfassungsurkunde berathen und beschließen sollte. Die Synode wurde am 1. Mai eröffnet und begann ihre Thätigkeit damit, daß sie eine Commission zu wählen beschloß, welche den vorgelegten Entwurf einer Verfassungsurkunde „innerhalb 48 Stunden von allen hierarchischen und büreaukratischen Bestimmungen reinigen" sollte. Den so abgeänderten Entwurf nahm man dann zur Grundlage der ferneren Berathung und beschloß im Laufe der Verhandlungen, das von der Synode zu Stande gebrachte Verfassungswerk ohne Weiteres zur Geltung zu bringen, eine obere Kirchenbehörde an die Stelle der bisherigen einzusetzen und durch diese die Verfassung verkünden zu lassen. Schon am 3. Juli waren die Berathungen beendigt. Es wurde die beschlossene Verfassungsurkunde von allen Mitgliedern der Synode, bis auf eins, unterschrieben und erklärt, daß die neue Kirchenverfassung damit zur Geltung gekommen sei; die Mitglieder der neuen oberen Kirchenbehörde, des Oberkirchenraths, wurden gewählt, worauf sich

Juli 5. die Synode vertagte, um dem Präsidium zur Vorbereitung der weiter nöthigen Schritte Zeit zu lassen. Am 1. August trat die Synode wieder zusammen und nahm Kenntniß von

1849
Aug. 3.

einer Großherzoglichen Verordnung, wonach der Großherzog als oberster Bischof der Kirche nur den Eintritt neuer kirchlicher Behörden und den Uebergang der Kirchengewalt auf dieselbe nach den Bestimmungen des neuen Verfassungsgesetzes genehmigte und verordnete, daß die bisherigen Behörden mit dem 15. August außer Wirksamkeit treten sollten. Auch eine Regulirung wegen provisorischer Uebernahme der mit dem Kirchenwesen verbundenen Zahlungen aus der Staatscasse wurde genehmigt. Es wurde ein Synodalausschuß mit der förmlichen Einsetzung des neuen Oberkirchen=

raths beauftragt und vertagte sich die Synode dann wieder bis zum wirklichen Antritt desselben. Die Einsetzung erfolgte am 15. August, worauf die Synode für aufgelöst erklärt ward. Der Oberkirchenrath publicirte an demselben Tage das Kirchenverfassungsgesetz und erließ eine Ansprache an die evangelischen Gemeinden des Herzogthums.

Dieses Verfassungsgesetz enthält nichts von einem Landesherrlichen Kirchenregimente; die evangelische Kirche des Herzogthums betrachtet sich danach als ein Glied der evangelischen Kirche Deutschlands und mit dieser als Theil der gesammten evangelischen Kirche, will keine Beschränkung der Glaubens- und Gewissensfreiheit weder durch Bekenntnißschriften noch durch kirchliche Anordnungen und Einrichtungen dulden, ihre Angelegenheiten selbständig ordnen und verwalten und nur den allgemeinen Staatsgesetzen unterworfen bleiben. Jede Gemeinde hat danach in ihren Angelegenheiten das Recht der Selbstverwaltung innerhalb der gesetzlichen Grenzen und übt ihre Befugnisse durch die Gemeindeversammlung und durch den Kirchenrath (das Presbyterium). Zum Kirchenrath gehören die Pfarrer und 3—15 auf vier Jahre gewählte Aelteste; der Vorsitzende soll gewählt werden; wahlfähig und wählbar ist jeder Volljährige. Die Einführung von Kreissynoden blieb noch vorbehalten; die Landessynode sollte aus 22 (7 geistlichen und 14 weltlichen und einem entweder geistlichen oder weltlichen) Mitgliedern bestehen, welche alle durch directe Wahlen der Gemeinden gewählt wurden; sie sollte alljährlich zusammentreten. Die Beschlüsse der Synode erhalten Gesetzeskraft durch die Verkündigung, welche dem Oberkirchenrath obliegt; dieser kann die Verkündigung nur aussetzen, bis die nächste Synode über seine etwaigen Bedenken Beschluß gefaßt hat; Schluß oder Vertagung der Synode kann diese nur selbst beschließen. Die Pfarrer sollten durch die Gemeindeversammlung gewählt werden; wenn nicht ³/₄ der anwesenden Stimmen auf einen Bewerber fiel, muß die Wahl wiederholt werden; wird auch dann jene Stimmenmehrheit nicht erlangt, so besetzt der Oberkirchenrath die Stelle. Der Oberkirchenrath sollte aus drei ordentlichen und zwei außerordentlichen Mitgliedern bestehen, welche die Synode wählt: ein ordentliches juristisches Mitglied auf Lebenszeit, die anderen, je ein geistliches und ein weltliches auf sechs resp. vier Jahre; ein von der Synode gewähltes Dienstgericht sollte über Dienstentlassungen der Kirchenbeamten erkennen.

Die erste ordentliche Landessynode wurde am 3. Dec. 1850 eröffnet und am 16. ej. geschlossen. Aus ihren Beschlüssen gingen Gesetze über Regelung der evangelischen Pfarrsprengel in den katholischen Landestheilen (in Goldenstedt und Wulfenau wurden neue protestantische Kirchen gebaut), über Zusammensetzung und Verfahren eines Dienstgerichts, über Besoldung der Hülfs- und Vacanzprediger hervor.

1850 Dec. 27.

1851 Jan. 6. Jan. 11.

Die zweite ordentliche Synode wurde am 12. Nov. 1851 eröffnet. Ihr wurden viele eine Revision des Kirchenverfassungsgesetzes verlangende Petitionen von Geistlichen und Gemeinden vorgelegt. Ein definitiver Beschluß über dieselben konnte nicht erreicht werden; die Synode vertagte sich daher am 24. Nov. um wieder zusammenzutreten, wenn der zur Berichterstattung gewählte Ausschuß seine Berathungen über den materiellen Inhalt der Petitionen vollendet haben werde. Inzwischen waren Gesetze über Abhaltung von Kirchenvisitationen, über die Bestimmung und Verwaltung einer Centralpfarrkasse und über Aufhebung der Stolgebühren zu Stande gekommen. Am 3. Febr. 1852 trat die Synode wieder zusammen; die Zahl der Petitionen für

Nov. 25. 26. 27.

und gegen eine Revision des Verfassungsgesetzes hatte sich mittlerweile sehr vermehrt. Die Synode beschloß, daß zur Zeit eine Revision nicht angemessen sei und wurde sodann am 4. Febr. schon wieder geschlossen.

Bald darauf erließ der Oberkirchenrath eine Verordnung, welche die Stimmberechtigung in der Gemeindeversammlung beschränkte. Dies und die inzwischen auf dem fünften Landtage (§. 169) über die Revision des Staatsgrundgesetzes gefaßten Beschlüsse, welche auch die Stellung der evangelischen Kirche zum Staate und das geltende Kirchenverfassungsgesetz berührten, veranlaßte eine Aufregung bei mehreren Kirchenräthen. Es wurde die schleunige Berufung einer außerordentlichen Synode vor Zusammentritt des sechsten Landtags, durch welchen die Beschlüsse des fünften zur Geltung gebracht werden sollten, beantragt und der Oberkirchenrath mußte diesen Anträgen verfassungsmäßig nachgeben. Die Synode wurde auf den 7. Sept. berufen; es legten aber nun so viele Abgeordnete ihr Mandat nieder, daß die Synode nicht mehr beschlußfähig war. Dadurch war der Zusammentritt einer außerordentlichen Synode vor der Publication des revidirten Staatsgrundgesetzes (§. 169) vereitelt. Die Wahlen zu einer neuen Synode wurden zwar sofort angeordnet, der Zusammentritt dieser dritten ordentlichen Landessynode erfolgte dann aber erst Jan. 27. 1853. Das revidirte Staatsgrundgesetz hatte inzwischen die Bestimmung gebracht, daß „die nothwendigen Aenderungen der Verfassung der evangelischen Kirche des Herzogthums durch den Großherzog unter Zuziehung der kirchlichen Organe getroffen werden sollten." Darauf gestützt hatte der Großherzog sofort durch eine Commission den Entwurf eines revidirten Kirchenverfassungsgesetzes ausarbeiten lassen und wurde dieser nun der Synode zur Er-

1852 März 25.

klärung übergeben. Sie beschloß zunächst einstimmig auf die Berathung des Entwurfs einzugehen, ihre Erklärung nach den mit einfacher Stimmenmehrheit zu fassenden Beschlüssen abzugeben und beendete dann diese Arbeit so rasch, daß am 23. Febr. der Schluß der Synode Statt finden konnte, nachdem noch eine Deputation gewählt war, welche die evangelisch-lutherische Kirche der Huld und Fürsorge des Großherzogs empfehlen sollte.

April 11. 1853

Die Publication des revidirten Kirchenverfassungsgesetzes fällt in den folgenden Zeitraum; hier ist nur anzuführen, daß das neue Gesetz sich den Beschlüssen der Synode und den Anträgen des Oberkirchenraths durchaus anschließt und die Kirche damit eine Verfassung erhielt, welche „schärfer und bestimmter hervortreten läßt, in welchem Glauben und welcher Lehre sie wurzelt, dem Lehramte und dem Regimente eine festere Stellung giebt, die Organisation der Gemeinde erfahrungsmäßig richtiger normirt und ohne die gefährliche Einverleibung der Kirche in den staatlichen Organismus doch die naturgemäße Verbindung zwischen Kirche und Staat besser festhält." Der Großherzog hat das den evangelischen Landesfürsten Deutschlands herkömmlich zustehende Kirchenregiment, beschränkt durch die Bestimmungen der Verfassung; in den Gemeinden ist das Stimmrecht beschränkt; ein Ausschuß vertritt die Gemeinde in gewissen äußeren Angelegenheiten; der Pfarrer ist stets Vorsitzender des Kirchenraths, die Aeltesten werden auf sechs Jahre gewählt; Kreissynoden sind organisirt; aus ihnen gehen die Abgeordneten zur Landessynode hervor; diese tritt nur alle drei Jahre zusammen und besteht aus 36 theils gewählten, theils vom Großherzoge ernannten, fast zu gleichen Theilen weltlichen und geistlichen Mitgliedern. — Eine Krisis in der Entwicklung der kirchlichen Zustände schien damit für's Erste auf heilsame Weise abgeschlossen und auch diese Revision auf friedlichem und gesetzlichem Wege beendet, ohne daß in Oldenburg wieder aufgegeben wurde, was doch größtentheils als ein Vorzug vor den kirchlichen Einrichtungen in andern Deutschen Ländern angesehen wurde.

Eine Aenderung der für die **katholische** Kirche bestehenden Einrichtungen (§. 163) wurde durch die im Staatsgrundgesetze enthaltene Bestimmung, daß jede Religionsgenossenschaft ihre Angelegenheiten selbständig ordne und verwalte, noch nicht herbeigeführt; nur fiel das bisher vom Staate geübte **visum** und **placet** weg und die Parochialverhältnisse der im alten Herzogthum wohnenden Katholiken wurden regulirt. Auch zu einer nun nöthigen Organisation der **jüdischen** Gemeinden kam es noch nicht. Dagegen machte jene Bestimmung des Staatsgrundgesetzes und die sich in dieser Zeit mehrende Zahl der **Sektirer**, besonders Baptisten und Methodisten, die Aufhebung des bisherigen Parochialzwangs und eine Beordnung der gegenseitigen Verhältnisse verschiedener Religionsgesellschaften zu einander, insbesondere rücksichtlich der Führung der Kirchen- (Standes) Bücher nöthig.

1852
März 22.

1851
Jan. 14.

Das **Schulwesen**, welches nach dem Staatsgrundgesetze getrennt von den kirchlichen Behörden selbständig organisirt werden sollte, blieb zunächst noch unverändert und namentlich, was das evangelische Schulwesen betrifft, auch nach Einsetzung des Oberkirchenraths in den Händen des als obere Schulbehörde einstweilen noch beibehaltenen Consistoriums. Die Gemeinden wurden nur in Ansehung des Schulgeldes erleichtert und den gering besoldeten Schullehrern wurden Zulagen bewilligt.

1848
Juli 10.
1850
Febr. 25.

§. 175. Die Fürstenthümer Lübeck und Birkenfeld.

In den Fürstenthümern Lübeck und Birkenfeld wurden in diesem Zeitraum alle das ganze Großherzogthum betreffende Gesetze und die zur Ausführung des Staatsgrundgesetzes im Herzogthum ergriffenen allgemeinen Maßregeln gleichmäßig zur Anwendung gebracht.

Im Fürstenthum Lübeck war gleich im Anfange der Bewegung des Jahres 1848 eine verhaßte Abgabe, die Kopfsteuer, aufgehoben und eine andere lästige Abgabe, die der Heuerinsten, abgeschafft; der Erwerb der Gemeindeangehörigkeit wurde wie im Herzogthum (§. 174) fest bestimmt und der Bauervogtsdienst in den Landgemeinden neu regulirt.

<small>Mai 12.
1849
März. 6.
1852
Nov. 1.
1853
Jan. 3.</small>

Im Fürstenthum Birkenfeld war die Aufregung im Anfange des Jahres 1848, namentlich über die politischen Verhältnisse des Fürstenthums, so groß, daß ein besonderer landesherrlicher Commissar dahin gesandt werden mußte, um eine Verständigung der Eingesessenen des Fürstenthums über die Absichten des Großherzogs in Beziehung auf die einzuführende landständische Verfassung zu versuchen. Die Wünsche der Eingesessenen wurden entgegengenommen und auf die eingereichten Petitionen ward in einer Proclamation des Großherzogs Bescheid ertheilt, wodurch aber wesentlich nur auf die Betheiligung des Fürstenthums an den Berathungen des einberufenen Landtags (§. 168) hingewiesen werden konnte. Wie wenig das Fürstenthum sich indeß dadurch befriedigt fand, zeigte sich als die Abgeordneten des Fürstenthums die Versammlung verließen und erst auf dem dritten Landtage (§. 169) wieder erschienen. In der Gesetzgebung des Fürstenthums waren die Bestimmungen wegen Ausübung des Jagdrechts, welche durch das Staats-

<small>1848
April 7.

1848
Apr. 10/14.

1848
Sept. 22.</small>

grundgesetz, wie im Herzogthum (§. 172), hier besonders nothwendig wurden, wichtig. Man machte aber bald die Erfahrung, daß bei der großen Zerstückelung des Grundeigenthums die Aufhebung aller früheren Jagdgesetze große Uebelstände herbeiführe und die Ausübung des Jagdrechts nothwendig aus Gründen der öffentlichen Sicherheit und des gemeinen Wohls zu beschränken sei, daher ein vorläufiges Jagdgesetz in dieser Beziehung Abhülfe schaffen mußte. Verschiedene früher auf die Staatscasse übernommene Communallasten (§. 166) mußten, um die Landescasse in der bedrängten Zeit zu erleichtern, wieder den Gemeinden zugewiesen werden. Die neue Formation des Militairs veranlaßte, daß das Fürstenthum Birkenfeld nicht mehr, wie bisher, eine bloße Reservecompagnie stellen konnte (§. 159, 166, 170) und die Vorschriften über das Recrutirungswesen mit den im Herzogthum bestehenden schleunigst in Uebereinstimmung gebracht werden mußten. Der Landtag versagte jedoch später die von ihm nachträglich geforderte Zustimmung dazu und mußte das bezügliche Gesetz deshalb wieder aufgehoben werden

1850 März 27.

1852 Jun. 24.

1851 Dec. 10.

1849 April 21.

1850 Mai 28.

§. 176. **Landesfürstliche Familie. Tod des Großherzogs August.**

Die Stürme, durch welche in dieser Zeit die Staaten erschüttert wurden und die Anstrengungen und Aufregungen, welche dadurch insbesondere für die Fürsten veranlaßt werden mußten, griffen auch die Gesundheit des Großherzogs an. Während einer bedenklichen Krankheit desselben führte der Erbgroßherzog, welcher eben erst die Universität zu Leipzig verlassen hatte, die Zügel der Regierung. Doch erholte sich der Großherzog bald wieder, und wie befremdlich ihm nun auch Manches vorkommen mußte, was jetzt zum Wohle des Volks für nöthig erachtet wurde, von ihm

1849.

aber beim redlichsten Streben für das Volkswohl nie dahin hatte gerechnet werden können, so war er doch einerseits stets bereit, persönliche Opfer zu bringen, welche die Wohlfahrt des Deutschen Vaterlandes und seines geliebten Oldenburg forderte, andererseits aber auch fest in den einmal übernommenen Pflichten und gegenüber dem Andrängen nicht berechtigter Anforderungen. Mit einer ihm ganz besonders eignen Liebenswürdigkeit fügte er sich in die neuen Verhältnisse; Keinem, der ihm in der letzten schweren Zeit seiner Regierung entgegengetreten war, ließ er es empfinden, was ihn augenblicklich schmerzlich berührt hatte und immer war er selbst der Erste, welcher die guten Seiten eines Ereignisses anzuerkennen vermochte.

Aufs Innigste gerührt ward sein Herz, als ihm bei der Verlobung des Erbgroßherzogs mit der Prinzessin Elisabeth von Sachsen-Altenburg (geb. 26. März 1826) aus dem ganzen Lande so viele Beweise von Theilnahme gegeben wurden. Auch die vielen und herzlichen Glückwünsche
1852
Febr. 10. die dann in Veranlassung der Vermählung der hohen Verlobten in Altenburg und bei der Ankunft der Erbgroßherzogin im neuen Heimathlande, aus allen Theilen des Großherzogthums von Corporationen und Einzelnen, schriftlich und mündlich dargebracht wurden, konnte der Großherzog als laut redende Zeugnisse treuer Liebe und Anhänglichkeit an das Fürstenhaus, welche tief im Oldenburger Volk wurzelt, ansehen. Die Freude über dies Ereigniß wurde
1852
Nov. 16. nur noch erhöht, als ihm der erste Enkel, Friedrich August, geboren wurde.

Neben der frohen Ueberzeugung, daß damit nicht nur das Großherzogliche Haus, sondern auch das davon unzertrennliche Wohl des Landes einen Zuwachs des Glücks erhalten habe, gereichte es dem Landesvater zuletzt noch zur besonderen Befriedigung, daß die Revision des Staatsgrund= gesetzes in friedlicher Weise zu Stande gekommen war und end= lich noch die ihm sehr am Herzen liegende Revision der evan= gelischen Kirchenverfassung im Herzogthum Oldenburg ebenso ruhig zum Abschluß gebracht werden konnte. Er wußte sein theures Oldenburg nun gewiß wieder in rechten Bah= nen und konnte mit Zuversicht annehmen, daß die Zügel der Regierung auch in guten Händen sein würden, wenn der Allmächtige sein Tagewerk hienieden beendigen wolle. Das gab dem edlen Fürsten Frieden und Ruhe in der Stunde, als Gott ihn nach kurzer Krankheit aus diesem Leben abrief und der Sohn und Nachfolger, wie jeder Ol= denburger durch den Verlust des Vaters des Landes tief bewegt und Alles von Trauer erfüllt ward. Sein An= denken wird unvergeßlich sein!

1853
Febr. 27.

Druckfehler.

Seite 54 die Marginalzahl 1676 muß bei Brand stehen.
Seite 60 statt §. 60. lies §. 62.

Register.

A.

Abfindung aus herrschaftlichen Stellen S. 58. 65.
Abgaben, alt-Oldenburgische 29. 46. 57. 65. 168.
  Dänische 76. 83.
  Französische 113. 120.
  neu-Oldenburgische 106. 108. 126. 148.
Abgaben, Eingangs-, Ausgangs- und Durchgangs- 156. 168. 198. 203.
Abgeordnete, die 34. 212.
Abkommen, Berliner, wegen Kniphausen 154.
Ablaßhandel, Päpstl. 28.
Ablösungsordnung 174. 228.
Abo, Friede zu 69.
Abzugsrecht 147.
Accise 108. 127. 146. 167. 190.
Actenverschickung 73. 103. 124. 200.
Adel 7. 8. 13. 30.
Adelicher Güter Freiheiten. 54. 57.
Adelheid, Prinzessin von Anhalt-Bernb.-Schaumb. 149.
Adelheidsgroden 143.
Adolph, G. v. O. 21.
Adolph, Herzog von Schleswig-Holstein 17. 19.
Adolph Friedrich, Herz. v. H.-Gottorp 69.
Adolph Friedrich, König von Schweden 79.
Advocatus piarum caus. 60. 100. 193.
Aemter 47. 59. 122.
Ahlwardt, Rector 92.
Alardus (Matthias) 28.
Alardus (Nicolaus) 60.
Albert, Erzb. von Bremen 13.
Albrecht, Prof. 210.
Aldenburg, Anton I. Graf von 42. 51.
Aldenburg, Anton II. Gr. v. 56. 68.
Aldenburgisches Fideicommiß 44. 56.
Aldenburgischer Güter-Sequester 56. 71. 126.
Aldenburgischer Tractat 56.
Alexander, Märtyrer 4.
Alexanderstift 4. 96. 100. 194.
Alexander, P. v. H. O. 149. 160.
Alko von Inhausen 35.
Allerheiligenfluth 27.

Altenburg 240.
Altenesch, Treffen bei 11. Denkmal 192.
Altenesch, Vogtei 48.
Altentheil 58.
Amalie, Herzogin 149. 160.
Ammergau 51.
Ammerland 7. 8. 19. 20.
Ammersche Grafen 4. 5. 6.
Amtmann 47. 123.
Amtsgerichte 59.
Anhaltisches Fürstenhaus 127.
Anhalt-Zerbst 42. 44. 51. 55. 56. 105.
Anna, Prinzessin v. Rußland 69.
Anton I., Gr. v. O. 24. f.
Anton II., Gr. v. O. 32.
Anton Günther, Gr. v. O. 39—50.
Antonine 2.
Apanage 79.
Apen 16. Amt 47.
Apotheke, erste in O. 37.
Appellationssumme 47. 57. 60. 90. 124.
Armen-Hospital 37. 48.
Armen-Straten 89.
Armen-Mägdefundus 29. 90.
Armenvater 89.
Armenwesen 89. 153. 190. 195.
  in Eutin 200. 201.
  in Birkenfeld 206.
Arrondissement Jever 118.
Arrondissement Nienburg 112.
Arrondissement Oldenburg 112.
Arrondissement Quackenbrück 112.
Arrondissements-Schulden 131.
Asega 8.
Asegabuch 8. 31. 46.
Atens, Feste bei 14.
Auctionatoren 185. 226.
Auctionsverwaltung 58. 121. 125.

August (Paul Friedrich) Erbprinz 88. 117. 148. 157. Großherzog 159. folg. 239. 240. 241.
Augustvehn 227.
Auscultanten 73.
Ausgleichung der Communen im Schuldenwesen 132.
Auslieferung der Verbrecher nach Staats-Conventionen 134. 231.
Ausnahmegesetze 210.
Ausschuß, Fünfziger A. 210.
Ausschußmänner 8. 123.
Aussteuer, Fürstl. 79.
Aversionalsumme für die Forderungen an Frankreich 133.

B.

Bacher, Franz. Ges. 110.
Bannrechte 113. 121. 144. 228.
Baseler Friede 93.
Bauergüter 58. 99. S. Gutsherrliche Verhältnisse.
Bauerstand 30.
Beamten-Instruction 123. 204.
Bedeichung s. Deiche.
Beden 29.
Begräbnißcapelle 91. 158.
Bentinck Rhon, Graf von 69. 72. 107. 118. 126. 154. 196.
Bergensche Concordienformel 33.
Berger, von, Canzleirath 116. 121.
Berg, v., Minister 162.
Bergwerksbetrieb 206.
Berliner Bündniß 211. 217. 218.
Berne 12. 48.
Bernhard 3.
Bernstorf, Gr. v. 74. 77.
Betonnungen 171.

Bet= und Danktag 90. 91.
Bibel=Uebersetzung 28.
Bibliothek 37. 72. 92. 135. 163.
Bilder=Codex des Sachsenspiegels 31.
Birkenfeld, Fürstenthum 130. 159. 179. 202. 217. 218. 225. 238.
Blätter, Oldenburg. 92. 135. 164.
Blankenburg, 12. 21. 29. 48. 89.
Blauhander Groden 45.
Blexen 13. 14.
Blexer Batterie 116. Lootsen 101.
Blexer Sand 27.
Bockhorn 8. 18. 172.
Boitwarder Groden 38.
Bokelerholz (Treffen bei) 22.
Bokelesch 194.
Boling (Iko) Häuptl. zu Blexen 14.
Boling (Magister Edo) 28.
Bonhomme, Gen. 104.
Bonifacius 3.
Bonitirung 64.
Borodino (Schlacht bei) 117.
Vorstelheide (Treffen bei) 18.
Brabantscher Lehnhof 34. 35.
Brake, Amt 171.
Brake, Hafenanstalt 139. 170.
Brandenstein, Minister v. 162.
Brandschaden 37. 49. 54. 72.
Brand=Verordnung 92. 187.
Brand = Versicherungscasse 74. 230.
Brandcassen = Taxatum, Abgabe davon 127.
Brand, Gr. 76.
Braunschweig=Lüneburg 23. 36. 42. 51. 52.
Braunschweig=Oels (Corps des Herzogs) 108.

Brautschatz aus herrschaftlichen Stellen 58. der Prinzessinnen 79.
Brautschatz=Verordnung 65.
Bredehorn, Johannitergut 29.
Breitenau, v., Canzler 62.
Bremen (Erzbischof und Erzstift) verbunden mit O. gegen die Stedinger 10. 11. im Streit wegen D. 11. 12. 16. 17. 26. säcularisirt 96.
Bremen (Hansestadt) 13. 14. 20. 26. 94.
Bremen, Herrschaft im Butjadingerlande 14. 15.
Bremen, Opposition gegen den Weserzoll 39. 40. 63. 94. 138. 139.
Bremen erhält Grolland 94. 99.
Bremer Statuten 13. 31.
Bremerlehe, Fr. Canton 112.
Bremer Taufe 20.
Briefpost, erste in O. 49.
Broek, Otto thon, Häuptling von Aurich 16.
Bronx, Gen. 104.
Buchdruckerei 37.
Budget 219. 222. 225.
Bürgerliche Lasten in O. 66.
Bürgerschule, höhere 192.
Bürgerwehr 223.
Bund, Deutscher 127. 138. 210. 223. Centralgewalt, prov. 211. 223. 224.
Bundesacte 127.
Bundesbeschlüsse 161. 166. 210. 211.
Bundesversammlung (Bundestag) 127. 210. 211.
Burchard I., Gr. v. O. 6. 9.
Burchard II., Gr. v. O. 11. 12.
Burhave 13. 34.
Burhaver Lootsen 101.

Butjadingerland 8. 13. 15. 19. 22. 24. 30. 31. 42. 52. 64. 73. 84. 141. 143. 176.
Butjadinger Landrecht 46. 184.
Buttel, von 210. 218. 219.
Butterhandel 172.

C.

Cabinetsministerium 118.
Cäciliengroden 229.
Cäcilie, Großherzogin 160.
Cäcilienschule 192.
Calenbergische Meierordn. 99.
Cämmerer, 48.
Cammer 48. 54. 65. 78. 83. 123. 164. 168. in Eutin 199.
Cammer-(Hebungs-) Verordnung 65.
Cammerzieler 25. 82.
Canonisches Recht 31.
Canton 113.
Cantons-Schulden 131.
Canzlei, deutsche in Copenhagen 53.
Canzlei in Oldenburg 38. 48. 53. 60.
Canzlei in Delmenhorst 48.
Canzleigebäude 38. 69. 135.
Canzleigut 38.
Canzler 37. 49.
Carl V., Kaiser 26. 32. 34.
Carl der Große 3. 4.
Carl der Kühne von Burgund 20.
Carl II., König v. Spanien 44.
Carl Friedrich, H. von Holstein-Gottorp 69.
Carl Martell 3.
Carl Peter Ulrich, H. von Holstein-Gottorp 69.
Carl Wilhelm, Fürst von Anhalt-Zerbst 55. 105.
Caserne 137. 163.

Casseler Verein 156. 167.
Catharina II., K. von Rußland 75. 88. 105.
Catharina, Großfürstin von R. 117 149. 157.
Catharinengroden 143.
Cavallerie s. Reiterregiment.
Censur 77. 135. 210.
Centralcasse 226.
Charte von O. 86.
Chauken 1. 2.
Chausseen s. Wegbau.
Chlodowig 3.
Cholera 162.
Christenthum 3.
Christian der Streitbare, Gr. von O. 5. 6. 7.
Christian II., Gr. v. O. 7.
Christian III., Gr. von O. 11. 12.
Christian V., Gr. von Delmenhorst 13.
Christian VI., Gr. v. O. 14.
Christian VII., Gr. von O. 14. 15.
Christian, letzter Graf von Delmenhorst 41.
Christian I., König von D. 17.
Christian II., K. von D. 25.
Christian IV., K. von D. 40.
Christian V., K. v. D. 54. 55.
Christian VI., K. von D. 66.
Christian VII., K. von D. 75.
Christian Albrecht, H. von H.-Gottorp 51.
Christian August, Fürst v. Anhalt-Zerbst 105.
Christiansburg 54.
Christoph, Gr. von O. 28. 29. 89. 136.
Christoph, Junker v. Jever 34.
Chronik Hamelmanns 37.
Chronik Graf Gerhards (Rasteder) 22.

Civilgerichtlichen Verfahrens Verbesserung 90. 184.
Civilrecht 182.
Civilstrafgefängniß 134.
Civilstrafgericht 124.
Cloppenburg 94. 97. 112. 146.
Codex picturatus des Sachsenspiegels 31. 72.
Collegiatstifter an den Kirchen zu O. u. D. 28. 30.
Collegiengebäude 136.
Collegium medicum 140. 188.
Colonne mobile 116.
Commission zu Untersuchung der Freiheiten adelicher Güter 57.
Commission der Römisch-Kath. Geistl. Angel. 100. 193.
Commission zu Liquidirung der Landesschulden 131.
Communallasten 148. 228.
Communal-Rechnungswesen 123. 131.
Communal-Schulden 131.
Compostella 22.
Concursproceß 58. 121. 185.
Confirmation (Kaiserliche) der Landesübertragung 80.
Conrad I., Gr. v. O. 12. 13.
Conrad II., Gr. v. O. 14.
Conscription, Franz. 114.
Consistorium 38. 101. 113. 125. 191. 237. in Eutin 199. in Birkenfeld 208.
Consistorialdeputation in Jever 125.
Constitution s. Verfassung und Staatsgrundgesetz.
Consuln, Handels- 139. 170.
Consumtionssteuer, s. Accise.
Continentalsystem 108.
Contingent zu Reichskriegen 25. 63. 82. 93.; zum Rheinbunde 106. 107.; zum Deutschen Bunde 119. 138. 154. 179.

Contribution 46. 57. 83. additionelle 108. 126.
Contributionsgelder an Frankreich 132.
Corpus Constitutionum 65. 83.
Corpus der eximirten Güter 57.
Crapendorf 146.
Creditlosigkeit 83. 147.
Creditrecht 120.
Criminalgericht 124.
Cumberland (Herz. v.) 71.

D.

Daendels, Holl. General 104.
Dänemark, Krieg mit D. 222. f.
Dänisch-Gottorpsche Gesammtregierung 51 folg.
Damme, Amt 130.; Ort 144. 155.
Dampfschifffahrt 171.
Dannesskiold-Lauerwig, Graf 68.
Davoust, P. v. Eckmühl 111.
Deiche, Bedeichung, Eindeichung, Deichbrüche 9. 10. 27. 38. 45. 61. 63. 64. 67. 72. 84. 143. 151. 162. 176. 177. 179. 229.
Deichbänder 64. 73. 152. 177.
Deichbehörde 61. 78.
Deichbeihülfe 73. 151. 177.
Deichcasse 61. 177.
Deich-Communionsystem 64.
Deichfreie 61. 73. 84. 177.
Deichgräfe 61.
Deichordnung 61.
Deichpfänder 61. 177.
Deichrecht 9.
Deichrechnungen 123.
Deichstreitigkeiten 73. 84.
Deichvorschüsse 62. 64. 67. 84.
Delinquentenkosten 65.
Delme, Fluß 11. 12.
Delmenhorst, Burg 11. 12. Fe-

stung 62. Stadt 13. 60. 138. 144. 146. 226.

Delmenhorst, Landgericht 59.

Delmenhorst, Hausvogtei 48.

Delmenhorst, Grafschaft, Gegenstand von Streitigkeiten mit dem Erzstift Bremen 11. 12. 16. 17. 20. 21. 26.
Gegenstand des brüderlichen Erbfolgestreits 20. 32.
Erbvergleich 41.
mit Oldenburg für immer vereinigt 41.
Allodial=Separationsvergleich 43.
versetzt an Hannover 62.
eingelöset 67.

Demarcations=Linie, Preußische 93.

Denkmünze 82.

Departement der Ober=Ems 112.

Departement der Ost=Ems 118.

Departement der Wesermündungen 112.

Depositenwesen 125. 184.

Deputation aus dem Hanseatischen Departement 111.

Detern (Treffen bei) 16. 24.

Deutsche Localrechte 31. 130.

Deutscher Bund s. Bund.

Deutsches Reich, (Verhältniß zum) 7. 8. 10. 25. 44. 63. 82. 215.
Ende 102.

Deutsch=Katholiken 209.

Didde von Rodenkirchen 15.

Diebstahlsstrafe 77 204.

Diensteinkommenssteuer 76.

Dienstgefolge 8.

Dienstgericht 165.
kirchliches 234.

Dienstmägde, Fond zu Ausstattung armer 29. 90.

Dienstzeit im Militair 119. 137.

Dieterich der Glückselige, Gr. v. O. 15. 16. 81.

Dingstede 7.

Dinklage (Herrlichkeit) 155.

Diöcesanverhältniß, Kathol. 100. 193.

Domanialvermögen 216.

Douaniers 106. 116.

Drei=Königs=Bündniß 211.

Dreißigjähriger Krieg 40. 98.

Droits réunis 113. 120.

Drosteigerichte 31. 59.

Druckfreiheit 77.

Dumonçeau, Marschall 106.

Düren (Tanne) 34.

Dynasten 12. 13.

E.

Eckmühl, P. v. 111.

Ecwarden 24. 27. 84. 162.

Edelleute (ethelinge) 8.

Edewecht 20.

Edo im Bande von Kniphausen 35.

Edzard, G. v. Ostfriesland 23. 24. 34. 35.

Egilmar 4.

Eheliche Gütergemeinschaft 46. 74. 100. 183.

Eherecht 183. 191.

Ehrengardisten 115.

Ehrenmedaille 129.

Eidesverordnung 73.

Eigenbehörigkeit s. Leibeigenschaft.

Eindeichung s. Deiche.

Einkünfte der Grafschaften 46. 58. 76.

Einnehmer 127.

Einquartierungslast des einheimischen Militairs 66. 190.
fremder Truppen 40. 106.

Eintheilung des Landes 47. 122. 165.
Einwohnerzahl 76. 141. 199.
Elimar, Graf 4. Herzog 160.
Elbe 1. 86.
Elisabeth, Erbgroßherzogin 240.
Elisabeth, Herzogin von Oldenburg 88.
Elisabeth, Kaiserin von Rußland 69. 70. 71.
Ellenserdammergroden 67.
Ellenser Eindeichung 38. 45.
Elterleute 66.
Elsfleth 27. 59. 108. 170. Zoll s. Weserzoll.
Emigranten 93.
Ems, Fl. 1. 2. 15. 227.
Engern 4.
England 53.
Engländer (besorgte Landung der) 108. 115.
Enno, Gr. v. Ostfriesland 25. 34.
Enregistrement 113. 120.
Entbindungshaus 141.
Entschädigungsunterhandl. zu Regensburg 94.
Erbfolgeordnung im Oldenb. Regentenhause 32. 75. 79. 80.
Erbpachtordnung, Münsters. 99.
Erbpächter 99. 121.
Erdbücher 65.
Erfindungspatent 172.
Erfurter Congreß 106. Reichstag 211.
Erfurt zur Entschädigung für O. bestimmt 111.
Erich Herzog v. Calenberg 23.
Erntefest 91.
Ersparungscasse 89. 195. 206.
Erstgeburtrecht im Oldenburgischen Regentenhause 32. 75. 79. 80.
Esenshamm 13. 28.

Etzel 16.
Eutin Residenz 82. 95.

F.

Fabricius, Deichgräfe, 54.
Fabriken 174. 205.
Familiennamen, unveränderliche, 156.
Familienvertrag gegen Landesveräußerungen 13. 17. 75. wegen der Landesadministration 88.
Faustrecht 9.
Fedderwarder Lootsen 101.
Fedderwarder Siel 141. 143. 170.
Fehmgericht 32.
Ferdinand II. D. Kaiser 39.
Feudalwesen 9.
Feiertage, dritte, 77. kathol. 194.
Feuerlöschordnung 230.
Fikensolt (Treffen bei) 19.
Fideicommiße 121. 174. 228.
Fideicommißgüter, Oldenb. 44.
Fideicommißgüter, Alnenb. 44.
Finanzgesetz 216. 226.
Finanzverwaltung 206. 224. 225.
Finkh, von, Canzleirath 116. 121.
Fischerei 207.
Flachshandel 172.
Josef von Inhausen 35.
Fontainebleauer Tractat 105. 107.
Forderungen an das Französische Gouvernement 133.
Forstordnung 187. 207.
Franken 3. 4.
Franz, Bischof v. Münster 26. 97.
Franz II., D. Kaiser 102.
Franciscaner Mönche in Vechta 98. 100. 134.

Franz. Civilbesitznahme 111.
Franz. Employés 114. 116.
Französischer Krieg gegen Preu=
ßen und Rußland 103.
Französische militairische Besetz.
Oldenburgs 110.
Französische Revolution s. Re-
volution.
Französische Sprache 114.
Französische Truppen in Olden-
burg 54. 98. 105.
Französische Verfassung u. Rechte
in O. 112.
Frauenvereine 129.
Freiburg 86.
Freie 7. 9.
Freie von Abgaben 54. 66.
215. 228.
Freizügigkeit 226.
Friedeburg 14. 15. 16.
Friedrich I., D. Kaiser 7.
Friedrich II., D. Kaiser 10.
Friedrich III., D. Kaiser 19. 34.
Friedrich von Burgund 11.
Friedrich III., K. von Dänemark 51.
Friedrich IV., K. v. Dänemark 62.
Friedrich V., K. v. Dänemark 69.
Friedrich Aug. F. v. A. Zerbst 105.
Friedrich Aug. Herzog v. Oldenb.
79. 80. 87. 88. Erbgroßher-
zog 240.
Friedrich=August=Groden 85.
Friederike Auguste Sophie, F.
v. Anh. Zerbst in Jever 105.
Friederike, Herzogin 149. 160.
Friedensgerichte 113.
Friesen 2. 3. 4. 6. 7. 8. 97.
S. Rustringen.
Friesisches Recht u. Verfassung
8. 9. 31.
Friesische Wede 18. 19.
Friesoythe 97. 146.

G.

Galen (Bernh. v.) Bischof von
Münster 98. 155. (Graf von)
auf Dinklage 155.
Gallien 3.
Garmser Groden 45.
Gaue 1. 5. 6.
Gebiet, ältestes der Grafen 7.
Gefängnisse 134. 204.
Geheimerath 50. 82. 118.
Gelbes Fieber 101. 140.
Geleite 8.
Gemälde=Sammlung 92. 135.
Gemeindeverfassung 7. 123.
188. 207. 227.
Gemeinheitsvertheil. 141. 206.
227.
General=Armendirectorium 89.
Generalsuperintendent s. Supe-
rintendent
Georg, Gr. v. O. 26.
Georg (Peter Friedrich), Prinz
v. H. Oldenburg 88. 117.
149. 157.
Georg Ludwig, Herzog v. Hol-
stein=Gottorp 80. 87.
Gerhard der streitbare, Gr. v.
O. 17. 22.
Gerhards Chronik 22.
Gerichte 7. 31. 59. 99. 124.
200. 204. 226.
Gerold von Rodenkirchen 15.
Gertruden=Kirchhof 91.
Gesangbuch 91.
Geschäftstabellen 123.
Geschäftsvertheilung unter den
Landesbehörden 78. 83.
123.
Geschlossene Stellen 58. 65.
113. 120. 228.
Geschworene in der Stadt O.
66.
Gesetzcommission 166.

Gesetzgebung 215.
Gesetzsammlurg 65. 83. 92. 123. 166. Lübeck'sche 201. 202.
Gesindeordnung 155. 201.
Gesundheitszustand 141.
Gewerbeausstellungen 174.
Gewerbeschule 174.
Gewicht, Cölnisches Handels- 169. S. auch Maaß.
Gilden 49.
Glückstadt 86.
Gnadenfeld 49.
Goedens 18. 38. 45.
Goldenstedt 129. 234.
Golzwarden (Treffen bei) 14. Groden 38.
Gouverneur 53.
Gowbing 1.
Grafen, Ammersche 4. 5.
Grafen von Oldenburg u. Delmenhorst (Titel) 12.
Gramberg, H. A., Physicus 92.
Gramberg, G. A. H., Canzleiassessor 92.
Grenzvergleiche 45. mit Bremen 99. mit Hannover 67. 87. 130. mit Münster 74.
Greven 2. 4. 5. 7. 8. (Grafen)
Grolland 94. 99.
Großenmeer 27.
Großherz. Regierung 159. folg.
Großherzogthum Oldenb. 159.
Großherzogl. Titel 128. 159.
Grundrechte deutsche 211. 215. 231.
Grundsteuer 168. 207.
Güldenlöw (Gr. v.) 68.
Gütergemeinschaft s. eheliche G.
Gustav Adolph, K. v. Schweden 96.
Gutsherrliche Verhältnisse 30. 57. 58. 87. 99. 113. 120. 145. 174. 215. 228.

Gymnasien s. Schule.
Gypsabgüsse antiker Statuen 135.

H.

Haaren Fl. 5.
Hafen zu Brake 139.
Hahn, Johannitergut, 29.
Hajenschlot 27.
Hajo, Häuptling v. Varel 19.
Halem, v., Justizrath, Oldenb. Geschichtsschreiber 67. 92.
Halle, v., Canzler 38.
Halsgerichtsordnung 32.
Hamburg 20. 115. Kaiserl. Gerichtshof 113.
Hamburger Vergleich 43.
Hamelmann (Herm.) Superintendent 33. Oldenb. Geschichtschreiber 37.
Hammelwarden 28. 47.
Hammelwörden 86.
Handel, freier, unter Bundesstaaten 156.
Handel und Verkehr 167. 230.
Handelsverträge 169.
Handwerker-Zünfte 37. 173.
Hannover, Pfandinhaber v. Delmenhorst 62. 67. im Besitz von Wildeshausen 97. tritt einen District von 5000 S. an O. ab 128 129. Verein mit Oldenburg für den freien Verkehr 157.
Hanse-Bund 13. 21.
Hanseatische Departements 111. 116.
Harles (Hajo), Häuptling v. Jever 34. 35.
Harmenhausen, Gericht, 31.
Harpstedt 4. 17. 20. 27. 32. 36. 42. 51. 67.
Harrienbrake 15. 27.

Hartwarden (Landwehr bei) 23.
Hastenbeck (Treffen bei) 71.
Hatten, Ort 7., Vogtei 47. 62. 165.
Häuptlinge 13. 15. 33.
Havendorfer Sand 27. 32.
Hebammen-Institut 140. 141.
Hebammenwesen in Birkenfeld 205.
Hedewig, s. Heilwig.
Heerbann 4. 7.
Heerfolge 3. 5.
Heertog (Herzog) 2. 4. 5. 6.
Heespen, v., Geh. R. 49.
Heete Fl. 27.
Heilersieg, Rath 50.
Heilige Allianz 131.
Heilwig oder Hedewig, Gr. v. Delmenhorst 21.
Heilwig von Oldenburg 34.
Heilwig von Holstein 15.
Heinrich der Löwe 5. 6.
Heinrich, Gr. v. O. 11.
Heinrich (der Bogener), Gr. v. O. 12.
Heinrich d. ä., Herzog v. Braunschweig 23.
Heinrich, Herzog v. Lüneburg 23.
Heinrich, Erzbischof von Bremen 20. 26.
Heinrich, Gr. v. Tecklenburg 97.
Helgoland, Stapelplatz für Engl. Waaren 108.
Hengst- und Stutenköhrung 142. 173.
Herrschaftliche Stellen 30. 58. 59. 65.
Herzogthum Oldenburg 75. 82. 159. 164.
Hildesheimer Congreß 93.
Hillet von Inhausen 35.
Hilmar 4.
Hoben, Eindeichung 38. 45.

Hobberfen, Past. 28.
Hörige 7. 174.
Höfe, geschlossene 7.
Höftwerke 73.
Hofbesitzer 7.
Hofswürden, Hospital 48.
Hohenkirchen 34.
Hoheitssachen 78. 122.
Hoya, Graf v. 17. 20. 36. Gräfin v. 18.
Holländische Colonisten 10.
Holländische Revolution 93.
Holländische Armee in Oldenburg 106.
Holländische Occupation Oldenburgs 104.
Holländische Herrschaft in Jever 105.
Holmer, Graf v. 83. 103.
Holstein, Herzogth. an das Oldenburgische Haus 19. s. die Stammtafel.
Holstein, Haus, Glückstadt (Dänemark) und Gottorp. 42. Streitigkeiten zwischen beiden Linien 52. 53. 55. 62. 70. 81.
Holstein, der Gottorpschen Linie Erhebung auf zwei Nordische Throne 69.
Holstein-Gottorpscher Anth. 70. 75.
Holstein-Gottorpsche jüng. Linie 78. 82. 88. Chef 75. 88. Etablissement derselb. 78. 82.
Holstein-Oldenburg 82.
Holstein-Ploen 42. 52. 55.
Holstein, Krieg wegen 223.
Holz, Recht daran 228.
Horsten 16.
Hosken (Hajo), Häuptl. v. Esenshamm 14.
Hospital 164. 188.
Hubertsburger Friede 71.

Hude, Kloster 26. 29. 30.
Huldigung; im Butjadingerlande an Bremen 15. an Oldenburg 24. in 4 Ostfries. Kirchsp. an O. 16. bei der Uebertragung der Grafsch. O. u. D. 80. bei der Uebernahme der Landesadministration 88. bei Besitznahme der Aemter Vechta und Cloppenburg 99.
in Varel an Holland 106. an Oldenburg 107.
in Oldenburg an Frankreich 111.
in Jever an Oldenburg 150.
Hülfsvereine 151.
Hundesmühlen 92.
Hundesteuer 186. 208.
Hunte Fl. 4. 5. 172. Hunte-Emskanal 227.
Hunteburg 144.
Huntestraße 91.
Hypothekenwesen 58. 113. 121. 125. 152. 197.

J.

Jacob, Gr. v. Delmenhorst 20. 21.
Jade Fl. 2. 7. 13. 27. 38. 54.
Jade, Vogtei 8. 18. 42. 44. 47. 56. 73. 84.
Jader Meerbusen 9. 27.
Jader Siel 45.
Jagdordnung 187. 207. 229. 238.
Ida, Prinzessin v. Anhalt-Bernburg-Schaumburg 157.
Jever, Land 8. 18. 33. folg. 38. 43. 44. 48. 51. 55. 63. 104. 105. 118. 122. 149. 152. 177. 197. 229.
Jever, Häuptlinge von, 14. 15. 18. 33.
Jever, Ort 34. 35. 146. 190.
Jeversche Kriegscasse 131.
Iko von Kniphausen 35.
Ingrossation 58.
Inhausen 35.
Inte, Johannitergut 27. 29.
Inscription auf das gr. Buch der Fr. Staatsschuld 133.
Instructionstermin 90.
Ilsen (Past.) 28.
Joachim Ernst, H. v. Ploen 52.
Johann, Erzherzog 210. 211.
Johann, F. v. Anh.-Zerbst 42. 43.
Johann August, F. v. Anh.-Zerbst 105.
Johann Ludw., F. v. Anh.-Zerbst 105.
Johann IV., Gr. v. O. 6. 7.
Johann X., Gr. v. O. 12.
Johann, Gr. v. O., Bruder Conrads I. 31.
Johann XII., Gr. v. O. 13.
Johann XIV., Gr. v. O. 21. 22. 24. f.
Johann XV., Gr. v. O. 25. 26.
Johann XVI., Gr. v. O. 32.
Johanniter-Güter 29. 43.
Industrieschulen 102.
Jubiläum der Gelangung des H.-Oldenb. Hauses zum Dänischen Thron 69.
Jubiläum zum Gedächtniß der Dänischen Souverainität 70.
Jubiläum der Reformation 136.
Jubiläum der Landes-Uebertragung 150., der Rückkehr des Herzogs Peter 163.
Judenordnung 155. 195. 209. 237.
Junkermeier 30.
Justizcanzlei 124., in Eutin 199
Justizmord 116. 121.
Jutta von Ravensberg 97.

K.

Kaeverberg, v., (Präfect) 111.
Kaiserl. Gerichtshof in Hamburg 113.
Kammer s. Cammer.
Kämmerer 48.
Kanäle 178. 227.
Kapereien der Rustringer 13.
Katasterdirection 226.
Katechismus 37. 60. 91. 209.
Katholische Kirche 100. 193. 209. 237.
Kindesmordsedict 74.
Kirchenordnung 33. 65.
Kirchenreformation 28. 33. im Niederstift Münster 97. Fest 77. Jubiläum 136. 192.
Kirchenverfassungsgesetz 232. folg. 241.
Kirchenvisitationen 33. 60.
Kirchenwesen 190. 231. folg. im F. Lübeck 201. in Birkenfeld 208. 209.
Kirchhöfe 91.
Kirchspielsausschuß 123.
Kirchspielsversammlung 123.
Kleist v. Nollendorf, Gen. 128.
Klöster 29. 30.
Kniphausen 33. 35. 36. 43. 44. 48. 51. 56. 63. 69. 72. 104. 105. 107. 118. 126. 150. 154. 197.
Kniphauser Flagge 108.
Köhrung s. Hengst- u. Stutenköhrung.
Kolbewärf (Treffen bei) 14.
Kopenhagener provis. Tractat 75.
Kopfsteuer 76. 83. 238.
Kopfzahl der Einwohner 76. 141.
Kosaken in O. 116.
Kötteritz (v. Geh. R.) 49.
Krankheiten 83. 153. 162.
Kreiseintheilung 122.
Kreisphysicus 140.
Kreuzzug gegen die Stedinger 11. 12.
Kriegscasse in Jever 131.
Kriegswesen 46. 63. 66. 76. 107. 119. 128. 137. 179. 198. 204. 211. 215. 219. 222. folg. 239.
Kriegs- u. Ausgleichungsabgabe 132.
Krongut 216. 219. 226.
Kruse (Consistorial-R.) 92.
Küstencanoniere 115.

L.

Lamberti-Kirche 12. 28. 30. 33. 60. 90. 91. 146.
Längst Leib, längst Gut 74.
Landdragoner 138.
Landesadministration in O. 88. in Jever 105. 117.
Landesarchiv 122.
Landesbewaffnung 119.
Landesherrl. Macht 10. 12. 28.
Landeshoheit 10.
Landestheilung 32. 41.
Landesvermessung 86. 168. 206.
Landesverweisung 122.
Landfriede 30.
Landesfürstliche Familie 148. 157. 160. 239.
Landgerichte 32. 47. 48. 59. 99. 124.
Landmiliz 62.
Landplagen 83. 202.
Landrabbiner 156. 195.
Landrechte Rustringer 8.
Landrentmeister 54.
Landschulen 102. 142. 192. 194. 201. 208.
Landschulfond 101.
Landstände 29. 99. 128. 211.
Landständ. Verfassung 213. 238.

Landsturm 119. 137.
Landtag, allgemeiner 215. Geschichte der sechs ersten Landtage 216. folg. 238.
Landtag, zur Vereinbarung des Staatsgrundgesetzes 214.
Landtagsausschuß 216.
Landvögte 59.
Landwehr 119. 137.
Langwarden 27. (Treffen bei) 23.
Landwirthschaft 64. 142. 205.
Landwirthschaftl. Gesellschaft 142.
Leggeanstalten in Damme und Neuenkirchen 155. in Bockhorn 172.
Lehnbrief, Kaiserl. über O. 26.
Lehnsanwartschaft auf Oldenburg 52.
Lehnsfolgestreit wegen O. 42.
Lehnwesen 9. 30. 47. 78. 112. 120. 122. 145. 174. 228.
Leibeigenschaft 9. 30. 99. 113. 120. 145. 174.
Leibeigenthumsordnung 99.
Leibrentenanstalt 85.
Leipziger Schlacht 116.
Lentz, Consist. R. 92.
Lerigau 4. 97.
Lete Fl. 4.
Lienbrock 13.
Lockfleth 27.
Löse 58. 122.
Lombard 74.
Lootsenwesen 74. 86. 101.
Ludwig XIV., K. v. Frankreich 54. 55.
Ludwig, K. v. Holland 103.
Lübbe (Dibbe) von Rodenkirchen 15.
Lübeck, Bisthum 80. 87. 94. 95. 131.
Erb-Fürstenthum 159. 179. 198. 225. 238.
Lübeck, Hansestadt 20. 94.

Lüneviller Friede 94.
Luther 28. 97.
Lynar (Gr. v.) 70.

M.

Maaß- und Gewichtssystem 203.
Magdalene, Gräfin v. O. 41.
Magnus St. Ostfr. Kirchsp. 16.
Maires in Oldenburg 113.
Makler 171.
Märkte 172. 206.
Mäßigkeitsverein 186.
Malmoe, Waffenstillstand 223.
Mansfeld, Gen. 40. 98.
Mansing (Treffen bei) 19.
Maria, Fräul. v. Jever 35. 36.
Marine, Deutsche 211.
Markentheilung 142. 227.
Markenverfassung 1. 100.
Markgenossenschaft 1.
Marschvogteien 8. 10. 27. 31. 47. 73. 84. 176.
Matthäi 140.
Matthias, Kaiser 39.
Medicinalpflege 140. 187. 205.
Meierordnung, Calenbergsche 99.
Meierrecht im Stedingerlande 10. 11.
Meierrecht im Amte Wildeshausen 99.
Mentz, Präsident 162.
Meringsburg 49.
Mezieres 128.
Militaircollegium 181.
Militaircommission 124. 181.
Militair-Einrichtung s. Kriegswesen.
Militairgerichte 181.
Militairgesetze 181. 224. 239.
Militairschule 138. 180.
Militairsteuer 108. 126.
Mindener Weserschifffahrtscommission 139.

Ministerialität 9.
Ministerium s. Staatsministerium.
Minorat im Butjad. Lande 46.
Missionare 3.
Mißwachs 162.
Mölling 210.
Mönnichhof 31.
Montjoi (Walram Edler v.) 97.
Montmedy 128.
Moralität, Schaden der M. aus der Schmuggelei 109.
Moritz, Gr. v. O. 7.
Moritz, Gr. zu Delmenhorst 17. 18. 19. 21.
Morriem, Vogtei 47.
Moscaus Brand 115.
Mosen 163.
Mühlenachten 178.
Mühlen-Bann 144. 228.
Münnich, v., Deichgräfe 61. 64.
Münster, Niederstift 97.
Münstersche Grenze 45. 74; Herrschaft in Delmenhorst 21. 26; in Wildeshhausen 96; in Vechta 97.
Münstersche Stadt-Polizeiordnung 100.
Münstersches Bischöfliches Vicariat 100. s. Officialat.
Münze, Münzfuß 175. 176. 203.
Mundel (Lüder) 13.
Museum 163.
Mutzenbecher (Gen.-Sup.) 91. 92. (Präsident) 162.
Mylius v. Gnadenfeld 49.

N.

Nachsteuer 167.
Näherrecht 121.
Napoleon Bonaparte, Kaiser, Protector des Rheinbundes 102; nimmt Oldenburg in Besitz 111; in Rußland 115; kommt von Elba zurück 128.
Nationalregiment 89. 107.
Nationalversammlung in Frankfurt 210. 215.
Navigationsschule 170.
Neuenburg 19. 47. 48. 59.
Neuenfelde 27.
Neuenhuntorf, Kloster 29.
Neuenkirchen 129. 155.
Neutralität im 30jährigen Kriege 41; im 7jährigen 70. Cordon im Französischen 93.
Nicolaikirche in O. 49.
Nicolaus, Erzbischof v. Bremen 16. 17.
Nimweger Frieden 54. 96.
Nicolaus, Kaiser v. Rußland 149.
Nordischer Regenten Stammvater 15.
Normänner 3.
Notare 113.
Nummerflagge 171.

O.

Oberahnische Felder 229.
Oberappellationsgericht 78. 124. 125. 128. 131. 154.
Obergemeinderath 131.
Oberhoheit über Kniphausen 154.
Oberkirchenrath 232. folg.
Oberlanddrost 61. 64.
Oberstein, Herrschaft 130. Fabrikwesen 205.
Oeder v. 85. 86.
Oetken v. 65.
Officialat in Vechta 193.
Oldenburg, Stadt 4. 5. 6. 13. 30. 31. 37. 47. 49. 59. 60. 66. 91. 92. 144. 145. 163. 188. 230. Bürgerfest 190.
Oldenburg, Hausvogtei 47. Landgericht 59.

Oldenburg, s. Herzogthum und Großherzogthum.
Oldenburgischer Separationsvergleich 43.
Oldenbrok, Vogtei 47.
Onneken Dibbe, Häuptling von Langwarden 14.
Onneken Iko zu Inhausen 35.
Onneken Lübbe, Häuptling von Burhave 35.
Onneken Lübbe, Häuptling von Rodenkirchen 14.
Orden 163.
Ordinairgefälle 57. 83.
Osnabrück, Geistl. Gerichtsbarkeit über das Niederstift Münster 97. 98. 193.
Osterstader Marsch 10.
Ostfriesland 8. 16. 19. 21. 24. 38. 45. 70. 71. 144.
Ostringen 33.
Otto II., Gr. v. O. 11. 12.
Otto IV., Gr. v. O. 13.
Otto V., Gr. v. O. 16.
Otto, Gr. v. Ravensberg 97.
Otto, K. v. Griechenland 160.
Ovelgönne 24. 47. 54.
Ovelgönnischer Vertrag 30.

Pankratz 214.
Papinga, Hptl. v. Jever 15. 33.
Paradies 20.
Pariser Frieden, erster 119. 133. zweiter 129. 133.
Patrimonial=Gerichte 59. 124. 125. 155.
Patronatrecht, K. 60. 155. 196.
Paul, Großfürst von Rußland 75. 78. 88.
Peinliches Recht 32. 122.
Pest 37. 54. 101. 139.
Peter d. Große, K. von. Rußland 69.

Peter III., K. v. Rußland 69.
Peter Friedrich Ludwig, Herzog von O. 87. s. 117. s. 158.
Peter Friedrich Wilhelm, H. v. O. 80. 87. 88. 149.
Peter (Constantin Friedrich) Pr. v. H.=O. 149. 160. 192.
Peter (Nicolaus Friedrich) Erbgroßherzog 157. 160. 239. 240. 241.
Petergroden 229.
Peterstraße 163.
Petersvehn 227.
Pichtel, Landrichter 49.
Pfalzzweibrück 130.
Pferdezucht 49. 109. 142. 173. 205.
Pferdemärkte 49. 92.
Philipp, König v. Spanien 35.
Physicus 140.
Placet, landesherrl. 100. 237.
Plinius 2.
Plön, Schloß 88.
Plöner Vertrag 199.
Polizei 186. 205.
Polizeistraffachen 204.
Posten 49. 175. 199. 203. 230.
Präfectur in Bremen 113.
Prälaten 30.
Prediger Handbuch 91.
Presse, periodische 163.
Preßgesetz des Deutschen Bundes 135.
Preußisch=Russischer Krieg gegen Frankreich 103.
Privateigenthum, landesherrliches 111.
Privilegirter Gerichtsstand 57. 60. 124.
Proceßreglement 90., revidirtes 90. 99. 125. 199. 204.

Protectorat des Rheinbundes 102.
Prott, Canzler 49.
Provinziallandtage 215. 216. 217. 222.
Provinzialräthe 221. 222.
Prüfung zum Staatsdienst 73. 123. 131. 165.
der Theologen 191.

Q.

Quackenbrücker Frieden 21.
Quackenbrücker Tractat mit Hannover 129.
Quarantaineanstalt 101.
Quartierlast (Militair) 137.

R.

Rangsteuer 76.
Rastede, Kloster 5. 20. 29. 30.
Rastede, Lustschloß 88.
Rastede, Vogtei 47.
Rasteder Chronik 22.
Rastadter Friedensunterhandlungen 94.
Rathhaus in O. 49. 213.
Ravensberg (Graf v.) 97.
Rechtsfälle=Samml. 92.
Reformation s. Kirchenreformation.
Regiment s. Kriegswesen.
Regierung 122. 164. in Eutin 199.
Regierungscanzlei 53. 60. 61. 73. 78. 83.
Regierungscommission, provisorische 120.
Reich s. Deutsches Reich.
Reichsabschied (jüngster) 46.
Reichscammergericht 30. 31.
Reichscontingent s. Contingent.
Reichsdeputations = Hauptschluß 94. 95. 100.

Reichsfürstenrath (Oldenb. Stimme) 75. 82.
Reichsgerichte, Einsetzung 30. 31. 54. Auflösung 102.
Reichsgesetze 211.
Reichshofrath 38. 52.
Reichskrieg gegen die Franz. Repbl. 93.
Reichsstaatsrecht in Kniphausen 154.
Reichsstandschaft 6. 7. 10.
Reichssteuern 25. 56. 82.
Reichstag, Erfurter 211.
Reichsverfassung, Deutsche 211.
Reichsverweser 210. 211.
Reinholda v. Kniphausen 35.
Reiterregiment 219. 224.
Rekruten zu Dän. Truppen 76.
Rendsburger Vergl. 42. 52.
Rentmeister 48. 54.
Residenz Eutin 82. 136. Oldenburg 135.
Reventlow (Gr. v.) 79.
Revisionssumme 73.
Revolution, Franz. 93. Julirevolution 160. Februarrevolution 210. 212. Belgische, Polnische 160.
Ressortstreitigkeiten 123.
Rhederei 172.
Rhein 2.
Rheinischer Bund 102. Oldenburgs Beitritt 106.
Richelieu, Französischer Marsch. 71.
Ricklefs (Rector) 92.
Ritterpferde 46.
Ritzebüttel 86.
Rodenkirchen 13. 14. 23. 24. 31. 38.
Roddens 29. 32.
Römer 1. 2. 3.
Römermonat 82.
Römisches Recht 31.

Register. 259

Römisch-Kathol. Capelle in Oldenburg 101.
Rößing, v. 92. Min. 219.
Roßbach (Schlacht bei) 71.
Roßdienst 46. 57.
Rudolph, F. v. A.-Zerbst 41.
Rüder, Adv. 210.
Runde, Präs. 92. 162.
Russisch-Deutsche Legion 117.
Russische Herrschaft in Oldenburg 80.
Russische Kriege gegen Frankreich 103. 112. 115.
Russische Protestation gegen die Franz. Besitznahme Oldenb. 111. 115.
Russische Thronfolge aus Oldenb. Hause 69.
Rustringen in Jeverland 33.
Rustringer Friesland 8. 9. 13. 14.
Rustringer Landrecht 8. 31.

Saardepartement 128. 130.
Saatfest 90.
Sachsen 1—5. 7.
Sachsenspiegel 31. 72.
Sächsische Herzoge 5. 6. 9.
Sächsische Verfassung 7.
Säcularisationen 28. 94.
Salbern, Geh. R. v. 79.
Sandersfelde 144.
Saterland 97.
Sauerbrunnen bei Birkenfeld 207.
Schifferconscription 114.
Schifffahrt 170. 230.
Schifffahrts-Abgabe auf der Weser 140.
Schifffahrts-Commission 171.
Schifffahrts-Verträge 169. 230.
Schiphowers Chronik 22.
Schlarbaum 223.
Schlengen 61. 72. 143. siehe Deiche.
Schlenz, Junker 22.
Schleswig, Herzogthum 19. 53. 70. 223.
Schloifer, Archiv. 83.
Schloifer, Staatsr. 214. 217.
Schloß in O. 49. 69. 82. 115. 135.
Schloßgarten 136.
Schmuggelei 108. 114.
Schöppen 7.
Schortens 34.
Schriftsteller 49. 92.
Schulden s. Staatsschulden.
Schuldentilgung 132. Münstersche, Osnabrücksche und Wildeshausische Landesschuldenquote 132. 197.
Schule, lateinische, in Oldenb. 28. 61. 136. in Jever 136. in Vechta 194. in Eutin 201. s. Landschulen.
Schulmeister-Seminarium 101. 163. 208. 213.
Schulwesen 190. 192. 237.
Schutzblatternimpfung 141. 201. 205.
Schutzgelder der Juden 156. 195.
Schützenvereine 46.
Schwabenspiegel 72.
Schwartau 199. 201.
Schwarzburg 127.
Schwarze Garde 22.
Schweden 53. 54. 62. 70.
Schwedische Thronfolge aus Oldenburg. Hause 69.
Schwedischer Vorbehalt bei der Uebertragung 82.
Schwei 27. 47. 56. 59. 73. 84.
Schweiburg 45.
Schweiburger Moordeich 64.

Sedan 128.
Sehestedt (O. L. Drost v.) 64.
Seebadeanstalt 141.
Seefeld 45. 60. 229.
Seelande 2. 9.
Sekten 237.
Selz, Friede zu 3.
Sendgrafen 3. 8.
Seminarium für Schulmeister 101.
Senatusconsult, Franz., wegen Einverleibung eines Theils des nördlichen Deutschlands 110.
Separationsvergleich, Delmenhorstischer 41. Oldenburgischer 43.
Servicegeld 66.
Sibeth, Häuptling von Burhave 15. 34.
Sibeth, Häuptling v. Esens 19.
Sibethsburg 34.
Siebengerichte 31.
Siebenjähriger Krieg 70. 98.
Sieberg (Treffen bei) 18.
Siele f. Deiche.
Sielfreiheiten 178. 229.
Sigismund, Kaiser 15.
Sophia Catharina von Holstein-Sonderburg 41.
Sophie, Gr. v. Ravensberg 97.
Spadenrecht 61.
Specialarmendirection 89.
Sponheim, Grafschaft 130.
Staatsbehörden 164.
Staatscalender 135.
Staatsdiener 49. 62. 64. 70. 74. 83 162. Sporteln derselben aufgehoben 78. 123.
Staatsgerichtshof 216.
Staatsgrundgesetz 211. 213. 214 folg. 221. Revision 219. 220. 221. 222. 240.

Staatsgut 216.
Staatsministerium 162. 164. 217. 218. 219. f. Cabinetsmin.
Staatsoberhaupt 215.
Staatsschulden 216. 224. 225.
Stadland, f. Butjadingerland.
Städte 30.
Stadtordnungen 66. 146. 188.
Stammgüter 46.
Stammvater der Nordischen Regenten 15.
Stände des Volks 7.
Standquartiere d. Militairs 138.
Stapel-, Zwangs- und Umschlagsrechte 139.
Statthalter 53. 70.
Stedingerland 8. 10. 11.
Stedinger Gericht 31.
Stedinger Ketzer 11. 12. Erinnerungsfest 192. Landrecht 31.
Steindeiche 84.
Steinfeld (Amt) 155.
Stellvertretung im Militair 137.
Stempelpapier 65.
Steuern 216. f. Abgaben.
Steuerbehörden 168.
Steuercasse 131.
Steuerverein 168.
Stick 29.
Stimme, Oldenburgische auf dem Reichstage 75. 82.
Stimme auf dem D. Bundestage 127.
Stockholmer Friede 96.
Stolberg, Gr. Landvogt 92.
Stolzenau 43.
Stotel (Gräfin v.) 12.
Stoteler Receß 45.
Strack (Ludw.) 135.
Strafanstalten in Vechta 134. 182.
in Birkenfeld 204.
Strafarbeitshaus in Vechta 134.

Strafgesetzbuch 122. 134. 181. 200. 204.
Strandungsordnung 86. 171.
Straßenbeleuchtung in O. 144.
Straßenpflaster in O. 144.
Strückhausen 29. 47.
Struensee 76. 77.
Stuhr, Vogtei 48.
Sturtz, Schriftsteller 92.
Subsidien, Englische 132.
Sühneversuch 124.
Superintendenten 33. 37. 38. 90. 125. 191.
Suppliken 77.
Synoden 33. 209. 231. folg.

T.

Tacitus 1.
Talemänner 8.
Tappehorn 210.
Taubstummeninstitut 136.
Theater 163.
Therese, Pr. von O. 160.
Thierschau 173.
Thronlehn 82.
Tecklenburg (Gr. v.) 97.
Terutina (Schlacht bei) 117.
Tilly (Gen.) 40.
Tilsiter Friede 104. 110. 115. 118.
Tischbein, Wilh. 92. 135.
Titel s. Großherzogl. Tit.
Todesstrafe, beschränkt 77.
Torfgräberei 32.
Tortur 77.
Tossenser Groden 27.
Transitorisches Gesetz 121.
Trendelenburgsche Bibliothek 92.
Trianon, Franz. Decr. v. 109.
Trier, Diöcese 209.
Tribunal 113. 120.
Tungeln (Treffen bei) 13.
Twistringen 112. 129.

U.

Udine (Reichstag zu) 10.
Uebergang aus dem Zustande des Franz. Rechts in den des einheimischen 121.
Uebertragung der Gr. O. und D. 79.
Ukena (Foko), Häuptling von Leer 16.
Ulrich von Greetsyl, Gr. von Ostfriesland 19.
Ummius, Magister 28.
Ummius, Landrichter 49.
Umtausch der Grafschaften gegen den Gottorpschen Antheil an Holstein 70. 75. 78.
Ungnad (Fräul. v.) 42.
Union 209.
Unterpräfect in Oldenburg 113. 115. 116.
Untersuchungsprincip im Civilproceß 90.
Unterthanenrechte, Erwerb und Verlust 147.
Untheilbarkeit der Bauergüter 7. 58. 113. 120.
Upstalsbom 9.
Urkundenaufnahme 124.
Ursprungscertificate der Handelswaaren 109.
Utrechter Vergleich 25.

V.

Vandamme (Gen.) 116.
Varel 8. 18. 19. 32. 42. 44. 47. 51. 56. 57. 68. 71. 104. 105. 106. 107. 125. 126. 154. 196. 226. Hafen 170.
Vechta 94. 97. f. 112. 134. 146.
Vehnanstalt 92.

Behne Fl. 4.
Veräußerungsverbot des Staats 13. 17. 79. 110.
Vereine 164. 186. 191. 192. 223.
Verfassung 213.
Vergantungsordnungen 58. 121. 185.
Verhandlungsprincip im Civilproceß 90.
Verordnungen s. Gesetzsamml.
Versammlungen der Eingesessenen 7. 8. 46. 123. 212.
Verträge, Steuer 169. siehe Schifffahrts- und Handelsverträge.
Vertrauensmänner 210.
Vespasian, Kaiser 2.
Vicariat, Sächsischer 72.
Viehseuchen 162. 202.
Visitationen 123. 164.
Vogtei (Advocatie) 9. 10.
Vögte 31. 48. 59.
Vogtei-District 47.
Völkers 214.
Völkerschlacht bei Leipzig 116.
Volksbewegungen in O. 115.
Volksgemeinde 7. 8. 10.
Volljährigkeit 121.
Volljährigkeit des Regenten 79.
Voranschläge der Staatseinnahmen und Ausgaben s. Budget.
Vormundschaftswesen 86. 153. 200.
Vorparlament 210.
Vorwerke, Oldenburgische, im Butjadingerlande und Jever 44. 56. 196.

W.

Wachtschiff 101. 139.
Waddens (Treffen bei) 23.
Wagenspur 175.
Wahlgesetze 212. 213. 215. 218. 221. 222.
Waisenhaus in Varel 60.
Walbert 4.
Wall um Oldenburg, Planirung 91.
Wallstraße 91.
Wangerland 33.
Wangeroge 55. 141. 170.
Wapel, Fl. 7.
Wapelergroden 67. 143.
Wapelersiel 45.
Wappen, Oldenb. Delmenhorst. 11. 12. Großherzogl. 159. Deutsches 210.
Wardenburg, Kirchdorf 26. 40. Vogtei 47. 62.
Wasaburg, Gr. v. 96.
Wasserschaden 9. 27. 38. 45. 61. 151. 153. 162. 229.
Wasserschöpfmühlen 178.
Wasserschout 139.
Wechselordnung 211.
Wedekind 4.
Wedel, Gr. 80.
Wegebau 143. 175. 201. 207. 230.
Wehrfester 7.
Wellington (Herz. v.) 133.
Weser 2. 4. 10. 13. 14. 15. 27. 86.
Wesermündungen, Franz. Departement 112.
Weserschifffahrt 14. 86. 101. 139. 169.
Weserschifffahrtsacte 139. 171.
Weserzoll 38. 39. 40. 42. 44. 55. 61. 94. 95. 138. 139. 140.
Westerholt (Robert v.) 13.
Westerstede, 5. 20. 116.
Westphälischer Friede 40. 96. 98.
Westphalen 3. 4. 5.
Widersprecher, Canzleirath 92.

Wiefelstede 5.
Wiener Congreßacte 127. 159.
Wiemken (Edo v. Jever) d. ä. 14. 15. 33. d. j. 34. 36.
Wiesbaden 158.
Wiesenbau 206.
Wildeshausen, Land 4. 7. 12. 26. 32. 45. 67. 94. 96. 99. 112. 165. 184.
Wildeshausen, Stadt 136. 146. Stift 4. s. Alexanderstift.
Wilhelm, Herzog von Braunschweig 18.
Wilhelm August, Herz. v. Holstein 87.
Wilhelm von Kniphausen 36.
Willibrod 3.
Willkühren 8.
Winkelmann, O. Geschichtsschreiber 50.
Winzingerode, Gen. v. 118.
Wisede, Kirchsp. 16.
Wittbeckersburg 27.
Wittekind 4.
Witthum, Fürstl. 79.
Wittwen- und Waisencasse 74. 85. 165. 175.
   der Prediger, Lehrer, 191. 208.
   sonstige 196.
Wochenmarkt in Oldenburg 49. 92.
Wöchentliche Anz. 135.
Woltmann, Schriftsteller 92.
Wolzogen, von, Geh. R. 49.

Wühlen 64.
Wührden (Land) 10. 12. 13. 24. 41. 45. 47. 59. 72. 112.
Wüppen 152.
Würderung 64.
Wüsteland, Vogtei 47. 62.
Wulsenau 234.

Z.

Zarsko-Selo (Tractat zu) 78.
Zeitschriften, Oldenburgische 92. 164.
Zeitung, Oldenburgische 135. 164.
Zetel (Friede zu) 24.
Zetel, Kirchspiel 8. 18. 172.
Zeteler Siel 151.
Zeven (Convention zu Kloster) 71. 98.
Zoll (Ein- und Ausgangs-) 127.
Zollverein 203. 231.
Zoll s. Weserzoll.
Zuchthaus 74. 134. 182.
Zünfte 37. 113. 145. 173. 201.
Zwangsarbeitsanstalt 135.
Zwangsrechte 113. 121. 144. 228.
Zwischenahn, Kirchdorf 5. 20. 143.
   See 4. 5.
   Vogtei 47. 62.

Des Oldenburgischen Regentenhauses Stammtafel

Anmerkung. Die den Namen vorgesetzten Zahlen zeigen die Folge der Oldenburgischen Regenten; die den Namen der Grafen nachstehenden sind die von Hamelmann angenommenen Unterscheid...

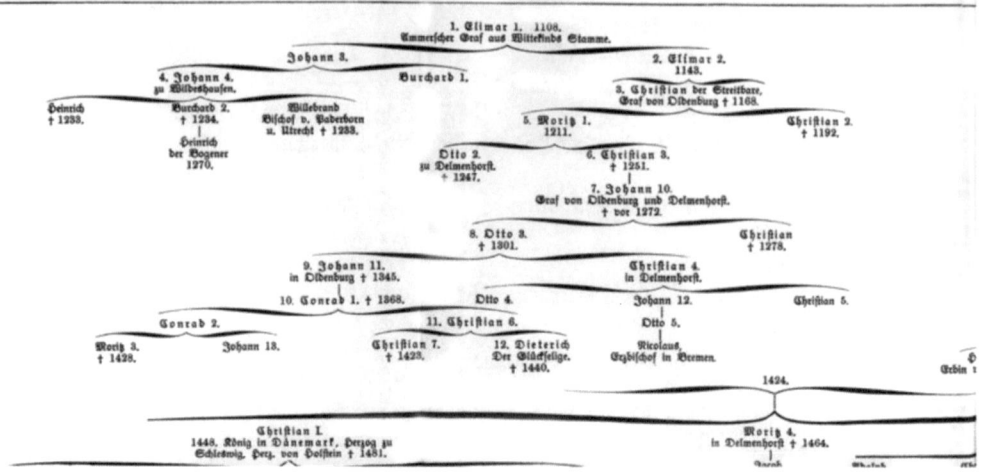

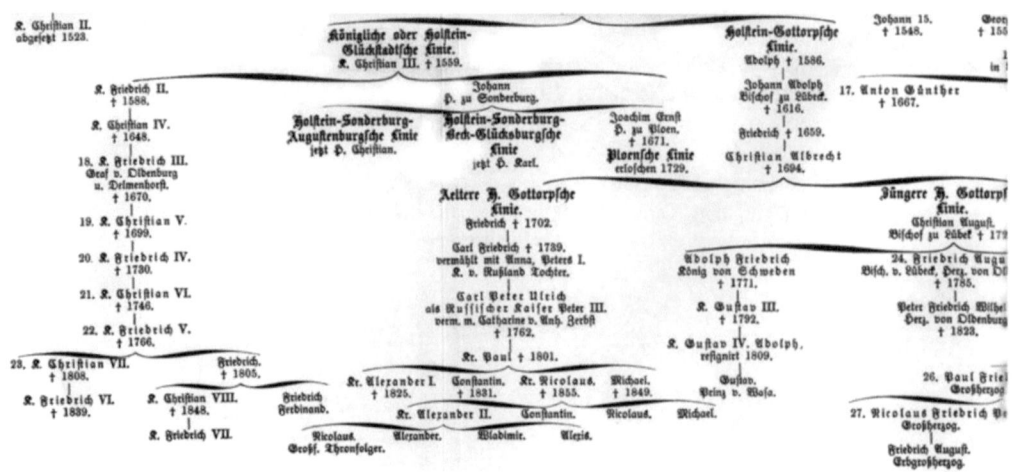

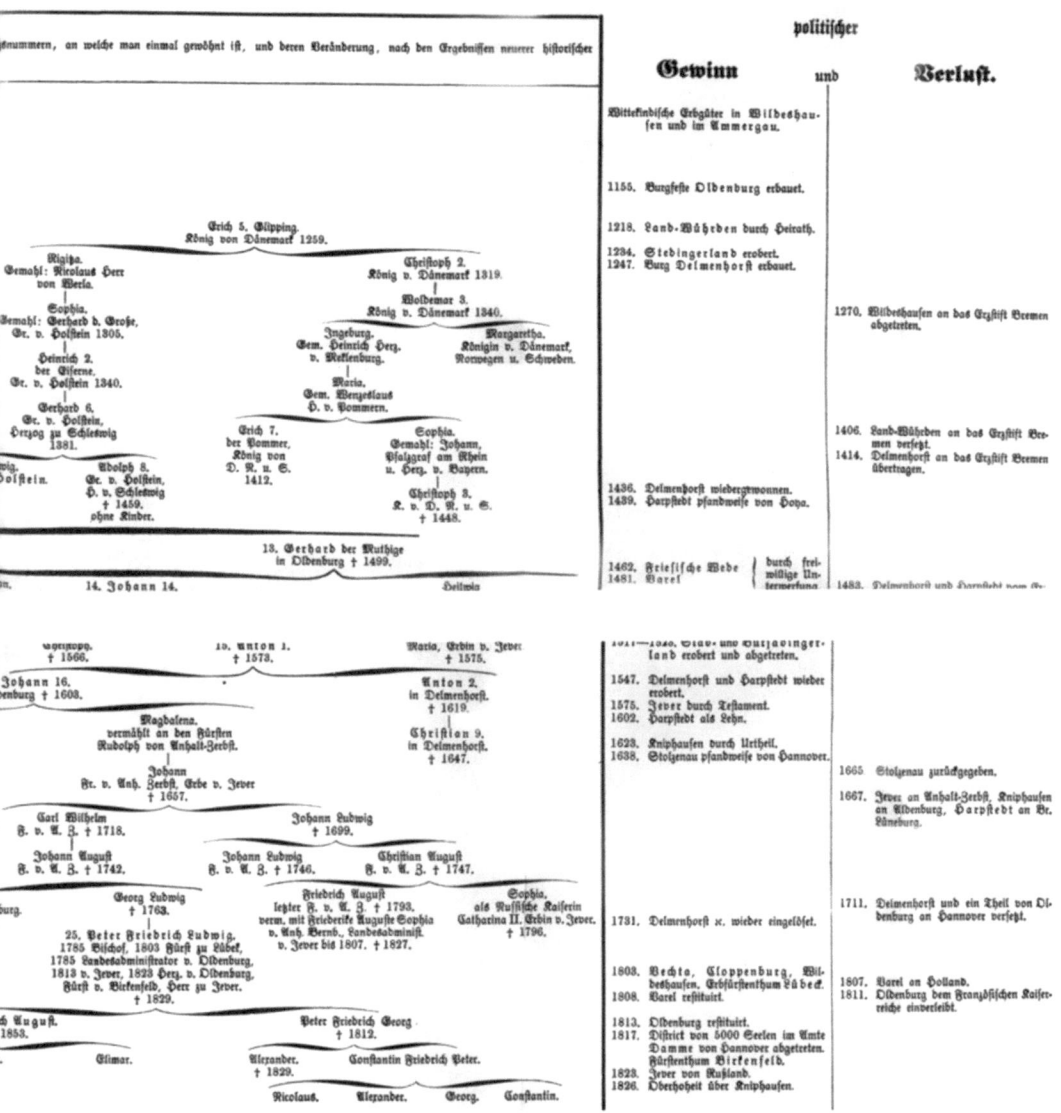